ULRIKE RUHRMANN

Reformen zum Recht des Aussiedlerzuzugs

AF818655

Schriften zum Öffentlichen Recht

Band 662

Reformen zum Recht des Aussiedlerzuzugs

Von

Ulrike Ruhrmann

Duncker & Humblot · Berlin

Die Deutsche Bibliothek – CIP-Einheitsaufnahme

Ruhrmann, Ulrike:
Reformen zum Recht des Aussiedlerzuzugs / von Ulrike Ruhrmann. — Berlin : Duncker und Humblot, 1994
(Schriften zum öffentlichen Recht ; Bd. 662)
Zugl.: Berlin, Freie Univ., Diss., 1993
ISBN 3-428-08021-1
NE: GT

D 188

Alle Rechte vorbehalten
© 1994 Duncker & Humblot GmbH, Berlin
Fotoprint: Werner Hildebrand, Berlin
Printed in Germany

ISSN 0582-0200
ISBN 3-428-08021-1

Vorwort

Die vorliegende Arbeit wurde im April 1993 von dem Fachbereich Rechtswissenschaft der Freien Universität Berlin als Dissertation angenommen und von Prof. Dr. Franz-Joseph Peine und Prof. Dr. Michael Ronellenfitsch begutachtet. Die mündliche Prüfung im Rahmen des Promotionsverfahrens fand am 11. November 1993 statt.

Dank schulde ich insbesondere meinem Doktorvater Prof. Dr. Peine für seine aufmunternde und zügige Betreuung meiner Arbeit und der Freien Universität Berlin für die Gewährung eines Promotionsstipendiums nach dem Nachwuchs-Ausbildungsförderungsgesetz für die Zeit vor dem Beginn meines Referendariats. Wertvolle Ratschläge, vor allem im Umgang mit der Textverarbeitung, gaben mir meine Kollegen und Kolleginnen an der Freien Universität. Hier sind insbesondere Herr Jochen Laufersweiler und Frau Michaela Eisele hervorzuheben.

Auch mein Ehemann, meine Eltern und Schwiegereltern standen mir stets interessiert, verständnisvoll und unterstützend zur Seite; meine Eltern nicht zuletzt beim Korrekturlesen der Arbeit und bei der Finanzierung des Druckkostenzuschusses. Hierfür möchte ich mich ebenfalls herzlich bedanken.

Dem Verlag Duncker & Humblot danke ich für die Publikation meiner Dissertation.

Berlin im Juni 1994,

Ulrike Ruhrmann

Inhaltsverzeichnis

Abkürzungsverzeichnis

AAG	Aussiedleraufnahmegesetz
ABl.	Amtsblatt
AFG	Arbeitsförderungsgesetz
Anh.	Anhang
AnwBl.	Anwaltsblatt
AöR	Archiv des Öffentlichen Rechts
ASSRdW	Autonome Sozialistische Sowjetrepublik der Wolgadeutschen
AuslG	Ausländergesetz
Bad.-Württ.	Baden-Württemberg
BAnz.	Bundesanzeiger
BayBgm	Der Bayerische Bürgermeister
BayStMdI	Bayerischer Staatsminister des Innern
BayVBl.	Bayerische Verwaltungsblätter
BayVGHE	Amtliche Sammlung der Entscheidungen des Bayerischen Verwaltungsgerichtshofs
BdV	Bund der Vertriebenen
Beil.	Beilage
ber.	berichtigt
BGBl.	Bundesgesetzblatt
BGH	Bundesgerichtshof
BGHSt.	Amtliche Sammlung der Entscheidungen des Bundesgerichtshofs in Strafsachen
BGHZ	Amtliche Sammlung der Entscheidungen des Bundesgerichtshofs in Zivilsachen
BJM	Bundesjustizminister
BMI	Bundesminister des Innern
BMin	Bundesminister
BR Dtld.	Bundesrepublik Deutschland
BR-Drs.	Bundesratsdrucksache
BRat	Bundesrat

BReg.	Bundesregierung
BSG	Bundessozialgericht
BT	Bundestag
BT-Drs.	Bundestagsdrucksache
BVerfG	Bundesverfassungsgericht
BVerfGE	Amtliche Sammlung der Entscheidungen des Bundesverfassungsgerichts
BVerwG	Bundesverwaltungsgericht
BVerwGE	Amtliche Sammlung der Entscheidungen des Bundesverwaltungsgerichts
BVFG	Bundesvertriebenengesetz
BW	Baden-Württemberg
CNB	Code National Belge
CNF	Code National Francaise
DDR	Deutsche Demokratische Republik
DFK	Deutscher Freundschaftskreis
DNotZ	Deutsche Notar-Zeitschrift
DOD	Deutscher Ostdienst
DOK	Deutsche Ostkunde
DÖV	Die Öffentliche Verwaltung
Dtld.	Deutschland
DVBl.	Deutsches Verwaltungsblatt
DVL	Deutsche Volksliste
DVO	Durchführungsverordnung
DVP	Deutsche Verwaltungspraxis
EinglAnpG	Gesetz zur Anpassung der Eingliederungsleistungen
EStG	Einkommensteuergesetz
ESVGH	Entscheidungssammlungen des Hessischen Verwaltungsgerichtshofs
EuGRZ	Europäische Grundrechte-Zeitschrift
FS	Festschrift
GABl. BW	Gemeinsames Amtsblatt des Landes Baden-Württemberg
GBl.	Gesetzblatt
GG-Komm.	Grundgesetz-Kommentar
GMBl.	Gemeinsames Ministerialblatt
GVBl.	Gesetz- und Verordnungsblatt
Hg.	Herausgeber

HHG	Häftlingshilfegesetz
IFLA	Informationsdienst zum Lastenausgleich
JZ	Juristenzeitung
KG	Kammergericht
KgfEG	Kriegsgefangenenentschädigungsgesetz
LAG	Lastenausgleichsgesetz
LG	Landgericht
LM	Nachschlagewerk des Bundesgerichtshofs, herausgegeben von Lindenmaier, Möhring u.a.
Ls.	Leitsatz
m.w.N.	mit weiteren Nachweisen
MBl.	Ministerialblatt
MDR	Monatsschrift für Deutsches Recht
NJ	Neue Justiz
NJW	Neue Juristische Wochenschrift
NRW	Nordrhein-Westfalen
NVwZ	Neue Zeitschrift für Verwaltungsrecht
OB	Oberbürgermeister
Öst.	Österreich
Öst. StGBl.	Österreichisches Staatsgesetzblatt
OVG	Oberverwaltungsgericht
OVGE	Amtliche Sammlung der Entscheidungen der Oberverwaltungsgerichte
Pos.	Position
RdErl.	Runderlaß
RegBl.	Regierungsblatt
RGBl.	Reichsgesetzblatt
RiLi	Richtlinie
RKP	Kommunistische Partei Rumäniens
RMBl.	Reichsministerialblatt
RMBliV	Reichsministerialblatt für die innere Verwaltung
RMI	Reichsminister des Innern
ROW	Recht in Ost und West
RR	Rechtsprechungsreport
RuStAG	Reichs- und Staatsangehörigkeitsgesetz
RWNed	Rijkswet op het Nederlandshap, niederländisches Staatsangehörigkeitsgesetz vom 19.12.1984

SBZ	sowjetisch besetzte Zone
SH	Schleswig-Holstein
StAnz	Staatsanzeiger
StARegG	Staatsangehörigkeitsregelungsgesetz
StAZ	Zeitschrift für das Standesamtswesen
StBG	Staatsbürgerschaftsgesetz der DDR
StGBl.	Staatsgesetzblatt (für Österreich)
UN-Doc.	Dokument der Vereinten Nationen
UNTS	United Nations Treaty Series
VersR	Versicherungsrecht
VG	Verwaltungsgericht
VGH	Verwaltungsgerichtshof
VGH BW Rsp Dienst	Rechtsprechungsdienst des baden-württembergischen Verwaltungsgerichtshofs
VO	Verordnung
VwBlBW	Verwaltungsblatt für Baden-Württemberg
VwV	Verwaltungsvorschrift
WPflG	Wehrpflichtgesetz
ZLA	Zeitschrift für den Lastenausgleich
ZRP	Zeitschrift für Rechtspolitik

Teil 1

Einleitung

Im Rahmen der viel diskutierten Zuwanderungsproblematik bildet der Zuzug von Aussiedlern oder auch "Spätvertriebenen" einen wichtigen Bestandteil. So gelangten bis 1950 ca. 8.100.000 Vertriebene und Flüchtlinge in die Bundesrepublik Deutschland[1]. Zwischen 1950 und 1987, während der Zeit des "Kalten Krieges", wanderten vergleichsweise wenige Aussiedler nach Deutschland; insgesamt waren es 1.421.070, davon knapp 850.000 aus dem polnischen Bereich[2]. Erstmalig im Jahr 1988 stieg die Zahl der Aussiedler erheblich an auf insgesamt 202.673 im Vergleich zu 78.523 im Vorjahr[3]. 1989 (insgesamt 377.055) und 1990 (insgesamt 397.073)[4] verdoppelte sich diese Zahl fast und hatte damit ihren Höchststand seit der Nachkriegszeit erreicht. Die Asylbewerberzahlen betrugen im Vergleich dazu 1990 193.063[5] und 1991 256.112[6]. Nach einer Änderung des Aufnahmeverfahrens verringerte sich die Zahl der Aussiedler auf insgesamt 221.995 im Jahr 1991[7], so daß sich die Zahlen der Asylbewerber und der Aussiedler vor dem Inkrafttreten bzw. dem Wirksamwerden der neuen Regelungen zur Aufnahme von Aussiedlern und Asylbewerbern in etwa deckten. Im Jahr 1992 stieg jedoch die Zahl der Asylbewerber auf insgesamt 438.191 Personen[8] an, während sich der Aussiedlerzuzug mit 230.565 registrierten Personen verstetigte[9]. Trotz ihrer dichten Besiedlung nimmt die Bundesrepublik Deutschland im

---

1 *Leciejewski*, S. 53.

2 *Leciejewski*, S. 53.

3 Statistisches Jahrbuch 1992, S. 91; Innenpolitik, Sonderausgabe 1987/88, S. 51.

4 Statistisches Jahrbuch; Innenpolitik Nr. I 1991, S. 6; vergl. zur Statistik auch *Ronge*, S. 19.

5 Statistisches Jahrbuch 1991, S. 73.

6 Statistisches Jahrbuch 1992, S. 72; Innenpolitik Nr. I 1992, S. 7.

7 Statistisches Jahrbuch 1992, S. 91; Innenpolitik Nr. I, S. 4.

8 Innenpolitik Nr. I 1993, S. 3.

9 Innenpolitik Nr. I 1993, S. 13.

europaweiten Vergleich den größten Anteil von Zuwanderern auf, was bekanntermaßen zu wachsendem Unverständnis und fremdenfeindlichen Strömungen in der Bevölkerung führt.

Doch nicht nur der um sich greifende Unmut läßt es geboten erscheinen, das Zuzugsrecht von Aussiedlern rechtlich zu überprüfen, wie es auch anderenorts mit dem Asylrecht geschieht, sondern vor allem der Umstand, daß es sich bei dem Vertriebenenrecht, auf welchem der Aussiedlerzuzug beruht, historisch und inhaltlich um Nachkriegsrecht handelt. Angesichts der politischen Umwälzungen in Osteuropa stellt sich die Frage, ob dem Aussiedlerzuzug nicht seine politische und rechtliche Grundlage entzogen wird. Ziel dieser Arbeit war es zu ihrem Beginn im Herbst 1990, die derzeitige Rechtslage darzustellen und verschiedene, auch eigene Reformvorschläge zu diskutieren. Zu diesem Zeitpunkt war nicht absehbar, daß Reformen des Aussiedlerrechts kurz bevorstanden. Im Dezember 1992, unmittelbar vor dem Abschluß der Arbeit, wurde jedoch das Kriegsfolgenbereinigungsgesetz[10] erlassen, welches u.a. das Recht des Aussiedlerzuzugs erheblich änderte. So war es erforderlich, dieses Gesetz in die Darstellung einzubeziehen und im Rahmen der vorgeschlagenen Reformen auf seine Recht- und Zweckmäßigkeit hin zu überprüfen. Die Verabschiedung des Kriegsfolgenbereinigungsgesetzes macht jedoch die Fragestellung nicht hinfällig, da dieses Gesetz weder eine endgültige noch eine verfassungskonforme Lösung darstellt.

Die vorliegende Untersuchung bietet zunächst einen Blick auf die historischen Hintergründe der Vertreibung, behandelt im Teil 2, bevor das daraus entstandene Recht im Teil 3 dargestellt werden kann. Hierbei wird das bis zum 31.12.1992 geltende Recht erörtert, um die Reformbedürftigkeit anschließend sachgerecht prüfen zu können. Dies ist außerdem erforderlich, da die alte Rechtslage weiterhin übergangsweise für sogenannte "Altfälle" gilt. Soweit sich die rechtlichen Bestimmungen inzwischen geändert haben, wird jedoch darauf hingewiesen. Bei der Überprüfung aller in Betracht kommenden Änderungsmöglichkeiten werden die für den Aussiedlerzuzug maßgeblichen Inhalte des Kriegsfolgenbereinigungsgesetzes eingehend erörtert. Zum besseren Verständnis der Zuwanderungsproblematik empfiehlt sich ferner ein Vergleich mit dem Einwanderungsrecht anderer europäischer Länder und insbe-

---

10 BGBl. 1992 I, S. 2094.

sondere der Staaten, die ebenfalls deutsche Flüchtlinge nach dem 2. Weltkrieg aufnehmen mußten.

Da das bisher geltende Aussiedler- oder Vertriebenenrecht auf der Annahme eines fortdauernden Vertreibungsdrucks beruhte, ist für die Frage der Reformierungsbedürftigkeit entscheidend, ob dieser Druck auf die deutschen Minderheiten in den betreffenden Staaten heute noch besteht, behandelt in Teil 4. Diese Arbeit belegt, daß dies in keinem der ehemaligen Vertreiberstaaten noch der Fall ist.

Diese Feststellung bildet die Grundlage für die sich anschließende verfassungsrechtliche Untersuchung, ob angesichts dieser verbesserten Lage die Privilegierung der Aussiedler noch gerechtfertigt ist. Die Besserstellung ist im Ergebnis gegenüber verschiedenen Vergleichsgruppen verfassungswidrig, so daß im Teil 5 ein verfassungsrechtlicher Änderungsbedarf des Gesetzgebers festgestellt wird. Des weiteren legt diese Arbeit dar, daß der Gesetzgeber völkerrechtlich verpflichtet ist, die in der Zeit von 1937 bis 1945 sammeleingebürgerten deutschen Staatsangehörigen aus der deutschen Staatsangehörigkeit zu entlassen, ohne daß darin ein Verstoß gegen Art. 16 Abs. 1 S. 1 GG gesehen werden kann.

Nachdem der Handlungsbedarf des Gesetzgebers aufgezeigt worden ist, werden verschiedene Möglichkeiten der Zuzugsbeschränkung dahingehend überprüft, ob sie dem verfassungsrechtlichen Auftrag gerecht werden und ob sonstige rechtliche Bedenken bestehen. So wird erörtert werden, daß einer vollständigen Abschaffung des Aussiedlerstatus hinsichtlich potentieller Aussiedler, wofür sich der Gesetzgeber noch nicht entschieden hat, auch der Gedanke des Vertrauensschutzes nicht im Wege steht und daß dies durch einfaches Gesetz zu erreichen wäre. Auch neben einer vollständigen Abschaffung des Aussiedlerstatus bestehen Möglichkeiten, das bisher geltende Recht im Hinblick auf die gebotene Zuzugsbeschränkung abzuändern, wie sie z.B. das oben zitierte Kriegsfolgenbereinigungsgesetz aufgegriffen hat. So zeigt die Arbeit insbesondere auf, daß die dort geregelte Kontingentierung des Aussiedlerzuzugs im Hinblick auf die Art. 116 Abs. 1 GG und 11 Abs. 1 GG verfassungswidrig ist.

Was die vorliegende Arbeit nicht zu leisten vermag, ist eine systematische Kommentierung des geltenden Aussiedlerrechts. Dies ist auch nicht ihr Anliegen. Vielmehr ist sie chronologisch aufgebaut und stellt die bisherige und die für die Zukunft geforderte Rechtslage anhand der historischen und politischen Verhältnisse dar. Nur auf diese Weise werden die gesetzgeberischen Aufgaben der Nachkriegszeit und der inzwischen entstandene Handlungsbedarf deutlich und in ihrer Entwicklung nachvollziehbar.

Teil 2

Geschichte der deutschen Minderheiten in Ost- und Südosteuropa

Die heutige Situation der Aussiedler kann man nicht angemessen beurteilen, ohne sich zu vergegenwärtigen, unter welchen Umständen ihre Vorfahren vor einigen Jahrhunderten ausgewandert sind und welches Schicksal die Deutschen bis zum Ende des 2. Weltkriegs erlitten haben. Da die Geschichte der deutschen Minderheiten in den jeweiligen Aussiedlungsgebieten erhebliche Unterschiede aufweist, empfiehlt es sich, sie für jedes Gebiet getrennt zu betrachten. Hierbei werden lediglich die Hauptaussiedlungsgebiete, also Polen, die ehemalige UdSSR, Rumänien, die Tschechoslowakei und Ungarn behandelt. Auf die anderen im Bundesvertriebenengesetz genannten Aussiedlungsgebiete, im einzelnen Bulgarien, Albanien, Jugoslawien (in seiner ehemaligen Zusammensetzung) und China, wird nicht eingegangen, da die deutsche Volksgruppe in diesen Ländern nur von unbedeutender Größe ist und daher in Zukunft keine nennenswerten Aussiedlerströme aus diesen Ländern erwartet werden.

I. Polen

Der Fürstenstaat Polen entstand um 960 n.Chr. unter Mieszko I[1]. Bereits im 12. Jahrhundert zog es vereinzelt deutsche Bauern, Handwerker und Mönche in den Osten. Einen größeren Umfang erreichte die deutsche Ostkolonisation aber erst, als der polnische Fürst Herzog Konrad von Masowien im Jahre 1226 den Deutschen Ritterorden zur Hilfe rief im Kampf gegen den im Norden lebenden Stamm der Pruzzen. Dafür versprach er den Deutschen das Kulmer Land, also das spätere Ostpreußen. Diese Schenkung sanktionierte Kaiser Friedrich II. in der Goldenen Bulle von Rimini und verlieh dem Orden

1 *de Zayas*, S. 19.

Kulmer Land, also das spätere Ostpreußen. Diese Schenkung sanktionierte Kaiser Friedrich II. in der Goldenen Bulle von Rimini und verlieh dem Orden außerdem alles Land, das er dazugewinnen würde[2]. Ab 1230 machte sich der Deutsche Ritterorden an seine Aufgabe und eroberte nicht nur das Land der Pruzzen, sondern bis 1311 auch das Gebiet von Pomerellen[3]. Seit dem 12. Jahrhundert waren durch die oben bereits erwähnte deutsche Ostbewegung außerdem die Landschaften Schlesien, Ostbrandenburg und Pommern von Deutschen besiedelt worden, die von den einheimischen slawischen Herrschern, der Kirche und dem Adel zur Erschließung des Landes gerufen worden waren. In diesen Gebieten bildeten die Deutschen bald die Bevölkerungsmehrheit und assimilierten die geringe slawische bzw. baltische Bevölkerung sowohl sprachlich als auch kulturell. Deutsche Siedler, die weiter östlich vorgedrungen waren, wurden dagegen allmählich polonisiert[4].

Im Westen Polens hatte jahrhundertelang der lose Verband des Heiligen Römischen Reiches Deutscher Nation den polnischen Staat machtpolitisch kaum gestört. Im Jahre 1742 hatte Preußen jedoch Schlesien erobert und meldete den Anspruch an, sein Territorium noch weiter zu vergrößern, um als europäische Großmacht anerkannt zu werden. Nach den drei Teilungen Polens (1772, 1793 und 1795) zwischen Rußland, Österreich und Preußen war der polnische Staat endgültig zerschlagen[5]. Nach der Schlußakte von Wien (1815) erhielten die Polen, die Untertanen der drei Großmächte blieben, lediglich einen Anspruch auf eine nationale Repräsentation, nicht aber auf Wiedererrichtung des polnischen Staates[6]. Daraufhin machte Friedrich Wilhelm III. (1797-1840) am 15. Mai 1815 für "Preußisch-Polen" entscheidende Zusagen hinsichtlich der Gewährung von Bürgerrechten und der Errichtung einer Provinzialverfassung, die 1824 für Posen verabschiedet wurde[7]. "Preußisch-Polen" unterschied sich außerdem dadurch von den anderen Teilen Polens, daß es einen höheren Entwicklungsstand aufwies, aber auch größere nationale Spannungen[8].

---

2 *Rogall*, Polen/Oder-Neiße-Gebiete, S. 27; *de Zayas*, S. 19; *Habel/Kistler*, S. 3.

3 *Habel/Kistler*, S. 3.

4 *Rogall*, Polen/Oder-Neiße-Gebiete, S. 27.

5 *Habel/Kistler*, S. 10-12.

6 *Habel/Kistler*, S. 13.

7 *Habel/Kistler*, S. 16.

8 *Habel/Kistler*, S. 19.

Nach dem 1. Weltkrieg proklamierte der polnische Regentschaftsrat am 7. Oktober 1918 in Warschau die Unabhängigkeit Polens. Was die Westgrenze des polnischen Staates betraf, hatten die Polen weitgehende Forderungen; eine endgültige Entscheidung sollte aber die Pariser Friedenskonferenz fällen[9]. Von den geforderten 84.000 qkm erhielt Polen gemäß den Bestimmungen des Versailler Vertrages ohne Volksbefragung ca. 43.000 qkm, nämlich den größten Teil Posens, Westpreußens, den östlichen Zipfel Pommerns sowie Teile von vier niederschlesischen und ostpreußischen Kreisen. Danzig wurde Freie Stadt unter Aufsicht des Völkerbundes mit eigener Staatsangehörigkeit[10]. Aufgrund von Volksabstimmungen unter internationaler Kontrolle sollte über die Zugehörigkeit von Südostpreußen (Masuren), dem östlichen Teil Westpreußens (Marienwerder) sowie Oberschlesiens entschieden werden. In Masuren votierten am 11. Juli 1920 97,9 % der Bevölkerung für Deutschland, in Marienwerder 92,28 %. In Oberschlesien ergab sich am 20. März 1921 kein so eindeutiges Bild, es stimmten 59,6 % für Deutschland und 40,3 % für Polen. Daher entschieden die Alliierten, Oberschlesien zwischen Polen und Deutschland aufzuteilen[11]. Wegen der zwangsweisen Polonisierung in den abgetretenen Gebieten wanderten mehrere hunderttausend Deutsche zwischen 1919 und 1926 in das Deutsche Reich ab. Alle Regierungen der Weimarer Republik wollten hingegen eine starke deutsche Volksgruppe in Polen erhalten und hofften auf eine Revision der Grenzen[12].

Erst die Machtergreifung Hitlers verbesserte die deutsch-polnischen Beziehungen. Nach einem Verständigungs- und Handelsabkommen schlossen Deutschland und Polen am 5. November 1937 auch ein Minderheitenschutzabkommen. Wenig später stellte der deutsche Außenminister von Ribbentrop folgende Forderungen an Polen: Es sollte eine Transitstrecke nach Ostpreußen errichten und Danzig dem Deutschen Reich angliedern. Im Gegenzug wollte das Deutsche Reich den Bestand der polnischen Westgrenze garantieren. Diese Vorschläge lehnte Polen jedoch am 26. März 1939 endgültig ab[13].

---

9 *Habel/Kistler*, S. 23.

10 *Häußer/Kapinos/Christ*, S. 191; *Habel/Kistler*, S. 24.

11 *Rogall*, Polen/Oder-Neiße-Gebiete, S. 27, 28; *Habel/Kistler*, S. 24, 25.

12 *Krekeler*, S. 15, 27; *Habel/Kistler*, S. 28.

13 *Habel/Kistler*, S. 29, 30.

Nachdem die SS am 31. August 1939 einen polnischen Überfall auf den deutschen Radiosender Gleiwitz vorgetäuscht hatte, begann der 2. Weltkrieg mit der Beschießung der polnischen Westerplatte durch das deutsche Schulschiff "Schleswig-Holstein"[14]. Die Polen reagierten darauf mit einer Haßwelle und zahlreichen Ausschreitungen gegenüber den Volksdeutschen. Es kam zu Verhaftungen nach vorbereiteten Listen, Deportationen, Mißhandlungen und verfahrenslosen Erschießungen; am grausamsten beim "Blutsonntag von Bromberg" am 3. September 1939, wo ca. 100 Deutsche ermordet wurden. Die Zahl der deutschen Pogromopfer wird auf 6000 geschätzt[15]. Der Feldzug der deutschen Wehrmacht war in 18 Tagen beendet; die sowjetischen Truppen marschierten ab dem 17. September in das Gebiet ein, das ihnen im "Hitler-Stalin-Pakt" vom 23. August 1939 zugesagt worden war[16].

Hitlers Ziel war die Gewinnung von "Lebensraum im Osten" durch die Umsiedlung von Volksdeutschen aus anderen Teilen Ost- und Südosteuropas in die eroberten polnischen Gebiete[17]. Von den hinzugekommenen 188.000 qkm sollten ca. 80.000 qkm neue Reichsgaue werden (Wartheland, Oberschlesien, Danzig-Westpreußen und ein vergrößertes Ostpreußen), der verbleibende Teil des polnischen Reichsgebietes wurde "Generalgouvernement" mit schwebendem staatsrechtlichem Zustand[18]. Aus den annektierten Gebieten wurden ca. 50.000 Polen in das Generalgouvernement vertrieben[19].

Um den Anteil der deutschen Bevölkerung in den eingegliederten Ostgebieten zu erhöhen und um "minderwertige Polen" von Volksdeutschen und "eindeutschungsfähigen Personen" zu trennen, erstellte man Volkslisten mit vier Kategorien. Als Beurteilungskriterium für die Sammeleinbürgerung galt neben der Abstammung insbesondere das Bekenntnis zum Deutschtum in der Zeit der polnischen Fremdherrschaft[20]. Außerdem schloß die deutsche Reichsregierung in den Jahren 1939 und 1940 mit mehreren Staaten Umsiedlungsabkommen, so z.B. mit Estland, Lettland, Litauen, der Sowjetunion und

---

14 *Habel/Kistler*, S. 31.

15 *Habel/Kistler*, S. 31.

16 *Habel/Kistler*, S. 32.

17 Reichstagsrede vom 6. Oktober 1939; *Habel/Kistler*, S. 34, 35.

18 *Habel/Kistler*, S. 35, 36.

19 *de Zayas*, S. 52.

20 *Habel/Kistler*, S. 37; zu den Volkslisten mehr im Teil 3 beim Staatsangehörigkeitsrecht auf den Seiten 43 ff.

Rumänien, und holte bis zum Rußlandfeldzug mehr als 350.000 Volksdeutsche "heim ins Reich"[21]. Sie wurden vor allem auf verlassenen polnischen Höfen angesiedelt, deren Besitzer geflohen waren.

Bereits 1940 kündigte die polnische Exilregierung in London an, daß die Deutschen nach ihrer Niederlage das polnische Territorium zu verlassen hätten[22]. Dieses Vorhaben stieß auf die Zustimmung der Alliierten, denn als Ende Juni 1944 die UN-Charta beschlossen wurde, schloß man die deutschen Flüchtlinge ausdrücklich aus der internationalen Flüchtlingsvorsorge aus[23]. Als die Rote Armee im Oktober 1944 ihre Offensive gegen Ostpreußen startete, flohen große Teile der Zivilbevölkerung in Richtung Westen. Bei Kriegsende, am 8. Mai 1945, befanden sich noch etwa 4,4 Mio. deutsche Zivilisten östlich von Oder und Neiße. Diese Zahl erhöhte sich bis zum Sommer 1945 auf ca. 5,7 Mio., da ein Teil der Geflohenen in seine Heimat zurückkehrte[24].

Die Polen verübten gegenüber den Deutschen unterschiedslos eine Politik der Vergeltung für die Handlungen des nationalsozialistischen Staates. "Faschistische Verbrechen" wurden durch Sonderstrafgerichte abgeurteilt, das gesamte deutsche Vermögen wurde durch ein Gesetz vom 6. Mai 1945 enteignet, man stellte eine Bürgermiliz zur Verfolgung und Internierung der deutschen Bevölkerung auf und in ungezählten Fällen kam es zu Ermordungen, Mißhandlungen und Vergewaltigungen[25]. Bereits vor den Beschlüssen der Potsdamer Konferenz begannen im Juni/Juli 1945 auf grausame Weise die sogenannten "wilden Vertreibungen" von ca. 250.000 Deutschen[26].

Auf der Konferenz von Potsdam (17. Juli-2. August 1945) kamen die Alliierten überein, die Fehler des mißglückten Versailler Vertrages nicht zu wiederholen und die Minderheitenfrage durch die Aussiedlung der deutschen Bevölkerung zu beseitigen[27]. Solche Folgen hatte zuvor noch keine Grenzänderung in Europa gehabt; üblich waren Optionsrechte, eine geschützte Ausreise

---

21 *Benz*, S. 39, 40.

22 *Rogall*, Polen/Oder-Neiße-Gebiete, S. 27, 29.

23 *Ziemer*, S. 70.

24 *Habel/Kistler*, S. 47-49; *Ziemer*, S. 87; *Rogall*, Polen/Oder-Neiße-Gebiete, S. 27, 29.

25 *Rogall*, Polen/Oder-Neiße-Gebiete, S. 27, 30; *Habel/Kistler*, S. 49.

26 *Habel/Kistler*, S. 50; *Ziemer*, S. 90/91.

27 *Ziemer*, S. 73; *Benz*, Generalplan Ost, S. 39, 47.

und Minderheitenschutz für die bleibende Bevölkerung[28]. Art. XIII der Potsdamer Beschlüsse bestimmte zwar, daß die deutsche Bevölkerung "in ordnungsgemäßer und humanitärer Weise" überführt werden sollte, eine internationale Kontrollinstanz existierte jedoch nicht[29]. Die zweite Vertreibungswelle von Mitte bis Ende 1945, die ca. 400.000 Personen betraf, verlief ähnlich den ersten wilden Vertreibungen. In der dritten Welle wurden ca. 2 Mio. Personen in geschlossenen Transporten in Güterwagen ausgesiedelt, in der letzten Welle zwischen 1947 und 1949 reisten ca. 500.000 Personen aus, darunter viele, die zuvor als Zwangsarbeiter eingesetzt worden waren[30].

Die Gesamtzahl der Vertreibungsopfer wird zwischen 1,2 und 2,3 Mio. geschätzt[31]. Um 1950 befanden sich noch ca. 1,7 Mio. Volksdeutsche in Polen[32], da die Vertreibungen zum Teil nicht flächendeckend vorgenommen wurden und da Polen einige Fachkräfte im Land behalten wollte. Unter Hinweis auf slawische Vorfahren und polnische Sprachkenntnisse bezeichnete man die Deutschen als "Autochthone" und veranlaßte sie unter Druck zu Treueerklärungen gegenüber dem polnischen Staat und Volk[33]. Nach Schätzungen leben heute noch zwischen 750.000 und 1 Mio. Volksdeutsche in Polen, nachdem in den letzten Jahrzehnten eine große Zahl ausgesiedelt ist[34].

II. Ehemalige Sowjetunion[35]

Nachdem Peter I. (1689-1725) als erster russischer Zar ausländische Arbeitskräfte angeworben hatte, verstärkte Katharina II. (1762-1796) dieses Bestreben mit dem sogenannten Einladungsmanifest vom 22. Juli 1762, das an verschiedene europäische Höfe gerichtet war. Sie versuchte damit nach der

---

28 *Ziemer*, S. 74.

29 *Ziemer*, S. 85.

30 *Habel/Kistler*, S. 50; *Ziemer*, S. 90/91; *Reichling*, IFLA 1989, S. 99, 101; *Liesner*, Aussiedler, S. 118.

31 *Häußer/Kapinos/Christ*, S. 194 und *Liesner*, Aussiedler, S. 118: 1,2 Mio.; *Rogall*, Polen/Oder-Neiße-Gebiete, S. 29: 1,6 Mio; *Ziemer*, S. 95: 2,28 Mio.

32 *Rogall*, Polen/Oder-Neiße-Gebiete, S. 29; *Häußer/Kapinos/Christ*, S. 194; *Liesner*, Aussiedler, S. 118.

33 *Habel/Kistler*, S. 51; *Rogall*, Polen/Oder-Neiße-Gebiete, S. 27, 30.

34 *Rogall*, Vorbemerkung, S. 1; Der Spiegel, Nr. 8 vom 20. Februar 1989, S. 72.

35 Gemeint ist das Staatsgebiet der ehemaligen Sowjetunion nach dem Stand vom 1. Dezember 1991.

"Populationstheorie" die Arbeitskräfte im Land zu vermehren, um das Land wirtschaftlich zu erschließen[36]. Dieses Einladungsmanifest lockte insbesondere mit den Privilegien der Steuerfreiheit bis zu 30 Jahren, der Religionsfreiheit, der Selbstverwaltung und der Befreiung vom Militär- und Zivildienst[37]. Vor allem Deutsche aus Hessen, Nordbaden, Nordbayern und der Pfalz folgten dieser Einladung, da sie durch den Siebenjährigen Krieg (1756-1763) besonders stark in Mitleidenschaft gezogen worden waren. Zwischen 1764 und 1767 wanderten 23.-29.000 Personen aus Deutschland aus, die als freie Bauern die Wolgasteppen und das Gebiet um Saratov kolonisierten[38].

Unter der Herrschaft Katharinas II. gelang es Rußland, die Türkei in mehreren Feldzügen zu besiegen und die gesamte nördliche Schwarzmeerküste bis hin zum Dnestr zu erobern. Hier siedelte wenig später Alexander I. (1801-1825) weitere deutsche Kolonisten an[39]. Die insgesamt etwa 10.000 Familien mit ca. 55.000 Personen stammten aus dem Südwesten Deutschlands und reisten auf Schiffen, den sogenannten "Ulmer Schachteln", bis Wien oder Budapest, von wo aus sie auf dem Landwege in die neuen russischen Gebiete gebracht wurden. Die deutschen Siedler sollten ihre Vorrechte jedoch nicht lange behalten dürfen. Nach der Niederlage Rußlands im Krimkrieg (1853-1856) wurden einige ihrer Privilegien "zur Stärkung Rußlands", wie z.B. die Selbstverwaltung und die Befreiung vom Militärdienst, aufgehoben[40]. 1891 russifizierte man das deutsche Schulwesen, und mit den Liquidationsgesetzen vom 13. Dezember 1915 wurde in deutscher Hand befindlicher Grundbesitz enteignet. Viele Bauern wurden aus ihren ursprünglichen Siedlungsgebieten ausgesiedelt[41]. Diese deutschfeindliche Stimmung veranlaßte viele deutschstämmige Bauern zur Auswanderung nach Übersee; bis 1914 haben ca. 300.000 ihre russische Heimat verlassen[42].

Nach dem Abdanken des Zaren Nikolaj II. verkündete die Provisorische Regierung im März 1917 die Bürgerrechte für alle Einwohner des Russischen Reiches, die auch der deutschen Bevölkerung zugute kamen. Im Sommer

36 *Eisfeld*, S. 10.
37 *Häußer/Kapinos/Christ*, S. 182.
38 *Eisfeld*, S. 10.
39 *Eisfeld*, S. 10; *Rogall*, Die Deutschen im Osten, S. 9.
40 *Eisfeld*, S. 10, 12.
41 *Liesner*, Aussiedler, S. 139; *Eisfeld*, S. 10, 13.
42 *Rogall*, Die Deutschen im Osten, S. 9.

1918 erreicht die deutsche Autonomiebewegung die Gründung des Autonomen Gebiets der Wolgadeutschen[43]. Gemäß Lenins neuer Nationalitätenpolitik sollten die verschiedenen Völker der im Januar 1922 gegründeten Sowjetunion gemeinsam den Aufbau des Sozialismus bewirken. Daher wertete er 1924 das Autonome Gebiet der Wolgadeutschen zur Autonomen Sozialistischen Sowjetrepublik (ASSR) der Wolgadeutschen auf. Außerdem durften die Deutschen bis 1931 acht[44] selbstverwaltete Landkreise - Rayons - gründen. Mit der Errichtung nationaler Verwaltungseinheiten wurde die jeweilige Nationalsprache Amts- und Unterrichtssprache, außerdem erweiterte sich das mehrstufige nationale Bildungswesen auf u.a. fünf Hochschulen, es gab Theater, einen Staatsverlag und etliche deutschsprachige Presseerzeugnisse[45]. Diese Phase kann man also als "Hoch" der deutschen Minderheit bezeichnen.

Die Blütezeit der deutschen Kultur in der Sowjetunion endete jedoch schlagartig mit der Wahl Adolf Hitlers zum deutschen Reichskanzler am 30. Januar 1933. Bereits ein Jahr später wurde die deutsche Bevölkerung in Listen erfaßt, die Grundlage für die späteren stalinistischen Säuberungen waren. Der Schulunterricht in allen deutschen Rayons außer in der ASSR der Wolgadeutschen mußte ab dem Ende der 30er Jahre in Russisch bzw. in Ukrainisch abgehalten werden. Bis April 1939 waren sämtliche deutschen Rayons in der Ukraine aufgelöst und deren Bevölkerung in andere Gebiete umgesiedelt[46].

Nach dem Ausbruch des deutsch-sowjetischen Krieges am 22. Juni 1941 begann am 10. Juli 1941 die Deportation der Deutschen von der Krim und aus der Ukraine nach Kasachstan, Kirgisien und Tadschikistan. Am 28. August 1941 beschuldigte das Präsidium des Obersten Sowjets alle Wolgadeutschen als Kollaborateure, woraufhin sämtliche 400.000 Einwohner des Wolgagebietes nach Sibirien und Kasachstan umgesiedelt wurden[47]. Nun hatte die sowjetische Führung eine scheinbare Rechtfertigung dafür, die ASSR der Wolgadeutschen am 7. September 1941 unter Verletzung der sowjetischen

---

43 *Eisfeld*, S. 10, 13.

44 *Häußer/Kapinos/Christ*, S. 183.

45 *Häußer/Kapinos/Christ*, S. 183; *Eisfeld*, S. 10, 14.

46 *Eisfeld*, S. 10, 15; *Liesner*, Aussiedler, S. 141.

47 *Eisfeld*, S. 10, 15, 16; *Häußer/Kapinos/Christ*, S. 184.

Verfassung aufzulösen und zwischen den benachbarten Gebieten aufzuteilen. Mit den 400.000 Wolgadeutschen transportierte man 80.000 Deutsche aus anderen europäischen Landesteilen sowie 25.000 Personen aus Georgien und Aserbeidschan nach Sibirien und Mittelasien[48]. In den Jahren 1942-44 folgten ihnen weitere 50.000 Deutsche aus Leningrad und kleineren Siedlungsgebieten, die mit ihren Vorgängern in Sondersiedlungen interniert wurden. Ab Oktober 1941 wurde die männliche arbeitsfähige Bevölkerung - ab 1942 auch Frauen - zur Arbeitsarmee einberufen, wo sie unter schwierigen klimatischen und sozialen Bedingungen Industrieanlagen, Bahnlinien, Straßen und Kanäle errichten oder im Bergbau arbeiten mußten. Die Gesamtzahl der deutschen Zwangsarbeiter wird auf 100.000 geschätzt[49].

Die Schwarzmeerdeutschen wurden im Sommer 1941 von der heranrückenden deutschen Wehrmacht geschützt; sie flohen bei deren Rückzug ab November 1943 zumeist in Richtung des polnischen Warthelandes, das zur Germanisierung bestimmt war. Dort erfaßte man sie und bürgerte sie ein. Bei Kriegsende wurden schließlich 250.000 von ihnen im Warthegau von der Roten Armee überrollt, "repatriiert" und nach Sibirien deportiert[50].

Von den ca. 970.000 Deutschen, die zwischen 1941 und 1946 deportiert worden waren, kam etwa ein Drittel ums Leben[51]. Heute sind ca. 2 Mio. deutsche Volkszugehörige auf dem Gebiet der ehemaligen Sowjetunion ansässig[52].

III. Rumänien

Bereits zwischen 600 und 900 n.Chr. zogen deutsche Siedler in den damals ungarischen Herrschaftsbereich. Die ersten Siedlungen wurden jedoch am 4. Juli 907 bei der Schlacht um Bratislava (Preßburg) von den Magyaren zerstört[53]. Später vollzog sich die deutsche Besiedlung in mehreren Etappen durch verschiedene Volksgruppen. Diese stärkste Gruppe der heutigen Rumä-

---

48 *Eisfeld*, S. 10, 16; *Liesner*, Aussiedler, S. 141.

49 *Eisfeld*, S. 10, 16.

50 *Häußer/Kapinos/Christ*, S. 184.

51 *Otto*, in: "Westwärts - heimwärts?", S. 11, 39; *Häußer/Kapinos/Christ*, S. 184.

52 *Rogall*, Die Deutschen im Osten, S. 9.

53 *Gündisch*, Deutsche Ostkunde 1990, S. 3.

niendeutschen holten zwischen 1141 und 1162 mittels der Gewährung von Privilegien ungarische Könige zur Entwicklungshilfe nach Siebenbürgen, insbesondere unter König Géza II[54]. Den Namen "Siebenbürger Sachsen" gaben ihnen ihre neuen Nachbarn, die Ungarn. Tatsächlich handelte es sich um westdeutsche Emigranten, ihrer Mundart nach zu urteilen aus dem Rhein/Main-Gebiet, dem Westerwald und Luxemburg. Diese Gastsiedler des Königs erbrachten schon bald wirtschaftliche Erfolge und erzielten beachtliche Steuerleistungen, woraufhin König Andreas II. im Jahre 1224 die Rechte der Herrmannstädter bestätigte und erweiterte[55]. Im Jahre 1241 wurden jedoch viele deutsche Siedlungen durch den Tatareneinfall zerstört[56]. Dies minderte den Aufschwung der Siebenbürger Sachsen jedoch nur unwesentlich; sie erhielten im Laufe der Zeit immer mehr Freiheiten. Von 1477 an durften die Sachsen ihren "Sachsengrafen" selbst wählen und seit 1486 wurde ihre "Nationsuniversität" als oberste politische, administrative und gerichtliche Selbstverwaltungseinheit anerkannt[57]. Nach der Zerschlagung des mittelalterlichen Königreichs der Ungarn durch die Osmanen im Jahre 1562 wurde Siebenbürgen zu einem Fürstentum unter türkischer Oberhoheit. Die autonomen Rechte blieben den Siebenbürger Sachsen jedoch bis 1867 erhalten[58]. Im Zuge der Reformation, um die Mitte des 16. Jahrhunderts, wurden sie geschlossen lutherisch. Dies hatte zur Folge, daß die evangelische Kirche die Führung der Gruppe übernahm, als der ungarische Reichstag (1868/76) die Teilautonomie aufhob. Bis 1948 blieb sie Trägerin des mehrstufigen deutschen Schulwesens[59].

Nach dem Sieg des österreichischen Heeres gegen die Türken vor den Toren Wiens im Jahre 1683 und dem darauffolgenden Vorstoß der kaiserlichen Truppen nach Ungarn erkannten die Habsburger die Notwendigkeit, diese weitgehend menschenleeren und verwüsteten Gebiete des Banats neu zu besiedeln. Um Kolonisten anzulocken, erließ Kaiser Leopold I. im Jahre 1689 das sogenannte "Impopulationspatent", das günstige Grundstückspreise, Steuer-

---

54 *Wagner*, S. 37; *Gündisch*, Deutsche Ostkunde, S. 4; *Häußer/Kapinos/Christ*, S. 2120; *Liesner*, Aussiedler, S. 158.

55 *Wagner*, S. 37.

56 *Gündisch*, Deutsche Ostkunde, S. 5; *de Zayas*, S. 23.

57 *Wagner*, S. 37, 38; *Gündisch*, Deutsche Ostkunde, S. 7.

58 *Wagner*, S. 37, 38.

59 *Liesner*, Aussiedler, S. 158; *Wagner*, S. 37, 38; *Häußer/Kapinos/Christ*, S. 213.

freiheit in den ersten Jahren und viele andere Vorteile versprach. Diese Zusagen zogen süddeutsche Siedler in den Temeschwarer Banat[60] (Banater Schwaben).

Durch den Kurruzzenkrieg von 1703-1711 wurden diese ersten Siedlungen jedoch weitgehend zerstört. Erst nach dem Frieden von Sathmar (1711) begann die große donauschwäbische Siedlungsbewegung. Die Schwaben kamen in drei großen Zügen, von 1723 bis 1726, von 1763 bis 1772 und von 1782 bis 1784. Die über 400.000 Siedler waren vorwiegend katholisch, da die Habsburger zunächst nur sie einreisen ließen[61]. Die deutschen Kolonisten wurden insbesondere wegen ihrer fortschrittlichen Landbewirtschaftung geschätzt; erstmals wandten sie die Dreifelderwirtschaft unter Abschaffung der Brache an. Auch die deutschen Handwerksbetriebe blühten und gediehen. Als im Jahre 1848 die Grundherrschaft abgeschafft und der Großgrundbesitz parzelliert wurde, gründeten die Deutschen viele neue Siedlungen. Im Unterschied zu den Siebenbürger Sachsen gaben die Banater Schwaben den seit 1867 einsetzenden Magyarisierungsbestrebungen stärker nach. Die katholische Kirche bekannte sich dabei ebenso zum Ungarntum wie viele Intellektuelle und städtische Bürger[62].

Auch drei andere Landesteile wurden etwa zur gleichen Zeit von Schwaben besiedelt. Zum einen handelte es sich um das Herzogtum Bukowina an der nördlichen Moldau, das die Türken 1775 den Habsburgern abgetreten hatten. Noch im 18. Jahrhundert wurden hier Schwaben, Pfälzer und Böhmen angesiedelt. Ab 1842 wanderten viele Deutsche in die Dobrudscha ein, die damals noch zur Türkei gehörte. 1877 proklamierte Karl Anton von Hohenzollern-Sigmaringen die Unabhängigkeit Rumäniens und ein Jahr später erhielt es von der Türkei die von vielen Schwaben besiedelte Norddobrudscha[63]. Die Sathmarer Schwaben, deren Mundart auf Oberschwaben hindeutet, wurden in der zweiten Hälfte des 18. Jahrhunderts auf den ausgedehnten Gütern des Grafen Károly in der Sathmarer Grafschaft angesiedelt[64].

---

60 *de Zayas*, S. 24; *Eberl*, Beil. StAnz. Bad.-Württ. 1990, S. 1; *Wagner*, S. 37, 38.

61 *Häußer/Kapinos/Christ*, S. 213; *Wagner*, S. 37, 38.

62 *Eberl*, Beil. StAnz. Bad.-Württ. 1990, S. 2-5; *Wagner*, S. 37, 38; *Otto* in "Westwärts - heimwärts?", S. 11, 18.

63 *Wagner*, S. 37, 39.

64 *Wagner*, S. 37, 39.

Nach dem 1. Weltkrieg wurden Rumänien im Friedensvertrag von Versailles verschiedene Gebiete aus dem Habsburger Reich zugesprochen, nämlich Siebenbürgen, das östliche Banat, Sathmar, das Gebiet der Kreischflüsse, die Provinz Marmarasch und die Bukowina. Aus dem Russischen Reich erhielt Rumänien Bessarabien[65]. Obwohl die Deutschen nach diesen Gebietsumverteilungen mit ca. 750.000 Personen etwa 4 % der rumänischen Gesamtbevölkerung darstellten[66], waren ihre Minderheitenrechte rechtlich nicht abgesichert. Zwar hatte die rumänische Nationalversammlung am 1. Dezember 1918 mit den sogenannten "Karlsburger Beschlüssen" den Minderheiten ihre volle nationale Freiheit zugesichert, aber in die Verfassung von 1923 waren diese Beschlüsse nicht aufgenommen worden[67]. Dennoch verhalf ihr wirtschaftlicher Einfluß den Rumäniendeutschen zur Stärkung ihrer gesellschaftlichen Stellung und zum Ausbau des deutschen Schulwesens.

In der Zwischenkriegszeit galt Rumänien als Verbündeter Frankreichs und Großbritanniens. Dies änderte sich grundlegend im Sommer 1940, als Rumänien im Zweiten Wiener Schiedsspruch vom 30. August 1940 gezwungen wurde, ein Drittel seines Staatsgebietes an die Sowjetunion (Bessarabien), an Bulgarien (Süddobrudscha) und an Ungarn (Szeklerzipfel und Sathmarer Gebiet) abzutreten. Viele der in Rumänien lebenden Deutschen und alle Volksdeutschen aus den abgetretenen Gebieten wurden nach einem Umsiedlungsabkommen mit Hitler in das Deutsche Reich überführt, insgesamt ca. 215.000 Personen. Daraufhin schwenkte Rumänien um und trat dem Dreimächtepakt bei, dem Deutschland, Italien und Japan angehörten. Aufgrund eines weiteren Abkommens mit dem Deutschen Reich wurden im Jahre 1943 60.000 deutsche Volkszugehörige aus Rumänien zur Waffen-SS eingezogen.

Als sich jedoch mit der Schlacht um Stalingrad im Winter 1942/43 eine Wende im 2. Weltkrieg abzeichnete, entschloß sich Rumänien erneut zu einem Frontenwechsel. Am 23. April 1944 gab König Michael einen Waffenstillstand mit den Alliierten bekannt und erklärte seinem bisherigen Verbündeten, dem Deutschen Reich, zwei Tage später den Krieg[68].

---

65 *Häußer/Kapinos/Christ*, S. 211 und 212.

66 *Rogall*, Die Deutschen im Osten, S. 1.

67 *Wagner*, S. 37, 38, 39; *de Zayas*, S. 37; *Häußer/Kapinos/Christ*, S. 213.

68 *Wagner*, S. 37, 40; *Häußer/Kapinos/Christ*, S. 216.

Bis zum Kriegsende sind etwa 100.000 Rumäniendeutsche geflüchtet, die allerdings größtenteils von der Roten Armee zurückgeführt wurden. Vom 9.-15. Januar 1945 wurden ca. 80.000 arbeitsfähige deutsche Männer und Frauen in die Sowjetunion zur Zwangsarbeit deportiert[69]. Die Angaben über Todesfälle bei den Deportierten differieren erheblich, sie liegen bei einem Anteil zwischen 15 und 40 %[70]. Im Schlußprotokoll des Potsdamer Abkommens war Rumänien nicht unter den Aussiedlungsländern aufgeführt, und zu Vertreibungen ist es hier - anders als in Polen - ebensowenig gekommen wie zu einer Kollektivausbürgerung[71]. Allerdings waren die in Rumänien verbliebenen Deutschen lange zur Rechtlosigkeit verbannt. Sie verloren alle politischen Rechte, auch galt für sie das Minderheitenstatut vom 7. Februar 1945 nicht. Erst am 7. September 1950 erhielten sie durch Gesetz ihr Wahlrecht zurück. Außerdem ordnete das zweite Agrarreformgesetz vom 23. Mai 1945 eine entschädigungslose Enteignung des deutschen Grundbesitzes an[72]. Zehn Jahre später, im Jahr 1955, wurden die Diskriminierungen aufgehoben[73]. In Rumänien leben heute noch ca. 100.000 Volksdeutsche, hauptsächlich im Banat und in Siebenbürgen sowie in den altrumänischen Gebieten[74].

IV. Tschechoslowakei

Bereits um 1200 begannen Bayern, Franken, später auch Sachsen und Schlesier, nach Böhmen und Mähren auszusiedeln, was von den böhmischen Königen wie z.B König Ottokar (1253-1278) gefördert wurde. Wie in Polen, Rußland und Rumänien wollte man von den fortschrittlichen Siedlungstechniken der deutschen Bauern profitieren[75]. Vom 13. Jahrhundert bis 1806 gehörten die böhmischen Länder zum Heiligen Römischen Reich Deutscher Nation, und deutsche Kaiser wie Karl IV. und Sigismund hatten ihren Sitz in

69 *Wagner*, S. 37, 41.

70 *Otto* in "Westwärts - heimwärts?", S. 11, 35 spricht von 15 %; *Häußer/Kapinos/Christ*, S. 217, geben 40 % an.

71 *Liesner*, Aussiedler, S. 159; *Seeler*, Staatsangehörigkeit der Volksdeutschen, S. 84.

72 *Wagner*, S. 37, 41; *Häußer/Kapinos/Christ*, S. 217.

73 *Ziemer*, S. 88.

74 *Kriwanek*, Der Tagesspiegel, 13. Januar 1991.

75 *Rogall*, Die Deutschen im Osten, S. 7; *Häußer/Kapinos/Christ*, S. 200.

Prag, der Hauptstadt Böhmens[76]. So entstand vor 700 Jahren das später nach den Sudetengebirgen genannte Sudetenland[77].

Mehr als drei Jahrhunderte lang gehörten Böhmen und Mähren der österreichisch-ungarischen Monarchie an. Von 1815-1866, also ab dem Wiener Kongreß, waren sie mit Österreich Mitglieder des Deutschen Bundes. Als sich 1848 die deutsche Nationalversammlung erstmalig in der Frankfurter Paulskirche versammelte, waren auch 33 sudetendeutsche Abgeordnete dort vertreten[78].

Während des 1. Weltkriegs war es tschechischen Exilpolitikern, wie den späteren Staatspräsidenten Thomas G. Masaryk und Dr. Edvard Benesch gelungen, die Westmächte für die Zerschlagung Österreich-Ungarns zu gewinnen und Nationalstaaten zu errichten. Im Januar 1918 verkündete der amerikanische Präsident Woodrow Wilson seine 14 Punkte, die auch das Selbstbestimmungsrecht der Völker als zwingenden Grundsatz zur Lösung aller Gebietsfragen vorsahen. Tschechen und Slowaken beanspruchten dieses Recht für sich und gründeten ihren neuen Staat - auch auf dem sudetendeutschen Gebiet. Sie besetzten das Sudetenland militärisch und schafften so vor der Pariser Friedenskonferenz vollendete Tatsachen. Als die Sudetendeutschen am 4. März 1919 in friedlichen Kundgebungen für ihr Selbstbestimmungsrecht und gegen eine Einverleibung demonstrierten, wurden sie vom tschechischen Militär beschossen, wobei es 54 Tote und Hunderte Verwundeter gab[79]. Dennoch wurde das Sudetenland im Versailler Vertrag unter Verstoß gegen das Selbstbestimmungsrecht der Tschechoslowakei zugesprochen[80].

Noch im Jahr 1919 schloß Deutschland mit der Tschechoslowakei ein Minderheitenabkommen zum gegenseitigen Schutz von kultureller Autonomie und rechtlicher Gleichstellung[81]. Das erklärte Ziel der Tschechoslowakei unter Dr. Benesch war es jedoch, zum Nationalstaat aufzusteigen, und Minderheiten möglichst schnell zu assimilieren. Daher kam es in den 20er Jahren zu Spannungen mit den Sudetendeutschen, die ihren Einsatz in

76 Sudetendeutscher Rat, S. 19; *Schleser*, S. 87.

77 *de Zayas*, S. 21.

78 Sudetendeutscher Rat, S. 19; *Schleser*, S. 87.

79 Sudetendeutscher Rat, S. 19.

80 *de Zayas*, S. 36.

81 *de Zayas*, S. 38.

Volkstumsorganisationen und Parteien verstärkten, um eine Vereinigung mit dem Deutschen Reich zu bewirken. Im Jahre 1933 gründete Konrad Henlein die "sudetendeutsche Heimatfront" als nationale Interessenvertretung, die den Zielen der NSDAP sehr förderlich war[82]. Immerhin bildeten die 3.250.000 Deutschen mit 22,32 % der Gesamtbevölkerung[83] nach den Tschechen die zweitstärkste Bevölkerungsgruppe und hatten so einen nicht unwesentlichen gesellschaftlichen Einfluß.

Auf dem Höhepunkt der Sudetenkrise gaben Großbritannien und Frankreich dem Drängen Hitlers nach und forderten von der Tschechoslowakei am 19. September 1938 die Abtretung des Sudetenlandes. Am 21. September 1938 nahm diese den Vorschlag an, und acht Tage später wurden mit dem Münchner Abkommen (29. September 1938) die Modalitäten der Abtretung geregelt[84]. Im Oktober 1938 vollzog sich die Gebietsabtretung, und die förmliche Wiedervereinigung der 28.996 qkm des Sudetenlandes mit dem Deutschen Reich geschah durch Gesetz mit Wirkung vom 21. November 1938[85]. In dem neuen "Reichsgau Sudetenland" mit der Hauptstadt Reichenberg stellten die Volksdeutschen am 17. Mai 1939 mit 2,65 Mio. Einwohnern 90,1 % der Gesamtbevölkerung. Sie erwarben die deutsche Staatsangehörigkeit aufgrund eines deutsch-tschechischen Abkommens durch eine Sammeleinbürgerung mit Wirkung vom 10. Oktober 1938[86].

Am 15. März 1939 marschierten die deutschen Truppen entgegen aller Absprachen auch in das restliche Staatsgebiet der Tschechoslowakei ein. Nach den Bestimmungen des sogenannten Berliner Vertrages wurde die Tschechoslowakei am 16. März 1939 zersplittert und in das "Protektorat Böhmen und Mähren" sowie in den autonomen Staat der Slowakei aufgeteilt. Eine Volkszählung im Protektoratsgebiet ergab am 1. Oktober 1940, daß dort 7.395.000 Tschechen und 261.500 Deutsche lebten. Die Protektoratsdeutschen erhielten ebenso wie die Sudetendeutschen die deutsche Staatsangehö-

---

82 *Jaworski*, S. 29, 35; *Häußer/Kapinos/Christ*, S. 201; Sudetendeutscher Rat, S. 20.

83 Volkszählung von 1930, *Häußer/Kapinos/Christ*, S. 201; *Rogall*, Die Deutschen im Osten, S. 7; *de Zayas*, S. 36.

84 *Häußer/Kapinos/Christ*, S. 201; *de Zayas*, S. 41-43.

85 RGBl. 1938 I, S. 1641.

86 RGBl. 1938 II, S. 895; *Häußer/Kapinos/Christ*, S. 201.

rigkeit durch eine Sammeleinbürgerung mit Wirkung vom 16. März 1939 verliehen[87].

Schon im Dezember 1938 hatte Dr. Benesch mit dem späteren tschechischen Minister Ripka erörtert, daß er die Deutschen austreiben wolle, wenn es zu einer Niederlage Nazi-Deutschlands käme. Im Londoner Exil forderte Benesch dies im September 1941 ausdrücklich in einem Zeitungsartikel[88]. Ein Jahr später erhielt er von der britischen Regierung die Zusage für die Austreibung, im Mai 1943 von dem amerikanischen Präsidenten Roosevelt und im Juni 1943 vom russischen Botschafter Bogomlow[89]. Endgültig wurde die Vertreibung in Abschnitt XIII des Potsdamer Abkommens geregelt. Nach der Kapitulation der Deutschen am 8. Mai 1945 strömten Tschechen in die sudetendeutschen Gebiete und begannen mit den ersten brutalen und willkürlichen Vertreibungsmaßnahmen, die etwa 300.000 Personen betrafen. Bewaffnete Armeeangehörige trieben die Deutschen aus ihren Häusern zur Grenze, wobei die Betroffenen nicht nur lange Fußmärsche, Hunger und Entkräftung, sondern auch Folterungen und ungezählte Gewalttaten ertragen mußten[90]. Ab Mitte August 1945 bis zum Jahr 1947 wurden geregelte Ausweisungen nach Maßgabe des Potsdamer Abkommens vorgenommen, von denen ca. 3 Mio. Deutsche erfaßt wurden. Nach den Ermittlungen des Statistischen Bundesamtes beträgt die Zahl der Vertreibungsopfer insgesamt ca. 241.000 Personen[91]. Die verbleibenden Deutschen, die zumeist als Fachkräfte gebraucht wurden, wurden entschädigungslos enteignet. Man schätzt den Wert des enteigneten Vermögens auf ca. 120 Milliarden DM. Nach der Aussiedlung der folgenden Jahrzehnte sank die Zahl der Deutschen auf knapp 54.000 im Jahr 1991[92].

V. Ungarn

Bei der Geschichte der Besiedlung Ungarns kann auf vieles verwiesen werden, was schon bei der Kolonisation des heutigen Rumäniens erörtert wurde.

87 *Häußer/Kapinos/Christ*, S. 201, 202.

88 19th Century and After; Titel: New Order in Europe.

89 *Ziemer*, S. 69.

90 *Ziemer*, S. 91; Sudetendeutscher Rat, S. 24.

91 Sudetendeutscher Rat, S. 25.

92 DOD Nr. 39 vom 27. September 1991, S. 4.

Insbesondere der ungarische König Géza II. (1141-1162) förderte die Ansiedlung deutscher Bauern und Handwerker entlang der österreichischen Grenze und in Mittelungarn[93].

Nach der Befreiung aus türkischer Herrschaft wurde Ungarn im Jahre 1687 Habsburger Erbmonarchie. Im Laufe der drei Schwabenzüge holte man zwischen 1772 und 1787 die sogenannten "Donauschwaben" in das verwüstete Land. Bereits in der zweiten Hälfte des 18. Jahrhunderts praktizierten die Ungarn jedoch eine minderheitenfeindliche Politik; sie versuchten, die zugereisten Deutschen zu magyarisieren, d.h. zum Ungarntum zu drängen. Mit der Unterstützung der katholischen Kirche führte diese Politik in vielen Fällen zum Erfolg[94].

Nach der Auflösung der österreichisch-ungarischen Doppelmonarchie verlor Ungarn gemäß den Bestimmungen des Vertrages von Trianon (4. Juni 1920) etwa ein Drittel seines Staatsgebietes und seiner Bevölkerung an verschiedene Nachfolgestaaten. Dem Königreich Ungarn verblieben ca. 93.000 qkm mit etwa 8 Mio. Einwohnern. Eine Volkszählung im Jahr 1920 ergab, daß die Volksdeutschen mit 551.211 Personen ca. 5,9 % der Gesamtbevölkerung stellten und damit die größte nationale Minderheit bildeten. Von dieser Personengruppe lebten etwa 85 % auf dem Land und nur 15 % in größeren Städten. Anders als z.B. in Rumänien bestanden aber keine zusammenhängenden Siedlungsgebiete, was den Assimilierungsprozeß beschleunigte[95].

Aufgrund des Ersten Wiener Schiedsspruches vom 2. November 1938 fiel der überwiegend von Ungarn bewohnte Südstreifen der Slowakei (Oberland) an Ungarn zurück. Am 15. März 1939, nach der Auflösung der Tschechoslowakei, besetzte Ungarn die Karpatho-Ukraine, und am 30. August 1940 erhielt es von Rumänien durch den Zweiten Wiener Schiedsspruch Siebenbürgen und das Sathmarer Gebiet. Im Jahr 1941 trat Ungarn auf deutscher Seite in den 2. Weltkrieg ein und besetzte Teile Jugoslawiens. Dennoch erhielt es im Potsdamer Abkommen die Möglichkeit, die deutsche Bevölkerung auszuweisen, was durch die Rote Armee und die ungarische Polizei vollzogen wurde. Auf diese Weise verloren ungefähr 290.000 Personen ihre Heimat[96].

---

93 *Häußer/Kapinos/Christ*, S. 207; *Rogall*, Die Deutschen im Osten, S. 4.

94 *Rogall*, Die Deutschen im Osten, S. 5.

95 *de Zayas*, S. 37; *Häußer/Kapinos/Christ*, S. 207.

96 *Ziemer*, S. 88.

Weitere 75.000 Volksdeutsche wurden in die Sowjetunion deportiert, um in Arbeitslagern Zwangsarbeit zu leisten. Aus diesen Lagern sind 10-15.000 Personen nicht wieder zurückgekehrt[97]. Heute wird die Zahl der Ungarndeutschen auf etwa 220.000 geschätzt[98].

97 *Häußer/Kapinos/Christ*, S. 208.

98 *Rogall*, Die Deutschen im Osten, S. 4, 5.

Teil 3

Grundlagen des Aussiedlerrechts

In der Nachkriegszeit sah sich die Bundesrepublik vor die Aufgabe gestellt, den Flüchtlingsstrom nicht nur wirtschaftlich und gesellschaftlich einzugliedern, sondern dafür auch den rechtlichen Rahmen zu schaffen. Zum Teil handelte es sich bei den Vertriebenen um deutsche Staatsangehörige, teils um deutsche Volkszugehörige fremder Staatsangehörigkeit und zu einem Großteil um Staatenlose, da einige ihrer Heimatländer ihnen die Staatsangehörigkeit entzogen hatten[1].

Für die Vertriebenen ohne deutsche Staatsangehörigkeit schuf das Grundgesetz am 23. Mai 1949 mit Art. 116 Abs. 1 einen neuen Status und stellte sie den deutschen Staatsangehörigen gleich. Am 19. Mai 1953 erließ der bundesdeutsche Gesetzgeber das "Gesetz über die Angelegenheiten der Vertriebenen und Flüchtlinge" - Bundesvertriebenengesetz[2], in dem insbesondere die formellen und materiellen Voraussetzungen für die Anerkennung als Vertriebener geregelt sind. Um schließlich die komplizierten Fragen der Staatsangehörigkeit zu klären, insbesondere im Hinblick auf die nationalsozialistischen Sammeleinbürgerungen zwischen 1938 und 1945, verabschiedete der Bundestag mit Zustimmung des Bundesrates am 22. Februar 1955 das "Erste Gesetz zur Regelung von Fragen der Staatsangehörigkeit" - 1. StARegG -[3]. Auf diese spezifischen vertriebenenrechtlichen Bestimmungen ist im folgenden einzugehen. Hierbei wird die Rechtslage *vor* dem im Dezember 1992 verabschiedeten Kriegsfolgenbereinigungsgesetz (KfbG)[4] dargestellt, um dieses Reformgesetz und andere Reformierungsvorschläge im Anschluß systema-

1 Siehe hierzu S. 72.

2 In der Fassung der Bekanntmachung vom 3. September 1971, BGBl. 1971 I, S. 1565, ber. S. 1807, zuletzt geändert am 21. Dezember 1992, BGBl. 1992 I, S. 2094.

3 BGBl. 1955 I, S. 65; in der Fassung vom 18. Juli 1979, BGBl. 1979 I, S. 1061

4 BGBl. 1992 I, S. 2094.

tischer und somit angemessener würdigen zu können. Soweit die bisherige Rechtslage unverändert geblieben ist, wird darauf hingewiesen.

I. Art. 116 Abs. 1 GG

Bezüglich der verfassungsrechtlichen Basisbestimmung des Art. 116 Abs. 1 GG sind durch das Inkrafttreten des KfbG keine Veränderungen vorgenommen worden.

1. Entstehungsgeschichte

Bereits in den ersten Nachkriegsjahren erließen drei der neu entstandenen Bundesländer Regelungen, welche die Vertriebenen deutscher Volkszugehörigkeit den Staatsangehörigen gleichstellten[5]. Auch in der Rechtsprechung sah man Vertriebene als "Gleichgestellte" an, sofern sie nicht von ihrem Heimatland als Staatsangehörige in Anspruch genommen wurden[6].

An diese Rechtsauffassung knüpfte das Grundgesetz vom 23. Mai 1949 an, indem es in seinem Art. 116 Abs. 1 eine Definition des "Deutschen im Sinne des Grundgesetzes" schuf. Darunter fallen nicht nur deutsche Staatsangehörige (Art. 116 Abs. 1, 1. Alt. GG), sondern auch Flüchtlinge oder Vertriebene deutscher Volkszugehörigkeit oder deren Ehegatten und Abkömmlinge, die im Gebiet des Deutschen Reiches nach dem Stand vom 31. Dezember 1937 Aufnahme gefunden haben (Art. 116 Abs. 1, 2. Alt. GG). Beide Kategorien von Deutschen schließen sich gegenseitig aus[7]. Damit war die Kategorie der "Deutschen ohne deutsche Staatsangehörigkeit" entstanden, die es weder in Art. 3 der Reichsverfassung von 1871, noch in Art. 110 der Weimarer Reichsverfassung von 1919 oder in § 1 des Reichs- und Staatsangehörigkeitsgesetzes vom 22. Juli 1913 - RuStAG -[8] gegeben hatte.

---

5 Jeweils § 4 folgender Flüchtlingsgesetze: Baden-Württemberg vom 14. Februar 1947, RegBl. Nr. 15; Bayern vom 19. Februar 1947, GVBl. Nr. 51 - abgedruckt bei Weidelener/Hemberger, S. 156 f. - und Hessen vom 19. Februar 1947, GVBl. Nr. 15 und 34; *Bergmann/Korth*, S. 81, Rdnr. 109.

6 LG Berlin, Urteil vom 16. Januar 1947, NJ 1947, S. 63; *Makarov/v. Mangoldt*, Art. 116 GG, Rdnr. 1.

7 *Makarov/v. Mangoldt*, Art. 116 GG, Rdnr. 6.

8 RGBl. 1913, S. 583 ff.

Zum ersten Mal wurde der Deutsche nicht ausschließlich nach seiner Staatsangehörigkeit definiert[9]. Die deutsche Staatsangehörigkeit sollte der Betreffende im Wege der Einzeleinbürgerung erhalten.

Zwar schlugen im Jahre 1950 die KPD und in den Jahren 1967 und 1969 die CDU/CSU eine Kollektiveinbürgerung aller Vertriebenen vor[10], was die jeweilige Bundesregierung jedoch stets ablehnte. Zum einen sollte ihrer Ansicht nach die Einbürgerung nicht gegen den Willen der Vertriebenen erfolgen, und zum anderen würden in einem solchen Fall gesamtdeutsche Fragen berührt[11]. So ist der Status eines "Deutschen ohne deutsche Staatsangehörigkeit" bis heute erhalten geblieben.

2. *Begriff des Deutschen*

a) Deutsche Staatsangehörige, Art. 116 Abs. 1, 1. Alt. GG

Deutscher Staatsangehöriger ist, wer nach Maßgabe einfachgesetzlicher innerstaatlicher Normen die deutsche Staatsangehörigkeit besitzt. Einschlägig ist hier zunächst das RuStAG von 1913, das gemäß Art. 123 Abs. 1, 124 GG als Bundesrecht übernommen wurde. Wie die deutsche Staatsangehörigkeit erworben wird, ist in § 3 RuStAG aufgeführt; die Verlustgründe nennt § 17 RuStAG.

Wegen der erheblichen Gebietsveränderungen in und nach dem Zweiten Weltkrieg, auf die das RuStAG nicht zugeschnitten ist, wurde am 22. Mai 1955 das Erste Gesetz zur Regelung von Fragen der Staatsangehörigkeit erlassen. Auf die Problematik der in der ehemaligen DDR eingebürgerten Vertriebenen und einer eigenständigen DDR-Staatsbürgerschaft braucht seit der Wiedervereinigung beider Teile Deutschlands am 3. Oktober 1990 nicht mehr eingegangen zu werden. Näheres zur Staatsangehörigkeit der Vertriebenen nach den Bestimmungen des 1. StARegG findet sich bei der ausführlichen Erörterung des deutschen Staatsangehörigkeitsrechts[12].

---

9 *Grawert*, Handbuch des Staatsrechts, S. 663, 675.

10 *Hecker*, Staatsangehörigkeitsfragen im Bundestag, S. 165, 167.

11 Siehe *Hecker*, Staatsangehörigkeitsfragen im Bundestag, S. 165, 167.

12 Auf den Seiten 53 ff.

b) "Sonstige Deutsche", Art. 116 Abs. 1, 2. Alt. GG

aa) Rechtsnatur der neuen Kategorie

Erheblich umstrittener war die neue Kategorie der "Deutschen im Sinne des Grundgesetzes", die nicht die deutsche Staatsangehörigkeit besitzen[13]. Nach einer heute veralteten Theorie handelt es sich hierbei um eine "Art deutscher Minderstaatsangehörigkeit"[14]. Hiergegen spricht jedoch der Wortlaut des Art. 116 Abs. 1 GG, der gerade auf eine Alternative zur deutschen Staatsangehörigkeit hinweist.

Nach der sog. "Privileg-Theorie" bleibt die Staatsangehörigkeit der betreffenden Person zunächst unberührt. Ihr werden lediglich verschiedene Bürgerrechte, z.B. die Versammlungs- und Berufsfreiheit zuerkannt[15]. Zu dem gleichen Ergebnis gelangen die Vertreter der "Als-ob-Theorie", die Art. 116 Abs. 1 GG dahingehend auslegen, daß er nur die Gleichbehandlung mit deutschen Statsangehörigen anordne, die Staatsangehörigkeit selbst aber nicht betreffe[16].

Inzwischen ist dieser Meinungsstreit jedoch überholt, da die Rechtsordnung der Bundesrepublik zunehmend keinen Unterschied mehr zwischen deutschen Staatsangehörigen und "sonstigen Deutschen" macht[17]. Die "sonstigen Deutschen" werden heute als "Statusdeutsche" bezeichnet und auch im völkerrechtlichen Verkehr gleichbehandelt, sofern sie sich im Geltungsbereich des Grundgesetzes aufhalten[18].

bb) Erwerb der Statusdeutscheneigenschaft

Der Erwerb der Statusdeutscheneigenschaft ist auf zwei Arten möglich, zum einen originär durch Aufnahme als volksdeutscher Flüchtling oder Vertriebener oder als dessen Ehegatte oder Abkömmling im Gebiet des Deutschen Rei-

13 Zum Streitstand nach der Verabschiedung des GG siehe *Manske*, S. 152.

14 *Schätzel*, Das deutsche Staatsangehörigkeitsrecht, S. 96; *Grabendorff*, DÖV 1951, S. 268, 269.

15 Z.B.: *Menzel* in: Bonner GG-Komm., Art. 116, Anm. II 1; *Lichter*, Staatsangehörigkeit, S. 41.

16 BGH, NJW 1957, S. 100 ff; *Ferid*, DNotZ 1954, S. 355.

17 *Makarov/v. Mangoldt*, Art. 116 GG, Rdnr. 10.

18 *G. Wolf*, Die Deutschen, S. 340/341; *Makarov/v. Mangoldt*, Art. 116 GG, Rdnr. 7.

ches nach dem Stande vom 31. Dezember 1937. Zum anderen gibt es nach h.M. den derivativen Erwerb, d.h. ohne Aufnahme, sondern durch Anknüpfung an den Erwerbstatbestand von Personen, welche die Statusdeutscheneigenschaft bereits früher erworben haben und sie zum Zeitpunkt der Anknüpfung noch besitzen. Nur der originäre Erwerb ist in Art. 116 Abs. 1 GG geregelt[19].

(1) Originärer Erwerb

Um die Statusdeutscheneigenschaft originär zu erwerben, muß der Betreffende zunächst "Flüchtling" oder "Vertriebener" sein. Die Definition dieser Begriffe richtet sich nach § 1 des Bundesvertriebenengesetzes[20]. Die Befugnis zur einfachgesetzlichen Definition dieser Begriffe erhielt der Gesetzgeber durch den in Art. 116 Abs. 1 GG enthaltenen Gesetzesvorbehalt "vorbehaltlich anderweitiger Regelungen"[21].

Das BVFG differenziert - anders als Art. 116 Abs. 2 GG - nicht mehr zwischen Flüchtlingen und Vertriebenen, sondern faßt beide Gruppen unter einem einheitlichen Vertriebenenbegriff zusammen. Unter Art. 116 Abs. 1 GG fallen demnach "Vertriebene" gemäß § 1 Abs. 1 BVFG, d.h. Personen, die ihren Wohnsitz im Vertreibungsgebiet aufgrund der Vertreibung aufgeben mußten. Diese - nach dem Wortssinn einzig Betroffenen - sind jedoch bis spätestens Anfang der 50er Jahre hier eingetroffen und spielen heute keine Rolle mehr für die Frage des fortdauernden Zuzugs. Den Vertriebenen gleichgestellt sind sogenannte "Exildeutsche", die während des Nationalsozialismus aus politischen, rassischen oder ähnlichen Gründen ins Ausland gezogen sind, § 1 Abs. 2 Nr. 1 BVFG, ferner "Umsiedler", die aufgrund von zwischenstaatlichen Verträgen des Deutschen Reiches ihren Wohnsitz gewechselt haben, § 1 Abs. 2 Nr. 2 BVFG, sowie "Aussiedler" gemäß § 1 Abs. 2 Nr. 3 BVFG, die erst nach Abschluß der allgemeinen Vertreibungs-

---

19 *Makarov/v. Mangoldt*, Art. 116, Rdnr. 16.

20 BT-Drs. 1/4080, S. 2; *Bergmann/Korth*, S. 101; *Makarov/v. Mangoldt*, Art. 116 GG, Rdnr. 17; *Dietl*, DÖV 1957, S. 361, 362; *Hecker*, v. Münch, GG-Komm., Art. 116, Rdnr. 9.

21 BVerwGE 38, S. 224, 226; *Makarov/v. Mangoldt*, Art. 116 GG, Rdnr. 17; a.A.: *Maunz*: keine automatische Erstreckung der Definition auf höherrangiges Recht in: Maunz/Dürig, Art. 116 GG, Rdnr. 24.

maßnahmen das Vertreibungsgebiet[22] verlassen - der heute in der Praxis bedeutendste Fall. Schließlich sind den Vertriebenen gem. § 1 Abs. 1 BVFG solche Personen gleichgestellt, die im Vertreibungsgebiet berufstätig waren und die ihre Berufstätigkeit aufgrund der Vertreibung aufgeben mußten, § 1 Abs. 2 Nr. 4 BVFG. § 1 Abs. 2 Nr. 5 und 6 BVFG betreffen Personengruppen, für die es aufgrund der §§ 10 und 11 BGB nicht auf den Wohnsitz, sondern auf den ständigen Aufenthaltsort ankommt. Dagegen haben die Tatbestände der §§ 2 und 3 BVFG keinen Einfluß auf den verfassungsrechtlichen Vertriebenenbegriff, da § 2 (Heimatvertriebene)[23] lediglich eine Qualifikation darstellt und in § 3 (Sowjetzonenflüchtlinge) Personen erfaßt sind, die ohnehin bereits die deutsche Staatsangehörigkeit besitzen[24].

Einzelheiten zum Vertriebenenbegriff, wie z.B. die Frage des andauernden Vertreibungsdrucks, werden unten beim Abschnitt "Das Bundesvertriebenengesetz"[25] erörtert.

Ferner ist erforderlich, daß es sich bei dem Betreffenden um einen "deutschen Volkszugehörigen" handelt. Gemeint sind damit jedoch nur solche Personen, die aus einem Land mit fremdnationaler Mehrheit stammen oder solche, die ihren Wohnsitz in den ehemaligen deutschen Ostgebieten hatten[26]. § 6 BFVG bietet hierfür wiederum eine Legaldefinition, die ebenfalls auf der Grundlage des in Art. 116 Abs. 1 GG enthaltenen Gesetzesvorbehalts ergangen ist[27]. Danach ist derjenige deutscher Volkszugehöriger, der sich in seiner Heimat zum deutschen Volkstum bekannt hat, sofern dieses Bekenntnis durch bestimmte Merkmale wie Abstammung, Sprache, Erziehung und Kultur bestätigt wird. Näheres zum subjektiven Anknüpfungspunkt des "Bekenntnisses"

---

22 Gem. § 1 Abs. 2 Nr. 3 BVFG: die zur Zeit unter fremder Verwaltung stehenden deutschen Ostgebiete, Danzig, Estland, Lettland, Litauen, die Sowjetunion, Polen, die Tschechoslowakei, Ungarn, Rumänien, Bulgarien, Jugoslawien, Albanien oder China, vergl. § 1 Abs. 2 Nr. 3 BVFG.

23 Hierbei handelt es sich um Personen, die bereits am 31. Dezember 1937 oder früher ihren Wohnsitz im Vertreibungsgebiet hatten; sog. "Fiktion der Heimatverbundenheit", *Häußer/Kapinos/Christ*, § 2 BVFG, Rdnr. 2.

24 So zutreffend *Maunz* in: Maunz/Dürig, Art. 116 GG, Rdnr. 17 und *Hailbronner/Renner*, Art. 116 GG, Rdnr. 17; *Menzel* hält auch § 2 für eine verfassungsrechtlich erhebliche Definition, in: Bonner GG-Komm., Art. 116, Anm. II 4.

25 Siehe auf Seite 86.

26 BVerwGE 38, S. 224; *Makarov/v. Mangoldt*, Art. 116 GG, Rdnr. 33.

27 Vergl. § 104 BVFG; BVerwGE 5, S. 239; *Makarov/v. Mangoldt*, Art. 116 GG, Rdnr. 23.

sowie zu den objektiven Bestätigungsmerkmalen wird ebenfalls beim Vertriebenenrecht[28] behandelt.

Der Flüchtling oder Vertriebene deutscher Volkszugehörigkeit muß im Gebiet des Deutschen Reiches Aufnahme gefunden haben. Obwohl in Art. 116 Abs. 1 GG das Perfekt verwendet wird, bedeutet dies nicht, daß der Erwerb der Statusdeutscheneigenschaft nur bis zum Inkrafttreten des Grundgesetzes möglich war. Vielmehr besagt es, daß die Rechtsstellung des Statusdeutschen mit ihren Rechten und Pflichten sich erst dann entfaltet, wenn der Betreffende aufgenommen worden ist[29]. Lange Zeit war gesetzlich nicht geregelt, wie die "Aufnahme" auszusehen hatte. Rechtsprechung und Literatur gingen stets davon aus, daß es nicht genüge, wenn sich die Person lediglich in Deutschland aufhalte, es sei vielmehr ein behördliches Tätigwerden erforderlich[30]. Nach h.M. geschah dies mit der Registrierung im Grenzdurchgangslager und der anschließenden Verteilung auf ein Bundesland[31].

Gemäß § 105 c BVFG gelten diese Aufnahmemöglichkeiten heute jedoch nur noch für sogenannte Altfälle, d.h. für Antragsteller, die vor dem 1. Juli 1990 eine Übernahmegenehmigung durch das Bundesverwaltungsamt für Vertriebene erhalten haben. Für alle anderen gilt seit dem 1. Juli 1990 das Aussiedleraufnahmegesetz (AAG)[32]. Danach muß der Aussiedler bereits vor der Einreise aus dem Vertreibungsgebiet einen Aufnahmebescheid gemäß § 26 BVFG erhalten haben, es sei denn, es handelt sich um einen Härtefall[33]. Nachdem der Aussiedler diesen Bescheid erhalten hat und in Deutschland eingetroffen ist, wird er auf die einzelnen Bundesländer verteilt, wo ein Ausweisverfahren eingeleitet wird. Der Aufnahmebescheid entfaltet für dieses

---

28 Siehe unten auf S. 88.

29 BVerfGE 17, S. 224, 231; *Zimmermann*, ZRP 1991, S. 85, 86; *Makarov/v. Mangoldt*, Art. 116 GG Rdnr. 45; *Wolf*, IFLA 1987, S. 85; a.A. *Ridder* in: Komm. zum GG für die BR Dtld., Art. 116, Rdnr. 8.

30 BVerfG, IFLA 1990, S. 143 f.; BVerwGE 9, S. 231 (3. Leitsatz); VGH Mannheim, DÖV 1957, S. 379; *Menzel* in: Bonner GG-Komm., Art. 116, Anm. II 6 b; *Bergmann/Korth*, Rdnr. 135; *Makarov/v. Mangoldt*, Art. 116 GG, Rdnr. 46; *Wolf*, IFLA 1987, S. 85; a.A. *Dietl*, DÖV 1957, S. 361, 363.

31 *Häußer/Kapinos/Christ*, Einf., Rdnr. 40; *Liesner*, Aussiedler, S. 32 und AnwBl. 1991, S. 379, 381; vgl. ferner Nr. 9 der mit allen Ländern abgestimmten "Friedland-Richtlinien", GMBl. BW 1976, S. 1260.

32 Gesetz vom 28. Juni 1990, BGBl. 1990 I, S. 1247; Näheres hierzu unten auf den Seiten 120 ff.

33 *Weidelener/Hemberger*, S. 18; *Häußer*, DÖV 1990, S. 918, 919.

umfangreiche Prüfungsverfahren keine Bindungswirkung im Sinne des § 15 BVFG[34]. Nach wie vor ist von einer "Aufnahme" im Sinne des Art. 116 Abs. 1 GG jedoch erst auszugehen, wenn der Betreffende in Deutschland angekommen, registriert und einem Bundesland zugewiesen worden ist[35]. Der Aufnahmebescheid selbst begründet lediglich einen Anspruch auf Aufnahme, nicht aber bereits den Deutschenstatus. Wie bisher kann jedoch derjenige nicht als Vertriebener aufgenommen werden, der vorher bereits fest in einem dritten Staat aufgenommen war[36].

Art. 116 Abs. 1 GG fordert ferner, daß die Aufnahme im Gebiet des Deutschen Reiches nach dem Stande vom 31. Dezember 1937 vorgenommen worden ist. Nach einhelliger Ansicht war die Aufnahme von Vertriebenen im Sinne des Art. 116 Abs. 1 GG in beiden deutschen Staaten möglich, also auch in der ehemaligen DDR[37]. Problematisch ist jedoch, ob auch in den ehemals deutschen Ostgebieten jenseits der Oder/Neiße-Linie eine Aufnahme von Vertriebenen - z.B. aus Ungarn - stattfinden konnte bzw. kann, die vom Grundgesetz anerkannt wird (sog. "erweiterte Gebietsklausel"). Nach dem Wortlaut des Art. 116 Abs. 1 GG ist dies möglich[38]. Da Polen und die Sowjetunion jedoch eher Vertreibungs- als Aufnahmegebiete darstellen, ist eine Aufnahme von deutschen Volkszugehörigen "als Flüchtlinge oder Vertriebene" praktisch ausgeschlossen[39]. Die erweiterte Gebietsklausel soll daher nach einer Literaturansicht[40] nur auf solche Personen angewandt werden, die bereits vor der polnischen bzw. sowjetischen Verwaltung dort aufgenommen wurden, z.B. als Umsiedler oder als Flüchtlinge vor dem Ende des Zweiten Weltkriegs.

---

34 *Häußer*, DÖV 1990, S. 918, 919.

35 *Wolf*, Statusfeststellung, S. 17; *Liesner*, AnwBl. 1991, S. 379, 381.

36 BVerfGE 2, S. 98, 100 (für Österreich als Drittstaat); zuletzt BVerfG, NJW 1991, S. 2757 = NVwZ 1991, S. 661 f.; BVerwGE 9, S. 231 ff.; *Hecker* in: v. Münch, GG-Komm., Art. 116, Rdnr. 9; a.A.: *Hamann/Lenz* GG-Komm., Art. 116, Anm. 6.

37 BVerwGE 38, S. 224; *Bergmann/Korth*, S. 104 Rdnr. 135; *Hecker* in: v. Münch, GG-Komm., Art. 116, Rdnr. 12; *Makarov/v. Mangoldt*, Art. 116 GG, Rdnr. 52.

38 So uneingeschränkt *Hecker* in: v. Münch, GG-Komm., Art. 116, Rdnr. 12.

39 *Makarov/v. Mangoldt*, Art. 116, Rdnr. 52; *Menzel*, Bonner GG-Komm., Art. 116, Anm. I 6; *Hailbronner/Renner*, Art. 116 GG, Rdnr. 34; *Zimmermann*, ZRP 1991, S. 85, 86.

40 *Menzel*, DÖV 1972, S. 1, 4.

Nach einer anderen Literaturmeinung[41] soll als Stichtag der 3. Juni 1972 gelten, also das Inkrafttreten des Warschauer Vertrages. Seit diesem Zeitpunkt nehme die Bundesrepublik Deutschland die polnischen "Oder/Neiße-Gebiete" nicht mehr als Inland in Anspruch, folglich könne danach keine Aufnahme mehr erfolgt sein. Demgegenüber wurde weder durch Gesetzesänderung noch in der Rechtsprechung der territoriale Bezug des Art. 116 Abs. 1 GG geändert[42]. Das Bundesverwaltungsgericht legte - zumindest bis zum Abschluß des "2 + 4"-Vertrages am 12. September 1990 - ebenfalls noch die erweiterte Gebietsklausel zugrunde, betonte aber, daß auch derjenige Aufnahme "im Gebiet des Deutschen Reiches nach dem Stand vom 31. Dezember 1937" finden kann, der zeitlebens in den ehemaligen Ostgebieten gelebt hat und der nun in den Geltungsbereich des Grundgesetzes gelangt[43]. Ein weiterer entscheidender Stichtag könnte der 11. Oktober 1990 sein, an dem der "2 + 4"-Vertrag ratifiziert wurde. Eine Grundgesetzänderung erfolgte jedoch auch zu diesem Zeitpunkt nicht, so daß die Gebietsfrage noch immer ungeklärt bleibt.

Weil auch in den Materialien zum AAG vom 28. Juni 1990 keine Ausführungen zum Aufnahmegebiet zu finden sind, bleibt diese juristische Streitfrage weiterhin offen. Allerdings definiert das AAG erstmals gesetzlich die Aufnahme im Sinne des Art. 116 Abs. 1 GG und legt fest, daß das Bundesverwaltungsamt das Aufnahmeverfahren durchführt und den Aufnahmebescheid erteilt. Ein anderes Aufnahmeverfahren wird seit dem 1. Juli 1990 nicht mehr anerkannt. Folglich kann eine - theoretisch denkbare - Maßnahme polnischer oder sowjetischer Behörden, die die Aufnahme von Vertriebenen zum Inhalt hat, nicht mehr als Aufnahme im Sinne des Art. 116 Abs. 1 GG gelten. Ohne eine ausdrückliche Regelung zu treffen, hat daher der einfache Gesetzgeber im Rahmen seiner Gestaltungsfreiheit das Aufnahmegebiet entgegen dem Wortlaut des Art. 116 Abs. 1 GG auf das vereinigte Deutschland beschränkt[44].

Um Ehe und Familie des Vertriebenen zu schützen, verleiht Art. 116 Abs. 1 GG die Statusdeutscheneigenschaft originär auch an dessen Angehö-

---

41 *Bergmann/Korth*, S. 104, Rdnr. 135.

42 BVerfGE 40, S. 171, 175; *Leibholz/Rinck/Hesselberger*, Art. 116 GG, S. 938; *Makarov/v. Mangoldt*, Art. 116, Rdnr. 52.

43 BVerwGE 38, S. 224, 228 in Abweichung von BVerwGE 5, S. 239, 244.

44 Ebenso *Zimmermann*, ZRP 1991, S. 85, 86.

rige, selbst wenn diese nicht deutscher Volkszugehörigkeit sind. Voraussetzung ist jedoch, daß der Angehörige selbst in Deutschland Aufnahme gefunden hat, und zwar in seiner Eigenschaft als Ehegatte oder Abkömmling des Volksdeutschen[45]. Dies gilt auch nach dem Inkrafttreten des AAG[46]. Der volksdeutsche Ehegatte oder Abkömmling muß jedoch ein Vertreibungsschicksal erlitten haben, so daß es nicht genügt, wenn der Betreffende nach dem Tod des Volksdeutschen Aufnahme begehrt[47] oder wenn dieser im Vertreibungsgebiet zurückbleibt[48]. Ein enger zeitlicher Zusammenhang zwischen der Aufnahme der beiden Ehegatten muß jedoch nicht bestehen[49]. Als Abkömmlinge werden lediglich solche Personen anerkannt, mit denen der Vertriebene in einem "Schutz und Fürsorge gewährenden Gemeinschaftsverhältnis" verbunden ist. Volljährige nichtdeutsche Nachkommen, die bereits einen eigene Familie gegründet haben, teilen nach der Ansicht der Rechtsprechung nicht das Vertreibungsschicksal des Volksdeutschen[50]. Zweifelhaft ist ferner die Rechtsstellung der nichtehelichen Kinder eines volksdeutschen Vaters. Die wohl herrschende Meinung lehnt hier den originären Erwerb der Statusdeutscheneigenschaft ab[51].

(2) Derivativer Erwerb

Nicht geregelt ist in Art. 116 Abs. 1 GG, was für Ehegatten gilt, die erst nach der Aufnahme des Volksdeutschen geheiratet haben sowie für Kinder, die erst später geboren werden. Für sie lassen Rechtsprechung und Literatur einen derivativen - abgeleiteten - Erwerb der Statusdeutscheneigenschaft zu. Rechtstechnisch geschieht dies durch eine Analogie zu verschiedenen Bestimmungen des RuStAG, insbesondere zu den automatischen Erwerbstatbestän-

---

45 *Makarov/v. Mangoldt*, Art. 116 GG, Rdnr. 37 und 40.

46 OLG München, NVwZ 1993, S. 300.

47 BVerwGE 84, S. 23-31 (2. Leitsatz); BVerwG, DÖV 1970, S. 713; BVerwG vom 15. Juni 1990, 1 B 92/90.

48 VGH Mannheim, DÖV 1990, S. 793.

49 BVerwGE 90, S. 181 ff.

50 VGH Mannheim, Urteil vom 19. März 1990, AZ 1 S 1850/89.

51 BVerwGE 90, S. 181 ff.; *Makarov/v. Mangoldt*, Art. 116 GG, Rdnr. 43.

den der §§ 4, 5 und 6 sowie zum § 6 a.F.[52]. Die Eheschließung einer Ausländerin mit einem Statusdeutschen war allerdings nur bis zum 31. März 1953 gemäß § 6 a.F. RuStAG Erwerbsgrund für die Staatsangehörigkeit bzw. die Statusdeutscheneigenschaft des Ehemannes.

cc) Rechte und Pflichten der Statusdeutschen

Für die Einreise des Statusdeutschen ist zunächst entscheidend, daß er gemäß § 1 Abs. 2 AuslG nicht als Ausländer gilt und daher weder ein Einreisevisum noch eine Aufenthaltserlaubnis braucht. Bei den Rechten, die sich aus der Stellung als Statusdeutscher im Sinne des Art. 116 Abs. 1, 2. Alt. GG ergeben, steht der Rechtsanspruch auf Einbürgerung im Vordergrund. Er ergibt sich aus § 6 Abs. 1 1. StARegG von 1955. Die Einbürgerung kann nur dann versagt werden, wenn die Annahme gerechtfertigt ist, daß der Bewerber die innere oder die äußere Sicherheit der Bundesrepublik oder eines deutschen Landes gefährdet. Ist die Einbürgerung unanfechtbar abgelehnt, so verliert der Bewerber auch seine Stellung als Statusdeutscher gemäß § 6 Abs. 2 1. StARegG. Fraglich ist jedoch, ob diese Regelung nicht gegen Art. 16 Abs. 1, S. 2 GG verstößt, der einen Verlust der Staatsangehörigkeit verbietet, sofern der Betroffene dadurch staatenlos wird. Das Bundesverwaltungsgericht[53] hat jedoch Art. 16 GG nicht auf Statusdeutsche angewandt, da dieser sich seinem Wortlaut nach ausschließlich auf die Staatsangehörigkeit beziehe. Wegen der bereits oben[54] erörterten Unterschiede zwischen der Staatsangehörigkeit und dem Sonderstatus ist dieser Auffassung zuzustimmen[55], und § 6 Abs. 2 1. StARegG muß nicht als verfassungswidrig betrachtet werden.

---

52 BVerwGE 8, S. 340, BVerwGE 71, S. 301; BVerwG, DVBl. 1985, S. 964; BVerwG, Buchholz, Nr. 7 zu § 1 WPflG, *Makarov/v. Mangoldt*, Art. 116 GG, Rdnr. 56 ff.; *Bergmann/Korth*, Rdnr. 137; *Hecker* in: v. Münch, GG-Komm., Art. 116, Rdnr. 5; *Lichter/Hoffmann*, S. 30 f.; kritisch: *Ridder* in: Komm. zum GG für die BR Dtld., Art. 116, Rdnr. 7.

53 BVerwGE 8, S. 340 ff.

54 Auf S. 42.

55 Ebenso die h.M. in der Literatur: *Maunz* in: Maunz/Dürig, Art. 116 GG, Rdnr. 18; *Hecker* in: von Münch, GG-Komm., Art. 116 GG, Rdnr. 28; *Manske*, S. 160.

Statusdeutsche sind im Besitz aller staatsbürgerlichen Rechte, auch des Wahlrechts[56]. Ihr aus Art. 11 Abs. 2 GG resultierendes Recht auf Freizügigkeit wurde jedoch durch das Gesetz über die Notaufnahme von Deutschen in der Bundesrepublik[57] und durch das Gesetz über die Festlegung eines vorläufigen Wohnsitzes für Aussiedler und Übersiedler vom 6. Juli 1989[58] in zulässiger Weise beschränkt. In strafrechtlicher Hinsicht sind die Statusdeutschen wie deutsche Staatsangehörige zu behandeln[59]; auch das Beamtenrecht hat in § 7 des Bundesbeamtengesetzes vom 14. Juli 1953[60] der Gleichstellung Rechnung getragen. Die Wehrpflicht erfaßt ebenfalls beide Kategorien des Art. 116 Abs. 1 GG[61]. Umstritten ist lediglich die Behandlung der Statusdeutschen auf dem Gebiet des Internationalen Privatrechts in bezug auf das sog. "Personalstatut", worauf hier nicht näher eingegangen wird[62].

dd) Verlusttatbestände

Kraft gesetzlicher Regelung geht die Statusdeutscheneigenschaft - wie bereits oben angesprochen - dann verloren, wenn der Einbürgerungsantrag eines Statusdeutschen unanfechtbar abgelehnt wird, § 6 Abs. 2 1. StARegG. Einen weiteren Verlusttatbestand beinhaltet § 7 Abs. 1 StARegG, sofern der Statusdeutsche Deutschland freiwillig verläßt und in eines der Vertreibungsgebiete zurückkehrt. Diese Verlusttatbestände greifen jedoch dann nicht ein, wenn der Betreffende durch sie staatenlos wird, § 7 a 1. StARegG.

In der Praxis sind jedoch die Verlustgründe am häufigsten, die sich aus der analogen Anwendung von Vorschriften des RuStAG ergeben[63]. Diese Analogie ist - wie die zum derivativen Erwerb der Statusdeutscheneigenschaft - in

---

56 Vergl. § 1 Nr. 1 des Wahlgesetzes zum 2. Bundestag und zur Bundesversammlung vom 8. Juli 1953, BGBl. 1953 I, S. 470.

57 Gesetz vom 22. August 1950, BGBl. 1950 I, S. 367, aufgehoben durch das nachfolgend genannte Gesetz; die Verfassungsmäßigkeit des Gesetzes hat das BVerfG in seiner Entscheidung E 2, S. 266-286 bestätigt.

58 BGBl. 1989 I, S. 1378, seit dem 15. Juli 1992 durch Fristablauf wirkungslos.

59 BGHSt 11, S. 63 f.

60 BGBl. 1953 I, S. 551.

61 Vergl. § 1 WehrpflichtG vom 21. Juli 1956, BGBl. 1956 I, S. 651.

62 Siehe zum Streitstand *Menzel*, Bonner GG-Komm., Art. 116, Anm. 7 f.

63 *Bergmann/Korth*, Rdnr. 138; *Liesner*, DVP 1990, S. 195, 200.

Rechtsprechung und Literatur anerkannt[64]. Insbesondere kommt § 25 RuStAG in Betracht, der den Verlust der deutschen Staatsangehörigkeit bei freiwilligem antragsgemäßem Erwerb einer ausländischen Staatsangehörigkeit regelt, sowie § 17 i.V.m. den §§ 18 - 24 RuStAG[65].

3. Der Charakter des Art. 116 Abs. 1 GG als Übergangsbestimmung und die Bedeutung des Gesetzesvorbehalts

Es fragt sich schließlich, ob die Gleichstellung der Statusdeutschen mit den deutschen Staatsangehörigen von Dauer ist, oder ob sie vielmehr aufgelöst werden kann oder sogar soll. Zweck der Gleichstellung war es, die Gruppe der Vertriebenen reibungslos in die Gruppe der deutschen Staatsangehörigen einzugliedern und den Begriff des Statusdeutschen so bald als möglich entbehrlich zu machen[66]. Auch die systematische Stellung des Art. 116 GG als "Übergangs- und Schlußbestimmung" sowie der im ersten Absatz verankerte Gesetzesvorbehalt ("vorbehaltlich anderweitiger gesetzlicher Regelung") sprechen nach herrschender Ansicht für den vorübergehenden Charakter dieser Norm[67]. Allerdings werden aus diesem vorläufigen Charakter die unterschiedlichsten Schlüsse gezogen.

Teile der Literatur entnehmen dem Gesetzesvorbehalt einen Auftrag an den Gesetzgeber, die Kategorie aufzulösen[68]. Eine derartige Interpretation deckt sich jedoch nicht mit dem Wortlaut der Norm und wird daher zu recht abgelehnt[69].

Eine andere Position stützt sich auf den Wortlaut des Art. 116 Abs. 1 GG und bezieht den Gesetzesvorbehalt nicht nur auf die Flüchtlinge und Vertrie-

---

64 BVerwGE 8, S. 340, 343; VGH München, NJW 1966, S. 317; *Maunz* in: Maunz/Dürig, Art. 116 GG, Rdnr. 17.

65 BVerwG, Buchholz, Nr. 4 zu Art. 116 GG; VGH München, BAYVGHE 26, S. 132-134, 1. Leitsatz; VGH München, NJW 1966, S. 317, 1. Leitsatz.

66 *Maunz* in: Maunz/Dürig, Art. 116 GG, Rdnr. 2.

67 So *Manske*, S. 153; *Makarov/v.Mangoldt*, Art. 116 GG, Rdnr. 12; *Meessen*, JZ 1972, S. 673, 679; *Lichter*, Staatsangehörigkeit, S. 41, Nr. 9; *Oswald*, ZLA 1971, S. 185; *Lichter/Hoffmann*, Art. 116 GG, Rdnr. 16 (S. 33/34); *Thedieck*, S. 125; *Hamann/Lenz*, Art. 116 GG, Anm. 2; *Zimmermann*, ZRP 1991, S. 85, 86.

68 So z.B. *Schätzel*, Das deutsche Staatsangehörigkeitsrecht, S. 97.

69 *Makarov/v. Mangoldt*, Art. 116 GG, Rdnr. 12; *Hecker* in: von Münch, GG-Komm., Art. 116, Rdnr. 7; *Hailbronner/Renner*, Art. 116 GG, Rdnr. 9.

benen, sondern auch auf die deutschen Staatsangehörigen. Die Definition des Deutschen könne vom einfachen Gesetzgeber vollständig neu bestimmt werden[70]. Unter Zugrundelegung dieses "Gesamtvorbehaltes" sahen einige Stimmen in der Literatur es als zulässig an, die Bürger der DDR aus der deutschen Staatsangehörigkeit auszuschließen[71]. Diese Auslegung wird jedoch vom Bundesverfassungsgericht[72] ebenso wie von der herrschenden Literaturmeinung[73] wegen Verstoßes gegen Art. 16 Abs. 1 S. 1 GG abgelehnt.

Eine andere Ansicht gestattet dem einfachen Gesetzgeber weder die Separierung der DDR-Staatsangehörigkeit noch die Aufhebung der Kategorie der Statusdeutschen[74]. Diese Theorie der "Kerngarantie" zieht den Rechtsgedanken des Art. 19 Abs. 2 GG heran und erlaubt dem Gesetzgeber lediglich sogenannte "Randbereinigungen", wie z.B. die Bestimmung des Personenkreises. Gegen diese einengende Auffassung spricht jedoch, daß der "Übergangs- und Schlußbestimmung" des Art. 116 GG keine mit den Grundrechten vergleichbare Bedeutung beigemessen werden kann. Vielmehr führt ein Umkehrschluß dazu, den Art. 19 Abs. 2 GG hier gerade nicht anzuwenden[75].

Daher vertritt der überwiegende Teil der Literatur, gestützt auf Sinn und Zweck der Norm ebenso wie auf systematische Argumente, die These, daß zwar nicht die Staatsangehörigkeit, wohl aber die Rechtsfigur des Statusdeutschen durch einfaches Gesetz aufgehoben werden könne[76]. Angesichts der Tatsache, daß Art. 116 Abs. 1 GG die Rechtsfigur der Statusdeutschen nur für eine Übergangszeit, also bis zu einer abschließenden Regelung über das Staatsgebiet und die Staatsangehörigkeit Deutschlands, begründen sollte, erscheint eine Abschaffung dieses Sonderstatus nach der Wiedervereinigung

---

70 *Hailbronner/Renner*, Art. 116 GG, Rdnr. 9; *Ress* in: Doehring/Kewenig/Ress, S. 72, 74; *Meessen*, JZ 1972, S. 673, 679; *Thedieck*, S. 126.

71 So *Ress*, in: Doehring/Kewenig/Ress, S. 72, 74; *Meessen*, JZ 1972, S. 673, 679 und *Thedieck*, S. 126.

72 BVerfGE 36, S. 1, 30; 40, S. 163, 175.

73 *Bergmann/Korth*, Rdnr. 109; *Bernhardt*, DÖV 1977, S. 457, 460; *Jarras/Pieroth*, Art. 116 GG, Rdnr. 1; *Leibholz/Rinck/Hesselberger*, Art. 116 GG, S. 937; *Ridder* in: Komm. zum GG für die BR Dtld., Art. 116, Rdnr. 10.

74 *Maunz* in: Maunz/Dürig, Art. 116 GG, Anm. I 3; *v.Schenckendorff*, IFLA 1992, S. 137, 140 und *Schaefer*, IFLA 1990, S. 1, 6/7.

75 So auch *Bauer*, S. 182.

76 Z.B. *Makarov/v. Mangoldt*, Art. 116 GG, Rdnr. 14; *Manske*, S. 155; *Hecker* in: von Münch, GG-Komm., Art. 116, Rdnr 7; *Ridder* in: Komm. zum GG für die BR Dtld., Art. 116 GG, Rdnr. 10; *Alexy*, NJW 1989, S. 2850, 2851 und *Hohmann*, ZRP 1992, S. 44.

Deutschlands und dem Abschluß des deutsch-polnischen Grenzvertrages heute gerechtfertigt. Verschiedentlich wurde zur Beendigung dieses Sonderstatus eine Ausschlußfrist vorgeschlagen, so bereits vom Bundesrat bei der Beratung des Entwurfes zum 1. StARegG, begrenzt auf zwei Jahre, und von einigen Stimmen in der Literatur[77]. Diskutiert wird ferner die Zulässigkeit eines "Schlußgesetzes" sowie regionaler oder personeller Beschränkungen durch einfachgesetzliche Regelung im Rahmen dieses Gesetzesvorbehalts[78]. Bisher ist der Status der "Deutschen im Sinne des Grundgesetzes" jedoch unverändert geblieben.

II. Die Staatsangehörigkeit der Aussiedler

Sowohl nach dem Ersten Weltkrieg als auch im Verlauf des Zweiten Weltkrieges veränderte sich das deutsche Staatsgebiet erheblich. Zwischen 1938 und 1943 kam es infolgedessen zu vielen Sammeleinbürgerungen durch das Deutsche Reich, die zum einen auf völkerrechtlichen Verträgen und zum anderen auf Rechtsverordnungen im Zusammenhang mit der Besetzung fremder Gebiete (sog. "occupatio bellica") beruhten[79]. Dies führte nach Kriegsende zu Problemen bei der Beurteilung, wer als neuer - oder alter - deutscher Staatsangehöriger gelten sollte. Allein mit Hilfe des RuStAG von 1913 konnte man jedoch zu keiner Lösung kommen, da dieses Gesetz auf Gebietsveränderungen nicht zugeschnitten ist.

Nach dem Ersten Weltkrieg konnten die Staatsangehörigkeitsfragen auf der Grundlage des Versailler Vertrages und zahlreicher bilateraler Abkommen geklärt werden. Anders sah es nach dem Zweiten Weltkrieg aus, da der wichtigste Friedensvertrag, der mit Deutschland, in Ermangelung einer deutschen Zentralgewalt als Vertragspartner nie geschlossen wurde[80]. Obwohl Belange der Staatsangehörigkeit ihrer Natur nach nur international geregelt werden

---

77 *Manske*, S. 162, 164, der bereits 1959 den Status für antiquiert hielt; *Hecker* in: von Münch, GG-Komm., Art. 116, Rdnr. 30; *Lichter/Hoffmann*, Art. 116, Rdnr. 16, S. 33/34 - hier Billigung des Bundesratsvorschlages.

78 *Hailbronner/Renner*, Art. 116 GG, Rdnr. 12.

79 *Lichter*, DÖV 1955, S. 427, 428.

80 In den multilateralen Friedensverträgen mit den anderen Achsenmächten gab es nur Regelungen über die italienische Staatsangehörigkeit.

können, blieb es den einzelnen Staaten überlassen, die offenen Fragen durch innerstaatliches Recht zu klären[81].

Nachdem der bundesdeutsche Gesetzgeber etliche Jahre hatte verstreichen lassen, bevor er sich zum Eingreifen entschloß, waren zahlreiche Staatsangehörigkeitsfragen - insbesondere im Hinblick auf die Vertriebenen - in Verwaltung und Rechtsprechung streitig geworden. Die Staatsangehörigkeitsgesetze von 1955 und 1956 versuchten Ordnung in das Chaos zu bringen, wobei für die Vertriebenen aus Ost- und Südosteuropa das 1. StARegG von 1955 maßgeblich ist.

1. Das 1. StARegG

a) Entstehungsgeschichte

In der britischen Besatzungszone erkannte man einheitlich alle Sammeleingebürgerten als deutsche Staatsangehörige an, sofern sie nicht ein anderer Staat als seine Angehörigen betrachtete[82]. Hingegen galten die nationalsozialistischen Sammeleinbürgerungen in der amerikanischen und französischen Besatzungszone als unwirksam, mit der Folge, daß die betroffenen Personen - sofern ihr Heimatland sie ausgebürgert hatte - als Staatenlose oder als "Als-ob-Deutsche" betrachtet wurden[83]. Die Sowjets hielten die Sammeleinbürgerungen ebenfalls für völkerrechtswidrig, verfuhren jedoch anders. Wer als deutscher Volkszugehöriger seinen Wohnsitz in der "SBZ" nahm, galt als deutscher Staatsangehöriger[84].

Nach verschiedenen, häufig stark voneinander abweichenden Gerichtsentscheidungen kamen die vertriebenenspezifischen Staatsangehörigkeitsfragen im Wege einer Verfassungsbeschwerde zum Bundesverfassungsgericht, das am 28. Mai 1952 einen wegweisenden Beschluß faßte (sog. "Czastka-Entscheidung")[85]. Es hielt die nationalsozialistischen Annexionen seit dem

---

81 *Hecker* in: Staatsangehörigkeit in zweiseitigen Verträgen, S. 33; *Schätzel*, Das deutsche Staatsangehörigkeitsrecht, Einl., S. 9.

82 Anordnung der Militärregierung der britischen Besatzungszone vom 13. März 1946, ABl. SH, S. 23; *Makarov/v. Mangoldt*, Einl. zum 1. StARegG, Rdnr. 2; *Hecker*, Staatsangehörigkeitsfragen im Bundestag, S. 141; *Hailbronner/Renner*, Einl., Rdnr. 29.

83 *Makarov/v. Mangoldt*, Art. 116 GG, Rdnr. 3; *Hailbronner/Renner*, Einl., Rdnr. 29.

84 *Makarov/v. Mangoldt*, Art. 116 GG, Rdnr. 4.

85 BVerfGE 1, S. 322 ff.

1. Januar 1938 zwar für rechtswidrig, zog daraus aber nicht den Schluß, daß somit auch alle darauffolgenden Sammeleinbürgerungen nichtig seien. Vielmehr ging es von dem völkerrechtlichen Grundsatz aus, daß jeder Staat grundsätzlich selbst berufen sei, nach seinem Ermessen zu bestimmen, wie man seine Staatsangehörigkeit erwerbe und verliere. Allerdings müßten die Angehörigen eines Staates, wie z.B. im Falle Deutschlands nach dem Abstammungsprinzip, in einer tatsächlichen Beziehung zu ihm stehen[86]. Die so verliehene Staatsangehörigkeit sei aufgrund der innerstaatlichen Rechtsordnung solange wirksam, wie sie nicht von einem fremden Staat angefochten werde. Im dort relevanten Fall sprach nach Ansicht des Bundesverfassungsgerichts nichts für die Unwirksamkeit der Sammeleinbürgerung von Volksdeutschen im "Protektorat Böhmen und Mähren" vom 16. März 1939, da die Tschechoslowakei allen sammeleingebürgerten Personen die tschechoslowakische Staatsangehörigkeit durch Dekret vom 2. August 1945 mit "ex tunc"-Wirkung entzogen habe[87]. Ferner kommt es nach der Auffassung des Bundesverfassungsgerichts auf den Willen des Betroffenen an, also darauf, ob er nach 1945 als deutscher Staatsangehöriger behandelt werden wolle[88]. Sofern diese Voraussetzungen gegeben seien, müsse die Bundesrepublik Deutschland die deutsche Staatsangehörigkeit der Betroffenen anerkennen. Diese Rechtsprechung hat sich in weiteren Entscheidungen des Bundesverfassungsgerichts fortgesetzt[89] und bildete die Grundlage für § 1 des 1. StARegG[90].

Bereits am 27. März 1953 leitete die Bundesregierung den Entwurf zum 1. StARegG dem Bundesrat zu, jedoch erst in der zweiten Legislaturperiode konnte er beim Bundestag eingebracht werden[91]. Nachdem dieser den Gesetzentwurf in der 3. Lesung am 21. Oktober 1954 einstimmig gebilligt hatte, befaßte sich auf Initiaive des Bundesrates der Vermittlungsausschuß mit ihm. Am 8. Dezember 1954 ist der Bundestag den Beschlüssen des Vermittlungs-

---

86 BVerfGE 1, S. 322, 329; *Hannappel*, S. 26.

87 BVerfGE 1, S. 322, 330/331; *Maunz* in: Maunz/Dürig, Art. 116 GG, Rdnr. 9.

88 BVerfGE 1, S. 322, 331.

89 BVerfGE 2, S. 98, 99 und 4, S. 322, 329 ff.

90 *Schleser*, S. 76; *Makarov/v. Mangoldt*, Einl. zum 1. StARegG, Rdnr. 5; *Hecker*, Staatsangehörigkeitsfragen im Bundestag, S. 141; *Neuser*, Forum für Politik und Kultur, 1990, S. 23, 25.

91 BT-Drs. 2/44.

ausschusses gefolgt[92]; der Bundesrat hat am 17. Dezember 1954 zugestimmt. In Kraft getreten ist das 1. StARegG schließlich am 22. Februar 1955[93].

b) Allgemeine Voraussetzungen des § 1 1. StARegG

Nach § 1 1. StARegG ist der deutsche Volkszugehörige deutscher Staatsangehöriger geworden, dem die deutsche Staatsangehörigkeit durch Sammeleinbürgerung aufgrund sechs aufgezählter Maßnahmen (Buchstaben a - f) verliehen wurde. Betroffene Personengruppen sind die Sudetendeutschen, die volksdeutschen Memelländer, die Volksdeutschen aus Böhmen und Mähren, die in Polen über die Deutsche Volksliste eingebürgerten Personen, die Volksdeutschen aus der Untersteiermark, Kärnten und Krain sowie aus der Ukraine. Die Wirksamkeit dieser Sammeleinbürgerungen stellt das 1. StARegG nur deklaratorisch im Nachhinein fest; eine konstitutive Wirkung kommt ihm nicht zu. Weitere Sammeleinbürgerungen im Westen, insbesondere in Elsaß-Lothringen, Luxemburg und Belgien, sollten keine fortwirkende Geltung haben, da hier eindeutig feststeht, daß die betroffenen Staaten die sammeleingebürgerten Personen als ihre Staatsangehörigen beanspruchen. Die Staatsangehörigkeitsverhältnisse der Österreicher wurden im 2. StARegG von 1956[94] festgelegt.

Um dem Willen des Sammeleingebürgerten Rechnung zu tragen, beinhaltet § 1 Abs. 2 1. StARegG eine befristete Ausschlagungsmöglichkeit, die sich auch auf Ehefrauen und Kinder erstreckt, soweit diese ihre Staatsangehörigkeit von dem Volksdeutschen ableiten. Auf die oben angesprochenen Sammeleinbürgerungen soll der Übersichtlichkeit wegen bei der Behandlung der einzelnen Aussiedlungsgebiete eingegangen werden. Auf eine intensive Auseinandersetzung mit den jugoslawischen Besonderheiten wird jedoch wegen Jugoslawiens geringer Bedeutung als Aussiedlungsgebiet verzichtet. Zunächst sind die allgemeinen Voraussetzungen des § 1 1. StARegG zu betrachten.

---

92 BT-Drs. 2/1033.

93 BGBl. 1955 I, S. 65; zum Verlauf des Gesetzgebungsverfahrens siehe *Makarov/v. Mangoldt*, Einl. zum 1. StARegG, Rdnr. 6.

94 BGBl. 1956 I, S. 431, geändert durch Gesetz vom 18. Juli 1979, BGBl. 1979 I, S. 1061.

aa) Deutsche Volkszugehörigkeit

Fraglich ist zunächst, wer "deutscher Volkszugehöriger" im Sinne des § 1 1. StARegG ist. Da sich diese Norm auf nationalsozialistische Einbürgerungsgesetze bezieht, muß der Begriff des deutschen Volkszugehörigen mit dem bis 1945 verwendeten Begriff identisch sein[95]. In Ermangelung einer Legaldefinition muß der damalige Begriffsinhalt einem Runderlaß des Reichsministers des Inneren (RMI) vom 29. März 1939[96] entnommen werden:

> Abs. 2: "Deutscher Volkszugehöriger ist, wer sich selbst als Angehöriger des deutschen Volkes bekennt, sofern dieses Bekenntnis durch bestimmte Tatsachen wie Sprache, Erziehung, Kultur usw. bestätigt wird. Personen artfremden Blutes, insbesondere Juden, sind niemals deutsche Volkszugehörige, auch wenn sie sich bisher als solche bezeichnet haben."

Aus dem zweiten Satz läßt sich deutlich NS-Gedankengut herauslesen, wonach bestimmte Personengruppen wie z.B. Juden und Zigeuner aus rassischen Gründen nicht eingebürgert wurden. Hinsichtlich dieser Personen nimmt das 1. StARegG in seinem § 11 eine Korrektur vor, indem es denen unter ihnen einen Einbürgerungsanspruch gewährt, die sich dauernd in Deutschland aufhalten.

Nach einer anderen Auffassung ist für die Auslegung des Begriffs der "deutschen Volkszugehörigkeit" in § 1 1. StARegG die zwei Jahre zuvor verfaßte Legaldefinition des § 6 BVFG maßgeblich[97]. Diese Norm basierte auf dem oben genannten Runderlaß, allerdings ohne die rassischen Differenzierungen und mit dem Zusatz, das Bekenntnis müsse "in der Heimat" abgelegt worden sein. Wendet man die Legaldefinition des § 6 BVFG auf § 1 1. StARegG an, so ist es ohne weiteres möglich, die - zum Teil vorgenommenen - Einbürgerungen "fremdvölkischer" Personen anzuerkennen, die sich später dem deutschen Volkstum zugewandt haben und die ebenso wie die ursprünglichen Volksdeutschen vertrieben und ausgebürgert wurden[98]. Aller-

---

95 OVG Münster, OVGE 12, S. 221, 223 = DÖV 1958, S. 341; BayVGHE 19, S. 33, 40; *Menzel* in: Bonner Komm. zum GG, Art. 116, Anm. 5a; *Makarov/v. Mangoldt*, § 1 1. StARegG, Rdnr. 4; *Lichter*, DÖV 1955, S. 427, 429; *Hailbronner/Renner*, § 1 1. StARegG, Rdnr. 2.

96 RMBliV, S. 783, 785.

97 *Maunz* in: Maunz/Dürig, Art. 116 GG, Rdnr. 13.

98 *Makarov/v. Mangoldt*, § 1 1. StARegG, Rdnr. 7; *Schätzel*, Das deutsche Staatsangehörigkeitsrecht, § 1 1. StARegG, Anm. 1.

dings kommen auch diejenigen zu demselben Ergebnis, die den Runderlaß von 1939 zugrundelegen. Sie legen § 1 1. StARegG dahingehend aus, daß auch "fremdvölkische" Sammeleingebürgerte dem Schutzzweck des Gesetzes unterfallen, sofern sie das gleiche Vertreibungsschicksal erlitten haben wie die Volksdeutschen[99]. Es macht also weder für die Volksdeutschen noch für die "fremdvölkischen" Sammeleingebürgerten einen Unterschied, welche Definition man bei der Auslegung des § 1 1. StARegG verwendet.

Nach beiden Definitionen sind objektive und subjektive Merkmale erforderlich, die einen deutschen Volkszugehörigen kennzeichnen. Auf der subjektiven Seite handelt es sich um ein Bekenntnis zum deutschen Volkstum, das - nach der Definition des § 6 BVFG - in der Heimat des Betroffen abgelegt werden mußte. Das Bekenntnis zeigt sich im Recht der europäischen Staaten durch eine sogenannte "Eigenfeststellung" des Betroffenen, die behördlich nachgeprüft wird[100], wie z.B. eine Willenserklärung gegenüber staatlichen Organen. Dieses Bekenntnis muß durch objektive Merkmale wie Sprache, Erziehung oder Kultur bestätigt werden, wobei das Vorliegen eines einzelnen objektiven Merkmals genügt[101].

Nähere Ausführungen zum Begriff des deutschen Volkstums im Sinne des § 6 BVFG sowie Hinweise auf Rechtsprechung und Literatur finden sich[102] beim Vertriebenenrecht.

bb) Ausschlagungsrecht

Um den Willen des kollektiv Eingebürgerten zu berücksichtigen, hat der Gesetzgeber anders als das Bundesverfassungsgericht in der oben zitierten "Czastka-Entscheidung"[103] den Weg der "negativen Erklärung" gewählt. Er ging davon aus, daß der größte Teil der Betroffenen die deutsche Staatsangehörigkeit erwerben wolle und beabsichtigte, den Verwaltungsaufwand mög-

---

99 So das BVerwG in einer Entscheidung vom 24. Februar 1966, BVerwGE 23, S. 274, 279; *Makarov/v. Mangoldt*, Art. 116 GG, Rdnr. 8 und 9.

100 *Stoll*, S. 63.

101 *Maunz* in: Maunz/Dürig, Art. 116 GG, Rdnr. 13.

102 Auf den Seiten 88ff.

103 Siehe oben auf Seite 54.

lichst gering zu halten[104]. Der Ausschlagende wird dann so behandelt, als hätte er zu keinem Zeitpunkt die deutsche Staatsangehörigkeit besessen, § 3 1. StARegG. Nach h.M. hat die Ausschlagung allerdings nicht zur Folge, daß die Statuseigenschaft gem. Art. 116 Abs. 1 GG verlorengeht[105].

Seit dem Inkrafttreten des 1. StARegG müssen die Ausschlagungserklärungen dem Formerfordernis des § 18 Abs. 1 1. StARegG entsprechen, d.h. daß sie zu Protokoll einer gem. § 17 1. StARegG zuständigen Behörde oder in öffentlich beglaubigter Form abzusgeben sind. Hat der Betreffende seinen Wohnsitz dauerhaft im Ausland, so sind Botschaften oder Konsulate gemäß § 18 Abs. 2 1. StARegG zuständige Behörden. Notfalls genügt die einfache Schriftform, sofern die Unterschrift nachweislich vom Berechtigten herrührt, § 18 Abs. 3 1. StARegG. Umstritten ist die Frage, wie Ausschlagungen vor dem Inkrafttreten des 1. StARegG zu bewerten sind. Der Gesetzgeber konnte im Jahr 1955 keine rückwirkende Regelung zur Zuständigkeit der Behörden erlassen; ebenso fehlte es an Formvorschriften[106]. Nach dem gesetzgeberischen Willen bedeutet dies jedoch nicht, daß eine vorherige Ausschlagung unwirksam ist, § 1 Abs. 2 letzter Halbsatz 1. StARegG[107]. Es fragt sich lediglich, ob auch mittelbare (konkludente) Erklärungen, wie z.B. der Eintritt in fremden Wehrdienst oder die Beantragung des Wiedererwerbs der alten Staatsangehörigkeit, als "Ausschlagung" genügen[108]. Hiergegen spricht jedoch, daß der Betroffene unter Umständen nicht damit rechnete, daß die zwischen 1938 und 1945 erfolgten Sammeleinbürgerungen später anerkannt würden. So erscheint es angemessener, strenge Anforderungen an die Erklärung zu stellen, in Form einer ausdrücklichen Erklärung gegenüber einer Behörde. Hatte eine Behörde vor 1955 eine solche Erklärung bescheinigt, brauchte der Ausschlagende sie später nicht zu wiederholen[109].

---

104 *Lichter*, DÖV 1955, S. 427, 428; *Bergmann/Korth*, S. 92.

105 VGH München, NJW 1966, S. 317; *Bergmann/Korth*, S. 92; *Lichter*, DÖV 1955, S. 427, 430; zu recht kritisch: *Schätzel*, Das deutsche Staatsangehörigkeitsrecht, § 3 1. StARegG, Anm. 4 und *Seeler*, Staatsangehörigkeit der Volksdeutschen, S. 13/14.

106 OVG Hamburg, DÖV 1957, S. 459 f.; *Reinke*, DÖV 1958, S. 570, 571.

107 *Seeler*, Staatsangehörigkeit der Volksdeutschen, S. 12.

108 So *Reinke*, DÖV 1958, S. 570, 571 f.

109 So *Seeler*, Staatsangehörigkeit der Volksdeutschen, S. 12/13; *Lichter*, DÖV 1955, S. 427, 429; *Makarov/v. Mangoldt*, § 1 1. StARegG, Rdnr. 35.

Da 1955 die Volljährigkeit erst mit Vollendung des 21. Lebensjahres einsetzte, aber nach Ansicht des Gesetzgebers bereits 18jährige in der Lage sind, über ihre Staatsangehörigkeit zu entscheiden, stellte man sie in § 14 1. StARegG den Volljährigen gleich.

Die Ausschlagungsmöglichkeit war gemäß § 5 1. StARegG auf ein Jahr nach Inkrafttreten des Gesetzes beschränkt, sie lief also am 22. Februar 1956 ab. § 19 1. StARegG sieht jedoch eine Art "Wiedereinsetzung in den vorigen Stand" vor, sofern der Betreffende unverschuldet außerstande war, die Ausschlagungserklärung abzugeben. Bloße Unkenntnis des Ausschlagungsrechts genügt hierfür nicht; vielmehr muß der Betreffende z.B. wegen Krankheit außerstande gewesen sein, die Erklärung abzugeben[110]. In Betracht kommt ferner der dauernde Aufenthalt in einem Ostblockstaat, der den Berechtigten daran hinderte, in die Bundesrepublik Deutschland auszusiedeln[111]. Die Nachfrist beträgt sechs Monate seit dem Fortfall des Hindernisses.

cc) Völkerrechtliche Bewertung des § 1 1. StARegG

Von den deutschen Nachbarstaaten werden sowohl die nationalsozialistischen Annexionen wie auch die damit zusammenhängenden Sammeleinbürgerungen als völkerrechtswidrig betrachtet[112]. Nach der deutschen Rechtsprechung[113] und der h.M. im deutschen Schrifttum[114] sind die Bedenken hinsichtlich der Sammeleinbürgerungen jedoch unangebracht, da zum einen der Wille des Betroffenen beachtet würde. Zum anderen greife man nicht in den Rechtskreis eines fremden Staates ein, da die Staaten die eingebürgerten Personen nicht mehr als ihre Staatsangehörigen betrachteten.

Völkerrechtlich bedenklich ist § 1 1. StARegG jedoch insoweit, als nicht alle betroffenen Staaten auf die kollektiv eingebürgerten Volksdeutschen ver-

---

110 *Hailbronner/Renner*, § 19 1. StARegG, Rdnr. 3.

111 *Makarov/v. Mangoldt*, § 19 1. StARegG, Rdnr. 4.

112 Niederländischer Raad vom Rechtsherstel vom 4. Juli 1955, Archiv des Völkerrechts, Bd. 5 (1956), S. 481; *Walter*, Recht und Politik 1990, S. 30, 36; *Schätzel*, Das deutsche Staatsangehörigkeitsrecht, S. 248; *ders.*, AöR Bd. 81 (1956), S. 265, 284.

113 BVerfGE 1, S. 322 ff.; 2, S. 98; BVerwGE 23, S. 274, 278; BGHZ 75, S. 32.

114 *Reinke*, DÖV 1958, S. 570/571; *Makarov/v. Mangoldt*, § 1 1. StARegG, Rdnr. 12.

zichtet haben, wie z.B. die ehemalige Sowjetunion und Jugoslawien[115]. Das 1. StARegG erkennt jedoch auch die Sammeleinbürgerungen in der Ukraine (§ 1 Abs. 1 f) und in Teilen der Untersteiermark, Kärntens und Krains (§ 1 Abs. 1 e) an, die noch nicht einmal auf völkerrechtlichen Verträgen, sondern lediglich auf militärischer Besetzung beruhen. Insofern könnte ein Verstoß gegen Art. 25 GG vorliegen, der den völkerrechtlichen Grundsatz zur Anwendung bringt, nicht in den Rechtskreis fremder Staaten eingreifen zu dürfen. Nach einer verfassungskonformen Auslegung Seelers[116] sollen die kollektiv eingebürgerten Personen aus der Ukraine und aus Teilen Jugoslawiens nur dann die deutsche Staatsangehörigkeit besitzen, wenn sie heute ihren ständigen Wohnsitz in Deutschland haben[117].

c) Staatsangehörigkeit ehemaliger Wehrmachtsangehöriger

Im Laufe des Zweiten Weltkriegs zeigte sich, daß die durch den Rußlandfeldzug entstandenen Lücken in der Wehrmacht größer waren als erwartet. Erschwert wurde die Rekrutierung neuer Wehrpflichtiger insbesondere dadurch, daß gemäß eines Runderlasses des Reichsinnenministers vom 24. Oktober 1942[118] nur deutsche Staatsangehörige Wehrdienst leisten durften. Zwar konnten Kriegsdienstfreiwillige aufgrund einer Rechtsverordnung vom 4. September 1939[119] unter erleichterten Bedingungen eingebürgert werden, was jedoch erst durch die Aushändigung einer Einbürgerungsurkunde wirksam wurde[120]. Am 19. Mai 1943 erging daraufhin der sogenannte "Führererlaß"[121], nach dem deutschstämmige Ausländer in den einverleibten Gebieten die deutsche Staatsangehörigkeit bereits durch die Einstellung in die deutsche Wehrmacht, die Waffen-SS, die deutsche Polizei oder die Organisa-

---

115 *Seeler*, Die Staatsangehörigkeit der Volksdeutschen, S. 10/11; *Hailbronner/Renner*, § 1 1. StARegG, Rdnr. 13.

116 Die Staatsangehörigkeit der Volksdeutschen, S. 11.

117 *Seeler*, Die Staatsangehörigkeit der Volksdeutschen, S. 11; zieht die Parallele zu Ungarn, das seine damaligen - von der Mehrzahl der Nachbarstaaten ebenfalls nicht anerkannten - Einbürgerungen heute gegen sich gelten läßt, sofern die betreffenden Personen ihren ständigen Wohnsitz in Ungarn haben.

118 I Ost 1332/42-4162; *v. Mangoldt*, Forum für Politik und Kultur, 1990, S. 10, Fußnote 28.

119 RGBl. I, S. 1741.

120 *Liesner*, Aussiedler, S. 41.

121 RGBl. I, S. 315.

tion Todt ohne einen weiteren konstitutiven behördlichen Akt erwerben sollten. Dieser automatische Erwerb wurde jedoch später durch einen Runderlaß des RMI vom 23. Mai 1944[122] dahingehend eingeschränkt, daß es zur "Geltendmachung der deutschen Staatsangehörigkeit einer von Fall zu Fall zu treffenden Feststellung des Staatsangehörigkeitserwerbes durch die Einwandererzentrale" bedürfe. Wenn der "Beteiligte einen unerwünschten Bevölkerungszuwachs" darstelle, erwerbe er die deutsche Staatsangehörigkeit nicht[123].

Nach 1945 verfuhr die deutsche Rechtsprechung uneinheitlich hinsichtlich der Frage des automatischen Staatsangehörigkeitserwerbes durch die Zugehörigkeit zu den oben genannten Organisationen. Während das Bundesverfassungsgericht in einem Urteil vom 30. Januar 1953[124] die Auffassung vertrat, eine konstitutive Feststellung der Einwandererzentrale sei erforderlich, entschied der Bundesgerichtshof in einem Beschluß vom 29. Dezember 1953[125] dahingehend, daß allein die Einstellung in eine dieser Organisationen für den Erwerb der deutschen Staatsangehörigkeit genüge.

Für endgültige Klarheit sorgte schließlich der Gesetzgeber, als er in § 10 1. StARegG klarstellte, deutscher Staatsangehöriger sei nur derjenige geworden, dem die Einwanderungsbehörde bis zum Inkrafttreten des 1. StARegG einen Feststellungsbescheid zugesandt habe[126]. § 10 1. StARegG kennt - anders als der "Führererlaß" - auch Personen nichtdeutscher Abstammung als deutsche Staatsangehörige an, wenn diese Dienst in den oben genannten Organisationen sowie beim Reichsarbeitsdienst geleistet haben[127]. An das konstitutive Erfordernis eines Feststellungsbescheides hat sich in den folgenden Jahren auch die Rechtsprechung einheitlich gehalten[128].

Ein ehemaliger Wehrmachtsangehöriger, dem kein Feststellungsbescheid zugegangen ist, besitzt gemäß § 9 Abs. 2 1. StARegG einen Anspruch auf

---

122 RMBliV 1944, S. 551.

123 *Menzel* in: Bonner GG-Komm., Art. 116, Anm. II 2 c.

124 BVerfGE 2, S. 115, 116 = NJW 1953, S. 497; ebenso BVerwG, DÖV 1963, S. 156 und KG Berlin, MDR 1963, S. 923.

125 BGHSt 5, S. 230 = NJW 1954, S. 510, 511; ebenso VG Bayreuth, NJW 1953, S. 399.

126 Kritisch hierzu *Manske*, S. 126 ff., der den Willen des Betroffenen nicht genügend berücksichtigt sieht.

127 *Lichter*, DÖV 1955, S. 427, 432.

128 Vergl. BVerwGE 11, S. 217 ff. und BVerwGE, DÖV 1963, S. 156.

Einbürgerung, sofern er deutscher Volkszugehöriger im Sinne des § 6 BVFG ist, die Rechtsstellung eines Vertriebenen oder Aussiedlers gemäß § 1 BVFG besitzt, nach der Vertreibung keine fremde Staatsangehörigkeit erworben hat und nicht aus einem Staat stammt, der die Sammeleingebürgerten als eigene Staatsangehörige in Anspruch nimmt, wie z.B. Frankreich, Luxemburg oder Belgien[129].

d) Staatsangehörigkeit der Umsiedler

In den Jahren 1939 bis 1945 schloß das Deutsche Reich mit zahlreichen Staaten[130] Vereinbarungen über die Umsiedlung von Bevölkerungsgruppen ab. Zum Teil handelte es sich hierbei um einen Bevölkerungsaustausch, zum Großteil jedoch um die einseitige Umsiedlung von Volksdeutschen[131]. Deutschland beabsichtigte, die verschiedenen Splittergruppen deutscher Volkszugehöriger in Ost- und Südosteuropa aufzulösen und die Deutschen im Gebiet des Deutschen Reiches und in den militärisch einverleibten Gebieten anzusiedeln. Insgesamt handelte es sich um ca. 1 Million deutscher Umsiedler, von denen ca. 350.000 als sog. "administrative Umsiedler" ohne vertragliches Übereinkommen von der Deutschen Wehrmacht auf dem Rückzug mitgenommen wurden[132].

In den Verträgen war nicht einheitlich geregelt, wie sich der Staatsangehörigkeitswechsel vollziehen sollte. Zum Teil stellte das ehemalige Heimatland den deutschen Umsiedlern Entlassungserklärungen aus; zum Teil sollte der Umsiedler eine "Umsiedlungserklärung" abgeben, die als Verzicht auf die alte Staatsangehörigkeit bewertet wurde[133]. War vertraglich nichts geregelt, galt das endgültige Verlassen des fremden Staatsgebietes konkludent als Entlas-

---

129 *Schleser*, S. 120; *Bergmann/Korth*, Rdnr. 48.

130 Estland, 15. Oktober 1939; Lettland, 30. Oktober 1939; Sowjetunion, 16. November 1939 und 5. September 1940; Italien, 21. Oktober und 17. November 1939; Rumänien, 22. Oktober 1940 und 31. August 1941; Kroatien, 30. September 1942 und 11. August 1943; abgedruckt bei *Lichter/Hoffmann*, S. 548 ff.

131 *Lichter/Hoffmann*, S. 547.

132 *Bergmann/Korth*, Rdnr. 46; *Schleser*, S. 106, Fußn. 187.

133 So z.B. in Art. I des deutsch-estnischen Vertrages vom 15. Oktober 1939, abgedruckt bei *Hecker*, Umsiedlungsverträge, S. 15 ff. und bei *Lichter/Hoffmann*, S. 548 ff; sowie in Art. 2 des deutsch-lettischen Vertrages vom 30. Oktober 1939, abgedruckt bei *Hecker*, Umsiedlungsverträge, S. 61 ff. und bei *Lichter/Hoffmann*, S. 549 f.

sung aus der alten Staatsangehörigkeit[134]. Die deutsche Staatsangehörigkeit erwarben die Umsiedler erst nach einer Einzeleinbürgerung auf Antrag, die allerdings unter erleichterten Bedingungen und zudem kostenfrei durchgeführt wurde[135].

Diese Einzeleinbürgerungen werden heute ebenfalls nur dann anerkannt, wenn der Betroffene von der zuständigen Einbürgerungsbehörde eine Einbürgerungsurkunde erhalten hat. Ein Großteil der Umsiedler wurde über die "Einwandererzentralstelle" (EWZ) Litzmannstadt und deren Zweigstellen eingebürgert, deren Aktenmaterial noch fast vollständig erhalten ist und in der Alliierten Dokumentenzentrale in Berlin-Zehlendorf (Berlin Document Center) verwahrt wird[136].

e) Staatsangehörigkeit der Angehörigen

Abkömmlinge der Sammeleingebürgerten haben unabhängig von ihrem eigenen Volkstumsbekenntnis nach dem im RuStAG verankerten "ius sanguinis"-Grundsatz die deutsche Staatsangehörigkeit erworben, abhängig von der jeweiligen Fassung dieses Gesetzes zum Zeitpunkt ihrer Geburt[137]. Das RuStAG knüpfte bis zum 31. Dezember 1974 die Staatsangehörigkeit des Kindes an die des Vaters an, seit dem 1. Januar 1975 genügt die Abstammung von irgendeinem deutschen Elternteil. Zwischen dem 1. April 1953 und dem 31. Dezember 1974 geborene Kinder einer deutschen Mutter haben ein Erklärungsrecht, von dem die Aussiedler heute noch Gebrauch machen[138]. Diese Abkömmlinge, die man auch als "Spätgeborene" bezeichnet, haben naturgemäß heute Schwierigkeiten, materiell zu beweisen, daß ihr jeweiliger Elternteil die Voraussetzungen des 1. StARegG erfüllt. Die Praxis hat die Beweisanforderungen dementsprechend vermindert, da das Bundesverfassungsgericht[139] und die h.M.[140] die rechtswidrige Nichtfeststellung der deutschen

---

134 So z.B. in Art. 4 des deutsch-kroatischen Vertrages vom 30. September 1942, abgedruckt bei *Hecker*, Umsiedlungsverträge, S. 41 ff. und bei *Lichter/Hoffmann*, S. 556 f.

135 *Lichter/Hoffmann*, S. 547; *Liesner*, DVP 1990, S. 195.

136 *Schleser*, S. 106 und 107; *Bergmann/Korth*, Rdnr. 46, 47; *Liesner*, DVP 1990, S. 195.

137 *v. Mangoldt*, Forum für Politik und Kultur, 1990, S. 5, 12.

138 *Neuser*, Forum für Politik und Kultur, S. 23, 26.

139 BVerfGE 77, S. 137, 146.

Staatsangehörigkeit als verfassungswidrige Entziehung betrachten. Folglich werden auch Indizien zur Unterstützung von Vermutungen als Beweismittel anerkannt[141].

Die Eigenschaft als Ehefrau eines deutschen Sammeleingebürgerten verlieh Ausländerinnen nur bis zum 31. März 1953 die deutsche Staatsangehörigkeit, vergl. § 6 a.F. RuStAG. Gemäß § 1 Abs. 2 1. StARegG wird jedoch eine bis zu diesem Zeitpunkt abgeleitete Staatsangehörigkeit der Ehefrau anerkannt.

Ein derivativer Erwerb kommt jedoch nur solange in Betracht, wie der volksdeutsche Sammeleingebürgerte nicht selbst die deutsche Staatsangehörigkeit ausgeschlagen hat[142]. Ein Ausschlagungsrecht sollte ferner gemäß § 1 Abs. 2 1. StARegG jedes Familienmitglied individuell erhalten. Die Ehefrau durfte ihre deutsche Staatsangehörigkeit jedoch dann nicht ausschlagen, wenn sie bereits vor der Eheschließung mit einem später kollektiv eingebürgerten Ausländer deutscher Volkszugehörigkeit deutsche Staatsangehörige war, § 1 Abs. 2 S. 2 1. StARegG. Das 1. StARegG berechtigt nicht dazu, seine Geburtsstaatsangehörigkeit auszuschlagen[143].

2. *Verlustgründe*

§ 17 RuStAG zählt verschiedene Verlustgründe auf, nämlich die Entlassung (§§ 18-24 RuStAG), den freiwilligen Erwerb einer ausländischen Staatsangehörigkeit (§ 25 RuStAG), den Verzicht (§ 26 RuStAG) sowie die Annahme als Kind durch einen Ausländer (§ 27 RuStAG).

Diese übersichtliche Aufzählung soll abschließend die innerstaatlichen Möglichkeiten des Staatsangehörigkeitsverlustes regeln. Etwa bestehende völ-

---

140 *Makarov/v. Mangoldt*, Art. 116 GG, Rdnr. 19; *v. Mangoldt*, Forum für Politik und Kultur, S. 5, 12.

141 Vergl. Vollzugsbekanntmachung des BayStMdI vom 14. August 1975 und vom 12. Oktober 1982, abgedruckt bei Makarov/v. Mangoldt, 1 Anh. 1 C 3 Nr. 73 f bzw. C 3/2 Nr. VII 2.3, 2.5.

142 *Makarov/v. Mangoldt*, § 1 1. StARegG, Rdnr. 38.

143 *Bergmann/Korth*, S. 85; *Schätzel*, Das deutsche Staatsangehörigkeitsrecht, S. 257.

kerrechtliche Verlusttatbestände werden jedoch ebensowenig aufgeführt wie die des allgemeinen Verwaltungsrechts[144].

Für Aussiedler ist insbesondere § 25 RuStAG einschlägig, der den antragsbedingten Erwerb einer fremden Staatsangehörigkeit behandelt. Voraussetzung für den Verlust der deutschen Staatsangehörigkeit ist, daß der Erwerb der fremden Staatsangehörigkeit freiwillig, also ohne staatlichen Druck, geschieht[145]. Ob der Antragsteller hierbei den Willen hatte, die deutsche Staatsangehörigkeit zu verlieren, ist für die Anwendung des § 25 RuStAG nicht entscheidend, auch nicht, ob er seine deutsche Staatsangehörigkeit überhaupt kannte[146]. Vielmehr kommt es allein auf den Willen zum Erwerb der fremden Staatsangehörigkeit an[147], der sich in einer eindeutigen Willenserklärung äußern muß. Es genügt daher nicht, wenn die Handlung zwar automatisch den Erwerb einer fremden Staatsangehörigkeit zur Folge hat, ihn aber nicht unmittelbar bezweckt, wie z.B. der Eintritt in fremden Militärdienst[148].

Ferner darf der Betreffende seinen Wohnsitz zum Zeitpunkt des Antrags nicht im Inland haben. Bis zum Inkrafttreten der Ostverträge[149] galt das Gebiet des Deutschen Reiches in den Grenzen von 1937 unstreitig als "Inland" im Sinne des § 25 RuStAG[150]; seitdem ist der Inlandsbegriff jedoch - zumindest bis zum Abschluß des "2 + 4"-Vertrages - heftig umstritten gewesen. Da diese Frage jedoch lediglich die ehemaligen deutschen Ostgebiete in Polen und in der Sowjetunion betrifft, nicht aber die anderen Aussiedlungsgebiete, soll sie erst bei der getrennten Behandlung dieser Regionen[151] erörtert werden.

In besonders gelagerten Ausnahmefällen kann die zuständige deutsche Behörde gemäß § 25 Abs. 2 RuStAG den Erwerb der weiteren Staatsangehörig-

---

144 *Makarov/v. Mangoldt*, § 17 RuStAG, Rdnr. 9; die Verfassungsmäßigkeit des § 25 RuStAG hat das BVerfG im Hinblick auf Art. 16 Abs 1 S. 1 und 2 GG in einem Beschluß vom 22. Juni 1990, NJW 1990, S. 2193, bejaht.

145 *Makarov/v. Mangoldt*, § 25 RuStAG, Rdnr. 35.

146 BVerfGE 23, S. 89, 108; a.A.: BSG, VersR 1985, S. 1065, 1066.

147 BVerwG, StAZ 1986, S. 139, 141, 143.

148 *Makarov/v. Mangoldt*, § 25 RuStAG, Rdnr. 32.

149 Moskauer Vertrag vom 12. August 1970, BGBl. 1972 II, S. 353; Warschauer Vertrag vom 7. Dezember 1970, BGBl. 1972 II, S. 361.

150 *Makarov/v. Mangoldt*, § 25 RuStAG, Rdnr. 15.

151 Siehe Seite 74.

keit genehmigen, was zur Folge hat, daß die deutsche Staatsangehörigkeit nicht verloren geht. Im Regelfall ist jeder Staat aber daran interessiert, Mehrstaatigkeit zu vermeiden, so daß eine solche Genehmigung nur bei schwerwiegenden persönlichen Gründen des Antragstellers erteilt wird[152].

Neben einem Verlust der deutschen Staatsangehörigkeit gemäß § 25 RuStAG kommt bei Aussiedlern ein Verlust nach völkerrechtlichen Grundsätzen in Betracht. Diskutiert wird diesbezüglich in der Literatur ein automatischer Staatsangehörigkeitswechsel durch Gebietsabtretungen[153]. Auch diese Frage ist nur bei den Oder/Neiße-Gebieten relevant, so daß sie ebenfalls dort[154] erörtert werden soll.

3. *Besonderheiten der einzelnen Aussiedlungsgebiete*

Da nicht nur die nationalsozialistischen Sammeleinbürgerungen gebietsweise unterschiedlich gehandhabt wurden, sondern auch die spätere rechtliche Bewertung der Staatsangehörigkeitsfragen, empfiehlt sich an dieser Stelle eine Aufgliederung nach Regionen.

a) Polen

Als Aussiedlungsgebiet mit den meisten deutschen Staatsangehörigen und der am stärksten diskutierten Nachkriegsgeschichte soll mit dem polnischen Raum inklusive der Stadt Danzig begonnen werden. Die aus dem Oder/Neiße-Gebiet stammenden Aussiedler sind häufig "Reichsdeutsche" oder deren Nachkommen, daher betreffen die komplizierten Fragen der Sammeleinbürgerungen, die in den ab 1939 einverleibten Gebieten stattfanden, sie nicht. Behandelt wird im folgenden die Einbürgerung von Personen, die vor dem deutschen Angriff auf Polen nicht im damaligen Deutschen Reich gelebt haben. Die in Betracht kommenden Verlusttatbestände betreffen jedoch auch die "Reichsdeutschen".

---

152 Näheres hierzu bei *Makarov/v. Mangoldt*, § 25 RuStAG, Rdnr. 49 ff.

153 *Makarov/v. Mangoldt*, § 17 RuStAG, Rdnr. 27 ff. m.w.N.

154 Siehe unten auf Seite 76.

aa) Erwerb der deutschen Staatsangehörigkeit in den einverleibten Gebieten

Nach dem Ersten Weltkrieg war die ehemals reichsdeutsche Bevölkerung der an Polen abgetretenen Gebiete Ostoberschlesiens, Posens und Westpreußens zu polnischen Staatsangehörigen geworden. Der Staatsangehörigkeitswechsel beruhte auf Art. 91 des Versailler Vertrages i.V.m. dem deutsch-polnischen Abkommen über Oberschlesien vom 15. Mai 1922 bzw. mit dem Abkommen über Staatsangehörigkeits- und Optionsfragen vom 30. August 1924 und erfolgte automatisch (ipso iure). Zwar bestand eine befristete Optionsmöglichkeit zur Erhaltung der deutschen Staatsangehörigkeit, die jedoch mit einer Abwanderungspflicht verbunden war[155]. Doch auch in den seit jeher polnischen Gebieten gab es deutschstämmige Minderheiten.

Nach dem deutschen Einmarsch in Polen, der die Annexion verschiedener Gebiete zur Folge hatte, wurden die Reichsgaue Danzig-Westpreußen und Wartheland gebildet sowie die Regierungsbezirke Kattowitz an Schlesien und Zichenau an Ostpreußen angegliedert[156]. Der nationalsozialistische Staat war bestrebt, die dort ansässige deutsche Bevölkerung zu erfassen und ihr durch die "Eindeutschung" des breiten gemischt-nationalen Bevölkerungsteils ein zahlenmäßiges Übergewicht gegenüber der polnischen Bevölkerung zu verschaffen[157]. Zu diesem Zweck richtete man bereits im November 1939 im Warthegau eine sogenannte "Deutsche Volksliste" (DVL) ein, die vier Kategorien deutscher und "eindeutschungsfähiger" Personengruppen unterschied[158]. Durch Verordnungen des Innenministers vom 4. März 1941[159] und vom 31. Januar 1942[160] wurde der Anwendungsbereich der DVL auf alle eingegliederten ehemals polnischen Gebiete erstreckt sowie in der Folge auch auf die Ukraine.

Die Differenzierung der vier Volksgruppen geschah nicht nur nach Abstammungsgesichtspunkten, sondern vor allem nach dem "Bekenntnis zum

---

155 *Liesner*, DVP 1990, S. 195, 196.

156 Siehe hierzu den Erlaß über die Gliederung und Verwaltung der Ostgebiete vom 8. Oktober 1939, RGBl. I, S. 2042, den Erlaß vom 2. November 1939, RGBl. I, S. 2135 und den Erlaß vom 29. Januar 1940, RGBl I, S. 251.

157 *Alexy*, NJW 1989, S. 2850, 2852.

158 *Otto* in: Westwärts - heimwärts?, S. 11, 32.

159 RGBl. I, S. 118.

160 RGBl. I, S. 51.

deutschen Volkstum" in der Zeit der "völkischen Fremdherrschaft"[161]. Das Verfahren verlief betont individuell, so daß Eheleute getrennt beurteilt wurden, ebenso wie ihre Kinder ab dem Alter von 18 Jahren[162]. In die DVL waren aufzunehmen:

- In Abteilung 1 die Volksdeutschen, die sich vor Kriegsausbruch aktiv zum Deutschtum bekannt hatten, einschließlich ihrer Angehörigen.
- In Abteilung 2 alle Volksdeutschen, die zwar das nationalistische Kriterium nicht erfüllten, sich jedoch "nachweislich ihr Deutschtum bewahrt" hatten, und die keine Bindungen zum Polentum eingegangen waren, z.B. als Mitglied einer polnischen Partei. Der Erwerb der deutschen Staatsangehörigkeit trat in diesen beiden Kategorien gemäß § 3 der Verordnung vom 4. März 1941 am 26. Oktober 1939 in Form einer Sammeleinbürgerung ein, unabhängig von der tatsächlichen Eintragung in die DVL. Bei der Registrierung erhielten die Volksdeutschen einen blauen Ausweis[163].
- In Abteilung 3 alle deutschstämmigen Personen, die Bindungen zum Polentum eingegangen waren, jedoch "nach ihrem Verhalten erwarten ließen", daß sie wieder "vollwertige Glieder der deutschen Volksgemeinschaft" werden konnten. Ferner zählten zur Abteilung 3 Personen mit slawischer Muttersprache, die zur "Assimilation mit dem deutschen Volkstum tendierten". Hierzu gehörten insbesondere andersethnische Ehepartner der Volksdeutschen erster und zweiter Kategorie, die sich zum Deutschtum bekannten und die aufgrund ihrer Rassemerkmale als eindeutschungsfähig galten. Die Eintragung in Abteilung 3 deutet also darauf hin, daß nach damaliger Auffassung das konstitutive subjektive Element des Bekenntnisses zum deutschen Volkstum (noch) nicht hinreichend vorhanden war. Der Betroffene sollte sich für das Deutschtum noch "bewähren"[164]. Folglich erwarben diese

161 *Otto* in: Westwärts - heimwärts?, S. 32.

162 *Schleser*, S. 99.

163 *Liesner*, DVP 1990, S, 195, 196; *Bergmann/Korth*, Rdnr. 122; *Geilke*, S. 17; *Schleser*, S. 100; *Reichling*, IFLA 1990, S. 69.

164 *v. Mangoldt*, Forum für Politik und Kultur, 1990, S. 5, 7; *Alexy*, NJW 1989, S. 2850, 2852; Der Spiegel Nr. 51 vom 18. Dezember 1989, S. 14 und Nr. 52 vom 25. Dezember 1989, S. 52.

Personen die deutsche Staatsangehörigkeit nicht wie bei den Abteilungen 1 und 2 automatisch, sondern gemäß § 5 Abs. 1 der Verordnung vom 4. März 1941 in der Fassung vom 31. Januar 1942 lediglich auf Widerruf mit Wirkung vom Tage der Aufnahme. Die Widerrufsfrist betrug 10 Jahre, tatsächlich dauerte sie jedoch nur bis zum 8. Mai 1945. Alle in Abteilung 3 eingetragenen Personen erhielten einen grünen Ausweis[165].

- In Abteilung 4 der DVL alle deutschstämmigen Personen, die politisch im Polentum aufgegangen waren. Insbesondere betraf dies Personen, die sich "deutschfeindlich" verhalten hatten. Sie konnten allerdings die Eintragung ablehnen, wenn auch nur für sich und nicht für ihre Angehörigen[166]. Personen, die in Abteilung 4 aufgenommen waren, erlangten nicht automatisch die deutsche Staatsangehörigkeit, sondern lediglich eine Schutzangehörigkeit. Sofern sie sich erfolgreich einem "Erziehungs- und Beobachtungsprozeß" unterzogen, konnten sie im Wege der Einzeleinbürgerung gemäß § 6 der VO vom 4. März 1941 die deutsche Staatsangehörigkeit auf Widerruf erwerben. Sie erhielten zunächst einen roten Ausweis und wurden gegenüber den nicht eingetragenen Polen privilegiert[167].

Die Aufnahme in die DVL geschah zum Teil auf eigenen Antrag, teilweise erzwungen. Ab 1942 wurden die Eindeutschungsbestrebungen mit zunehmend brutaleren Methoden durchgesetzt, um neue Wehrpflichtige insbesondere aus der 3. Kategorie rekrutieren zu können. Wer sich wehrte, konnte in Konzentrationslager interniert und zur Zwangsarbeit herangezogen werden. Wer sich dagegen der Eindeutschungsprozedur unterwarf, hatte im Gegensatz zur polnischen Bevölkerung Anspruch auf bessere Lebensmittel[168].

Von den 1937 in der Republik Polen lebenden 1,2 Mio. deutschen Volkszugehörigen erhielten bis zum Kriegsende fast alle die deutsche Staatsangehö-

---

165 *Geilke*, S. 17; *Otto* in: Westwärts - heimwärts?, S. 33; *Liesner*, DVP 1990, S, 195, 196.

166 *Schleser*, S. 100; *Liesner*, DVP 1990, S, 195, 196.

167 *Liesner*, DVP 1990, S, 195, 196; *Otto* in: Westwärts - heimwärts?, S. 33; *Geilke*, S. 17.

168 *Alexy*, NJW 1989, S. 2850, 2852; *Otto* in: Westwärts - heimwärts?, S. 33; dagegen die Freiwilligkeit der Antragstellung betonend: *Reichling*, IFLA 1990, S. 69.

rigkeit. Im Januar betrug die Gesamtbevölkerung der eingegliederten Ostgebiete 9.500.000 Personen, die sich in folgende Volksgruppen aufteilte[169]:

Abt. 1 der DVL:	484.000
Abt. 2 der DVL:	517.000
Abt. 3 der DVL:	1.678.000
Abt. 4 der DVL:	83.000
Reichsdeutsche:	370.000
Volksdt. Umsiedler:	353.000
"Sonstige", insbes. Polen:	6.015.000

Danzig wurde trotz seiner zu 97 % deutschen Bevölkerung aufgrund der Art. 100 ff. des Versailler Vertrages von Deutschland losgetrennt und am 15. November 1920 zur "Freien Stadt" mit eigener Staatspersönlichkeit erklärt. Zum Beginn des deutschen Polenfeldzuges am 1. September 1939 verkündete Danzig seinen Anschluß an das Deutsche Reich in Form eines Staatsgrundgesetzes, das der Reichstag am gleichen Tage zum Reichsgesetz erhob[170]. § 2 dieses Wiedervereinigungsgesetzes legte fest, daß ab dem 1. September 1939 alle Staatsangehörigen der Freien Stadt Danzig deutsche Staatsangehörige seien. Die ausführenden Vorschriften hierzu finden sich im Runderlaß des Reichsinnenministers vom 25. November 1939[171] sowie in den bereits angegebenen Verordnungen vom 4. März 1941 und vom 31. Januar 1942[172]. Zur Verwaltungsvereinfachung mußten sich die Danziger nicht in die DVL eintragen lassen, da sie zum größten Teil unproblematisch die Voraussetzungen der 1. bzw. 2. Kategorie erfüllten. Die beim Regierungspräsidenten in Danzig eingerichtete Bezirksstelle der DVL konnte jedoch bis zum 30. September 1942 im Einzelfall gegen die Einbürgerung vorgehen, sofern die Voraussetzungen der 1. bzw. 2. Kategorie nicht vorlagen[173].

---

169 *Otto* in: Westwärts - heimwärts?, S. 34; *Alexy*, NJW 1989, S. 2850, 2852.

170 RGBl. I, S, 1547; *Lichter/Hoffmann*, S. 474; *Schleser*, S. 96.

171 RMBliV 1939, S. 2385.

172 Vergl. oben die Fußnoten 159 und 160.

173 *Bergmann/Korth*, Rdnr. 123; *Schleser*, S. 100, Fußn. 54.

bb) Bewertung der Einbürgerungen nach 1945

Der polnische Staat betrachtete die von der deutschen Besatzungsmacht vorgenommenen Einbürgerungen als völkerrechtswidrig und damit als unwirksam. Dennoch behandelte Polen die betroffenen Personen nach dem Ende des Zweiten Weltkriegs nicht mehr automatisch als polnische Staatsangehörige, sondern ergriff verschiedene Maßnahmen, die an die jeweilige Abteilung der DVL anknüpften. Die Angehörigen der Abteilungen 1 und 2 wurden regelmäßig aus der polnischen Staatsangehörigkeit ausgeschlossen, enteignet und vertrieben[174]. Grundlage hierfür war ein Dekret vom 13. September 1946[175]. Demgegenüber konnten die Angehörigen der Abteilungen 3, 4 und zum Teil auch der Abteilung 2 an einem Rehabilitationsverfahren teilnehmen, sofern ihre Eintragung unfreiwillig oder unter Zwang erfolgt war. Bei den in die Abteilungen 3 und 4 Eingetragenen wurde die Unfreiwilligkeit unterstellt, so daß eine Treueerklärung gegenüber dem polnischen Staat für die Wiedererlangung der polnischen Staatsangehörigkeit genügte. Dieses Verfahren beruhte auf einem Gesetz vom 6. Mai 1945, betreffend die Ausschließung von feindlichen Elementen aus der polnischen Volksgemeinschaft[176]. Lediglich 30 % der in Abteilung 3 Eingetragenen widersetzte sich dem Rehabilitationsverfahren und nahm damit schwere Folgen auf sich[177]. Wer sich dem Verfahren unterwarf, entging dagegen der kollektiven Verfolgung der deutschen Minderheit in Polen[178].

Für die ehemals reichsdeutsche Bevölkerung der unter polnischer Verwaltung stehenden deutschen Ostgebiete existierte ein Verifikationsverfahren, basierend auf einem Gesetz vom 28. April 1946[179]. Deutsche Staatsangehörige polnischer Volkszugehörigkeit konnten unter dem Nachweis ihrer polnischen Abstammung oder ihrer Verbundenheit mit dem polnischen Volk als polnische Staatsangehörige anerkannt werden[180]. Die Kenntnis der polnischen Sprache war dabei keine notwendige Voraussetzung, da der - personell ausge-

---

174 *Alexy*, NJW 1989, S. 2850, 2853.

175 GBl. 1946, Nr. 55, Pos. 310; abgedruckt auch bei Geilke, S. 106 f.; vergl. auch *Stoll*, S. 225.

176 *Liesner*, DVP 1990, S. 195, 196.

177 *Reichling*, IFLA 1990, S. 69.

178 *Alexy*, NJW 1989, S. 2850, 2853.

179 GBl. 1946, Nr. 15, Pos. 106; Text auch bei *Geilke*, S. 101; vergl. auch *G. Wolf*, S. 297.

180 *Liesner*, DVP 1990, S, 195, 196.

blutete - polnische Staat an neuen Staatsangehörigen auch nur entfernter polnischer Volkszugehörigkeit stark interessiert war[181]. Wer sich dem Verifikationsverfahren widersetzte, unterfiel ebenfalls dem Dekret vom 13. September 1946 und erlitt das gleiche Schicksal wie die sammeleingebürgerten Deutschen. Erst mit dem Gesetz vom 20. Juli 1950[182] wurden die Sanktionen und Beschränkungen gegenüber den Deutschen aufgehoben; noch bestehende Fragen der Staatsangehörigkeit sollte das Gesetz vom 8. Januar 1951[183] klären. Nach dessen Art. 2 und 4 galten fortan diejenigen Deutschen als polnische Staatsbürger, die in Polen ihren Wohnsitz hatten, nicht dagegen die inzwischen vertriebenen und geflohenen Deutschen.

Der bundesdeutsche Gesetzgeber deutete das polnische Dekret vom 13. September 1946 als Erklärung, daß der polnische Staat die sammeleingebürgerten Deutschen nicht als seine Staatsangehörigen beanspruche. Daher erkennt § 1 Abs. 1 d 1. StARegG den Erwerb der deutschen Staatsangehörigkeit aufgrund einer Eintragung in die DVL für sich als bindend an, und zwar sowohl für die Bewohner der Westgebiete Polens als auch für die Danziger Bevölkerung. Obwohl § 1 1. StARegG für alle sammeleingebürgerten Personen das Erfordernis der deutschen Volkszugehörigkeit aufstellt, wird in der Praxis auf eine gesonderte Prüfung dieses Merkmals verzichtet, da die Eintragung in die Abteilungen 1-3 der DVL als Indiz für die deutsche Staatsangehörigkeit bewertet wird[184]. Daß eine derartige Auslegung für die in Abteilung 3 eingetragenen Personen jedoch bedenklich ist, wird im folgenden[185] erörtert.

cc) Verlust der deutschen Staatsangehörigkeit

Die deutsche Staatsangehörigkeit der "Polen-Deutschen" kann auf verschiedenartige Weise wieder verlorengegangen sein. In Betracht kommt zum einen eine kollektive Einbürgerung des polnischen Staates, zum anderen der freiwillige, antragsgemäße Erwerb der polnischen - oder einer anderen fremden - Staatsangehörigkeit. Ferner wird diskutiert, ob durch die völkerrechtlich

---

181 *G. Wolf*, S. 298.

182 GBl. 1950, Nr. 29, Pos. 270; Geilke, S. 114 f.

183 GBl. 1951, Nr. 4, Pos. 25; Geilke, S. 116 f.

184 *v. Mangoldt*, Forum für Politik und Kultur 1990, S. 5, 9 und 10.

185 Siehe unten bei den diskutierten Reformen im Teil 5 auf den Seiten 238 ff.

wirksame Abtretung der ehemals deutschen Ostgebiete ein automatischer Wechsel der Staatsangehörigkeit stattgefunden hat. Diese Verlusttatbestände betreffen sowohl die vom Deutschen Reich kollektiv eingebürgerten Personen, als auch die ehemaligen Reichsdeutschen und deren Angehörige.

Fraglich ist zunächst, ob die polnischen Staatsbürgerschaftsgesetze von 1946 und 1951[186], die den in Polen verbliebenen Deutschen kollektiv die polnische Staatsangehörigkeit verliehen, den Verlust der deutschen Staatsangehörigkeit bewirkt haben. Nach deutschem Recht beurteilt sich dies nach § 25 RuStAG. Voraussetzung für diesen Verlusttatbestand ist jedoch, daß der Betroffene einen Antrag gestellt hat und daß der Erwerb freiwillig erfolgte. Gerade dies war bei der zwangsweisen Einbürgerung nicht der Fall[187]. Das Bundesverfassungsgericht ging daher auch später davon aus, daß der polnische Staat die Deutschen nicht als seine Staatsangehörigen in Anspruch nehme und behandelte sie weiterhin als deutsche Staatsangehörige[188].

Als weiterer Verlusttatbestand kommt § 25 RuStAG in Betracht. Wer im Ausland seinen Wohnsitz hat und dort freiwillig eine fremde Staatsangehörigkeit beantragt, verliert nach dieser Norm regelmäßig seine deutsche Staatsangehörigkeit. Dieser antragsgemäße Erwerb entspricht nach polnischem Recht dem Erwerb durch Einbürgerung, der sich seit 1962 aufgrund der Art. 8 und 9 des Dritten Staatsangehörigkeitsgesetzes vollzieht[189]. Entscheidend für den Verlust der deutschen Staatsangehörigkeit ist, daß sich der Wohnort des Antragstellers im Ausland befindet, da diese Regelung ursprünglich für Auswanderer vorgesehen war. Für "Polen-Deutsche", die außerhalb des deutschen Reichsgebiets nach dem Stande vom 31. Dezember 1937 wohnhaft sind, ist dieser Verlusttatbestand nach ganz herrschender Meinung unproblematisch[190].

Anders sieht es jedoch mit den ehemals unter polnischer Verwaltung stehenden deutschen Ostgebieten aus. Bis 1972 haben Literatur und Rechtspre-

---

186 Vergl. oben die Fußnoten 179 und 183.

187 *Stoll*, S. 249 ff.; *Menzel*, Bonner GG-Komm., Art. 116, Anm. 3 c; *Liesner*, DVP 1990, S. 195, 197; *Seeler*, NJW 1978, S. 924, 925; *Kimminich*, DÖV 1971, S. 577, 578.

188 BVerfGE 40, S. 141, 161 ff.; *Makarov/v. Mangoldt*, § 1 1. StARegG, Rdnr. 27; *Leibholz/Rinck/Hesselberger*, Art. 116, S. 938.

189 *Seeler*, NJW 1978, S. 924, 925/926; auch nach den bis dahin gültigen Staatsangehörigkeitsgesetzen existierte eine Einbürgerung auf Antrag.

190 *Stoll*, S. 244.

chung noch einhellig angenommen, daß die Oder/Neiße-Gebiete auch als "Inland" im Sinne des § 25 RuStAG gelten[191]. Seit dem Abschluß der "Ostverträge"[192], spätestens aber seit dem Inkrafttreten des "2 + 4"-Vertrages vom 12. September 1990[193] und dem deutsch-polnischen Abkommen vom 17. Juni 1991[194] wird eine Neudefinition des Inlandbegriffes gefordert. Entscheidend ist dieser Streit für die Fälle, in denen Einbürgerungsanträge zwischen dem 3. Juni 1972 (Ratifizierung des Warschauer Vertrages) und dem 16. Dezember 1991 (Ratifizierung des deutsch-polnischen Grenzabkommens) gestellt wurden.

Gegen die heftige Kritik vieler Literaturstimmen[195] und der Ansicht der damaligen Bundesregierung[196], die nach dem Abschluß der Ostverträge aus faktischen und rechtlichen Gründen die sog. "Schrumpfstaatsthese" vertraten und die Oder/Neiße-Gebiete fortan als Ausland bezeichneten, verfolgte das Bundesverfassungsgericht weiterhin das sog. "Dachmodell"[197]. Zur Begründung führte es an, daß die Bundesrepublik Deutschland im Hinblick auf die Interessen der DDR nicht völkerrechtlich verfügungsbefugt sei und keine Veränderung des Gebietsbestandes herbeiführen dürfe. Das Grundgesetz verpflichte die Bundesrepublik Deutschland daher, den Inlandsbegriff des § 25 RuStAG unverändert zu lassen[198].

Anders verhält es sich mit dem "2 + 4"-Vertrag und dem vom vereinigten Deutschland mit Polen geschlossenen Grenzvertrag vom 17. Juni 1991. Nunmehr unterstehen die Oder/Neiße-Gebiete endgültig der Souveränität

---

191 *Makarov/v. Mangoldt*, § 25 RuStAG, Rdnr. 15 ff. m.w.N.

192 Moskauer Vertrag vom 12. August 1970, BGBl. 1972 II, S. 353; Warschauer Vertrag vom 7. Dezember 1970, BGBl. 1972 II, S. 361; Prager Vertrag vom 11. Dezember 1973, BGBl. 1974 II, S. 989.

193 BGBl. 1990 II, S. 1317; Ratifizierung am 11. Oktober 1990, BGBl. 1990 II, S. 1331.

194 BGBl. 1991 II, S. 1314.

195 *Kimminich*, DÖV 1971, S. 577, 579; *Seeler*, NJW 1978, S. 924, 925; *Menzel*, DÖV 1972, S. 1, 9; *Kewenig*, DÖV 1973, S. 797, 798; *Arndt*, NJW 1977, S. 1564, 1567; *Weiß*, Das Standesamt, S. 16, 23.

196 Vergl. u.a. Ziff. 4 der Friedland-Richtlinien des BMI vom 29. Juli 1976; Äußerungen während des Ratifizierungsverfahrens, z.B. vom BMin des Auswärtigen Scheel, BRat, Sten. Ber. 376, Sitzung vom 9. Februar 1972, S. 410, vom BJM Jahn, Politische und rechtliche Aspekte der Ostverträge, Bulletin des Presse- und Informationsamtes der BReg. 1972, Nr. 24, S. 283.

197 BVerfGE 40, S. 141 ff. = NJW 1975, S. 2287 ff. sowie aus der Literatur *Makarov/v. Mangoldt*, Einl. V 3, Rdnr. 195 und *Klein*, DVBl. 1978, S. 876, 879.

198 BVerfGE 40, S. 141, 175.

Polens und der Sowjetunion, so daß der Inlandsbegriff des § 25 RuStAG seitdem lediglich das wiedervereinigte Deutschland umfaßt[199]. Heute verliert daher jeder Polen-Deutsche seine deutsche Staatsangehörigkeit, wenn er die polnische Staatsangehörigkeit beantragt, und zwar unabhängig davon, in welchem Teil Polens er seinen Wohnsitz hat.

Schließlich ist an den völkerrechtlich umstrittenen Grundsatz des automatischen Staatsangehörigkeitswechsels bei Gebietsabtretungen zu denken. Nach einer vor allem nach dem Zweiten Weltkrieg verbreiteten Auffassung verliert die Bevölkerung des abgetretenen Gebietes automatisch ihre bisherige Staatsangehörigkeit und erwirbt die des Nachfolgestaates[200]. Zur Begründung wird die Vertragspraxis nach dem Ersten - z.B. Art. 36 des Versailler Vertrages - und nach dem Zweiten Weltkrieg angeführt. Sofern ein Optionsrecht vereinbart worden sei, stelle dies eine Ausnahme vom geltenden Völkerrecht dar. Nach dieser Auffassung könnte ein Verlust der deutschen Staatsangehörigkeit zum einen 1971 beim Abschluß des Warschauer Vertrages, spätestens aber 1991 beim deutsch-polnischen Grenzvertrag stattgefunden haben.

Die h.M. in Rechtsprechung und Literatur lehnt diese Auffassung jedoch mit fundierten Argumenten ab[201]. Eine entsprechende Regel des Völkergewohnheitsrechts könne schon deshalb nicht bestehen, weil die Staatenpraxis uneinheitlich sei, z.B. in Art. 53, 54 des Versailler Vertrages kein Optionsrecht für die Bevölkerung Elsaß-Lothringens bestanden habe, wohl aber für die reichsdeutsche Bevölkerung der an Polen abgetretenen Gebiete gem. Art. 91. Auch nach dem Zweiten Weltkrieg kam es zu unterschiedlichen Regelungen[202]. Ferner fehle es dem Prinzip des automatischen Staatsangehörigkeitswechsels an hinreichender Bestimmtheit, was eine unmittelbare Anwendung ausschließe. Im Hinblick auf Art. 16 Abs. 1 S. 1 GG dürfe die Bundesrepublik Deutschland einem Staatsangehörigkeitswechsel nur dann zustimmen, wenn ein gleichzeitiger Optionsvertrag geschlossen werde, auch unter Inkaufnahme einer Abwanderungspflicht. Diese Anforderungen erfülle der

---

199 *Hailbronner/Renner*, Einf., Rdnr. 44, 45.

200 *Jellinek*, Staatsangehörigkeit und Völkerrecht, S. 50 ff., 66; *F. Münch*, Scupin-FS, S. 441, 447 ff.; *Riege*, S. 174 ff., *G. Wolf*, S. 300; *Soell*, AöR 95 (1970), S. 448.

201 BVerfGE 1, S. 322, 329; 4, 322, 327; BVerwGE 1, S. 206; BGHZ 3, S. 178, 186; *Randelzhofer* in: Maunz/Dürig, Art. 16 GG, Rdnr. 29; *Hailbronner/Renner*, Einl., Rdnr. 38; *Makarov/v. Mangoldt*, § 17 RuStAG, Rdnr. 38; *Kimminich*, DÖV 1971, S. 577, 580 ff., *Seeler*, NJW 1978, S. 924, 926; *Weis*, S. 15.

202 Beispiele bei *Hailbronner/Renner*, Einl., Rdnr. 38.

Warschauer Vertrag nicht, da er keine Staatsangehörigkeitsfragen zum Inhalt habe[203].

Seit dem Inkrafttreten des am 12. September 1990 unterzeichneten "2 + 4"-Vertrages sind die Oder/Neiße-Gebiete zwar endgültig polnischer und sowjetischer Souveränität unterstellt worden[204]; eine vertragliche Regelung der Staatsangehörigkeit steht jedoch bis heute aus. Nach g.h.M. ist die deutsche Staatsangehörigkeit der Polen-Deutschen daher auch nach dem deutsch-polnischen Grenzvertrag nicht untergegangen. Allerdings stellt sich die Frage, ob Deutschland verpflichtet ist, deutsche Staatsangehörige und Statusdeutsche aus dem deutschen Staatsverband zu entlassen, sofern diese die polnische Staatsangehörigkeit erwerben oder bereits erworben haben[205].

Festzustellen bleibt schließlich, daß der Großteil aller Aussiedler aus Polen die deutsche Staatsangehörigkeit besitzt, wenn auch die meisten die in Verbindung mit Abteilung 3 der deutschen Volksliste stehenden strengen Beweisanforderungen erfüllen müssen, um als deutsche Staatsangehörige anerkannt zu werden.

b) Ehemalige Sowjetunion

Vor dem Zweiten Weltkrieg war die Staatsangehörigkeit der Rußlanddeutschen eindeutig; sie waren russische bzw. sowjetische Staatsbürger deutscher Volkszugehörigkeit[206]. Erst mit dem Ausbruch des Zweiten Weltkrieges traten erhebliche Veränderungen auf.

aa) Erwerb der deutschen Staatsangehörigkeit

Aufgrund des Hitler-Stalin-Pakts annektierte die Sowjetunion Teile Ostpolens, Litauen, Lettland und Estland sowie "im Vertragswege" Teile Rumäniens. Die Bevölkerung der annektierten Gebiete wechselte in die sowjetische

---

203 *Seifert*, DÖV 1972, S. 671, 673.

204 *Klein*, NJW 1990, S. 1065, 1071; *Blumenwitz*, NJW 1990, S. 3041, 3044; *Zimmermann*, ZRP 1991, S. 85, 90.

205 *Hailbronner/Renner*, Einl., Rdnr. 44; *Zimmermann*, ZRP 1991, S. 85, 90 f.; vergleiche hierzu in Teil 5 die Seiten 193 ff.

206 *Liesner*, DVP 1990, S. 195, 197.

Staatsangehörigkeit über. Die deutschen Volkszugehörigen der eroberten Gebiete konnten jedoch aufgrund verschiedener Umsiedlungsvereinbarungen in das Deutsche Reich umsiedeln und auf Antrag eingebürgert werden. Zu sogenannten Administrativumsiedlungen - Umsiedlungen ungeregelter Art - kam es beim Rückzug der deutschen Wehrmacht. Insgesamt wurden bis zu einer Million Volksdeutsche auf diese Weise eingebürgert[207].

Das 2830 qkm große, im Norden Ostpreußens befindliche Memelgebiet wurde nach dem Ersten Weltkrieg gemäß Art. 99 des Versailler Vertrages mit Wirkung vom 10. Januar 1920 von Deutschland abgetrennt. 1923 besetzte Litauen dieses Gebiet und erhielt durch die Memelkonvention vom 8. Mai 1924[208] die volle Souveränität. Die deutsche Bevölkerung verlor daraufhin gemäß Art. 8 der Memelkonvention i.V.m. Ziffer I Abs. 1 - 3 des deutsch-litauischen Optionsvertrages vom 10. Februar 1925[209] die deutsche Staatsangehörigkeit und erwarb automatisch die litauische, sofern sie nicht von ihrem Optionsrecht Gebrauch machte[210].

Nach der Wiedereingliederung des Memellandes in das Deutsche Reich aufgrund des deutsch-litauischen Vertrages vom 22. März 1939[211] wurden die Memelländer deutscher Volkszugehörigkeit gemäß Art. 1 des Vertrages vom 8. Juli 1939[212] im Wege einer Sammeleinbürgerung deutsche Staatsangehörige[213].

Obwohl die Ukraine nicht zu den annektierten, sondern zu den okkupierten Gebieten gehörte, nahmen die Deutschen hier Sammeleinbürgerungen mit Hilfe der DVL vor, ähnlich wie in den einverleibten polnischen Regionen[214]. Grundlage hierfür war eine Verordnung vom 19. Mai 1943[215], nach deren § 1 sowjetische Staatsbürger und Staatenlose mit Wirkung vom 21. Juni 1941 - Tag des deutschen Einmarsches in die Sowjetunion - die deutsche Staatsange-

---

207 Vergl. oben auf den Seiten 63 ff.; ferner bei *Liesner*, DVP 1990, S, 195, 197.

208 RMBl. 1924, S. 122.

209 RGBl. 1925 II, S. 59.

210 *Schleser*, S. 93/94; *Lichter/Hoffmann*, S. 464.

211 RGBl. 1939 II, S. 559.

212 RGBl. 1939 II, S. 999.

213 Zu den genauen Voraussetzungen der Sammeleinbürgerung vergl. *Bergmann/Korth*, Rdnr. 119 und *Schleser*, S. 94/95.

214 Siehe oben auf Seite 68.

215 RGBl. 1943 I, S. 321.

hörigkeit erwarben, sofern sie die Voraussetzungen der Abteilungen 1 oder 2 erfüllten und zu diesem Zeitpunkt im "Reichskommissariat der Ukraine" ansässig waren. Wer die Voraussetzungen der Abteilung 3 der DVL erfüllte, erwarb die deutsche Staatsangehörigkeit auf Widerruf[216].

bb) Bewertung der Einbürgerungen nach 1945

Auf die volksdeutschen Umsiedler, die das sowjetische Staatsgebiet verlassen haben, hat die Sowjetunion verzichtet. Nach bundesdeutschem Recht sind die Einbürgerungen - die allerdings nachgewiesen werden müssen - rechtswirksam[217].

Problematisch ist dagegen die Bewertung der von den Deutschen vorgenommenen Sammeleinbürgerungen. Nachdem das Memelland 1944 von sowjetischen Truppen besetzt wurde und sich die ehemalige Sowjetunion Litauen mitsamt dem Memelgebiet einverleibte, wurden die sammeleingebürgerten Volksdeutschen im Gegensatz zu den Litauern zunächst nicht in den sowjetischen Staatsverband übernommen. Dies ergibt sich aus dem sowjetischen Dekret vom 16. Dezember 1947, nach dem die sowjetische Staatsangehörigkeit ausdrücklich nur auf Memelländer litauischer Staatsangehörigkeit übertragen wurde[218]. Aufgrund dieses Verzichts erkennt § 1 Abs. 1 b 1. StARegG die Sammeleinbürgerung der volksdeutschen Memelländer als gültig an.

Hingegen hielt die Sowjetunion die Sammeleinbürgerungen in der Ukraine für völkerrechtswidrig und damit für unwirksam; sie nahm daher ebenso wie ihre Nachfolgestaaten die dort verbliebenen eingebürgerten Personen als ihre Staatsangehörigen in Anspruch[219]. Dennoch behandelt die Bundesrepublik Deutschland gemäß § 1 Abs. 1 f 1. StARegG die Einbürgerungen von deutschen Volkszugehörigen über die DVL als rechtswirksam.

---

216 *Bergmann/Korth*, Rdnr. 125; *Schleser*, S. 102; *Lichter/Hoffmann*, S. 545; *Makarov/v. Mangoldt*, § 1 1. StARegG, Rdnr. 31.

217 Vergl. oben auf den Seiten 63 ff.; ferner *Liesner*, DVP 1990, S. 195, 197.

218 *Bergmann/Korth*, Rdnr. 119; *Makarov/v. Mangoldt*, § 1 1. StARegG, Rdnr. 22; kritisch hierzu *G. Wolf*, S. 313 ff.

219 *Makarov/v. Mangoldt*, § 1 1. StARegG, Rdnr. 31; *Hailbronner/Renner*, § 1 1. StARegG, Rdnr. 13; *Liesner*, DVP 1990, S, 195, 197.

cc) Verlust der deutschen Staatsangehörigkeit

Wie bereits oben[220] erörtert, haben spätere Einbürgerungsmaßnahmen des betreffenden Staates nach deutscher Auffassung keine Auswirkungen auf den Fortbestand der deutschen Staatsangehörigkeit. Auch die Abtretung des Oder/Neiße-Gebietes im Rahmen des "2 + 4"-Vertrages, die für die Sowjetunion speziell in Bezug auf Ostpreußen relevant ist, führt nicht zu einem automatischen Wechsel der Staatsangehörigkeit. Das Gleiche muß auch für die Loslösung Litauens von der Sowjetunion gelten, da Fragen der deutschen Staatsangehörigkeit ebenfalls vertraglich nicht geregelt wurden. Ein Verlust der deutschen Staatsangehörigkeit ist daher nur dann eingetreten, wenn der Betreffende auf eigenen Antrag die sowjetische Staatsangehörigkeit erlangt hat (§ 25 RuStAG), sofern dies nicht im Kaliningrader Raum geschehen ist, der nach h.M. zumindest bis zum Abschluß des "2 + 4"-Vertrages als Inland anzusehen war. Die Mehrzahl der Aussiedler aus der Sowjetunion, also die dort seit Jahrhunderten ansässigen Rußlanddeutschen, besitzen jedoch nicht die sowjetische Staatsangehörigkeit, sondern sind Statusdeutsche gemäß Art. 116 Abs. 1 2. Alt. GG.

c) Rumänien

Vor dem Zweiten Weltkrieg besaßen die Rumäniendeutschen durchweg die rumänische Staatsangehörigkeit. Auch während des Krieges kam es dort zu keiner Sammeleinbürgerung durch die Deutschen. Lediglich zwei Tatbestände kommen hier für den Erwerb der deutschen Staatsangehörigkeit in Betracht, die Umsiedlung aufgrund des deutsch-rumänischen Vertrages vom 22. Oktober 1940[221] und der Dienst in der deutschen Wehrmacht[222].

Die Umsiedler aus der Südbukowina und der Dobrudscha verloren ihre rumänische Staatsangehörigkeit automatisch mit dem Erwerb der deutschen. Diese Einbürgerungen gelten heute als wirksam, sofern sie anhand der Unterlagen der Einwandererzentrale nachgewiesen werden können.

---

220 Vergl. Seite 74.

221 Siehe oben in diesem Teil die Fußnote 130.

222 Siehe oben auf Seite 61.

Ab 1943 wurden rund 50.000 volksdeutsche Rumänen zum deutschen Wehrdienst herangezogen, was zu diesem Zeitpunkt noch mit dem Einverständnis der rumänischen Regierung geschah. Sie erwarben die deutsche Staatsangehörigkeit aufgrund des Führererlasses vom 19. Mai 1943 automatisch, ebenso wie viele der Deutschen aus Siebenbürgen, die sich den deutschen Truppen bei deren Rückzug anschlossen, als Rumänien und Deutschland bereits Kriegsgegner waren. Nach seinerzeit geltendem rumänischen Recht war ein solcher Eintritt in fremden Militärdienst ein Verlusttatbestand für die rumänische Staatsangehörigkeit. Allerdings erforderte dies einen im Einzelfall ergehenden konstitutiven Beschluß des Ministerrates, der gegen Ende des Zweiten Weltkrieges selten ergangen ist.

Nach dem Zweiten Weltkrieg hat Rumänien die im Land verbliebenen deutschen Volkszugehörigen weiterhin als rumänische Staatsangehörige betrachtet, mit Ausnahme der Deutschen aus Siebenbürgen, die sich nach dem 23. August 1944 in die deutschen Truppen eingereiht hatten und denen die rumänische Staatsangehörigkeit per Gesetz vom 2. April 1945[223] entzogen wurde. Hinsichtlich der vor diesem Datum mit dem Einverständnis der rumänischen Regierung in die deutsche Wehrmacht eingezogenen Soldaten ist ungeklärt, ob der nachträgliche Entzug der Staatsangehörigkeit auch für sie gilt. Die Bundesrepublik Deutschland erkennt gemäß § 10 1. StARegG den Dienst in der deutschen Wehrmacht nur dann als Erwerbstatbestand für die deutsche Staatsangehörigkeit an, wenn ein Feststellungsbescheid der Einwandererzentralstelle vorliegt[224]. Im Regelfall handelt es sich bei den Aussiedlern aus Rumänien daher um Statusdeutsche gemäß Art. 116 Abs. 1, 2. Alt. GG[225].

d) Tschechoslowakei

aa) Erwerb der deutschen Staatsangehörigkeit

Zu unterscheiden sind hier die Erwerbstatbestände im Sudetenland, in Böhmen und Mähren sowie in der Slowakei.

---

223 GBl. Nr. 261/1945.

224 Siehe oben auf Seite 64.

225 Vergl. zu allem *Liesner*, DVP 1990, S. 195, 198 f.

Nachdem im "Münchener Abkommen" vom 29. September 1938 zwischen Groß-Britannien, Frankreich, Italien und dem Deutschen Reich die Abtretung des Sudetenlandes an Deutschland vereinbart worden war, womit sich die tschechoslowakische Regierung am 30. September 1938 formell einverstanden erklärte, übernahm Deutschland durch Führererlaß vom 1. Oktober 1938[226] dort die Verwaltungshoheit. Die förmliche Vereinigung des Sudetenlandes mit dem Deutschen Reich vollzog sich durch Gesetz vom 21. November 1938[227] als dem Tage der endgültigen Grenzfestlegung mit der Tschechoslowakei[228].

Staatsangehörigkeits- und Optionsfragen regelten der deutsch-tschechische Vertrag vom 20. November 1938[229] sowie die deutsche Verordnung vom 12. Februar 1939[230] mit folgendem Inhalt: Gemäß § 1 des deutsch-tschechischen Vertrages erwarben diejenigen tschechischen Staatsangehörigen rückwirkend ab dem 1. Oktober 1938 die deutsche Staatsangehörigkeit unter Verlust ihrer tschechischen, die zu diesem Zeitpunkt ihren Wohnsitz in den wiedervereinigten Gemeinden hatten, sofern sie vor dem 1. Januar 1910 in diesem Gebiet geboren wurden oder die deutsche Staatsangehörigkeit mit dem 10. Januar 1920 verloren hatten. Letzteres betraf insbesondere die Bewohner des Hultschiner Ländchens, welche die tschechische Staatsangehörigkeit unter Verlust der deutschen Staatsangehörigkeit aufgrund des Versailler Vertrages erworben hatten. Ebenfalls trat ein Staatsangehörigkeitswechsel bei Ehefrauen, Kindern und Enkeln der obengenannten Personen ein. Wer am 10. Oktober 1938 seinen Wohnsitz außerhalb der Tschechoslowakei, sein Heimatrecht[231] aber in einer mit dem Deutschen Reich vereinigten Gemeinde hatte, erwarb die deutsche Staatsangehörigkeit gemäß § 1 Abs. 2 des deutsch-tschechischen Vertrages[232]. Die Einbürgerung der Sudetendeutschen bezog sich nicht ausschließlich auf deutsche Volkszugehörige, da die Bevölkerung ohnehin überwiegend deutschstämmig war[233]. Zwar sahen §§ 3 und 4 des

---

226 RGBl. 1938 I, S. 1331.

227 RGBL. 1938 I, S. 1641.

228 *Schleser*, S. 88.

229 RGBl. 1938 II, S. 896; auch abgedruckt bei Lichter/Hoffmann, S. 414 ff.

230 RGBl. 1939 I, S. 205.

231 Das Heimatrecht war lediglich eine Gemeindezugehörigkeit, die insbes. durch Abstammung erworben wurde. Die Beurteilung erfolgte nach dem damals gültigen österreichischen Heimatgesetz vom 3. Dezember 1863.

232 Näheres hierzu bei *Schleser*, S. 89, 90 und *Bergmann/Korth*, Rdnr. 118.

233 *Lichter/Hoffmann*, S. 413.

deutsch-tschechischen Vertrages eine Optionsregelung vor, die jedoch in Ermangelung entsprechender Verwaltungsvorschriften praktisch nie durchgeführt worden ist[234].

Das "Protektorat Böhmen und Mähren" wurde durch einen Führererlaß vom 16. März 1939[235] in das Deutsche Reich eingegliedert, allerdings mit einer Sonderstellung. Den volksdeutschen Bewohnern dieses Gebietes wurde kollektiv mit Wirkung vom 16. März 1939 die deutsche Staatsangehörigkeit verliehen, auf der Grundlage des deutsch-tschechischen Vertrages vom 27. Dezember 1939[236], der Verordnung über den Erwerb der deutschen Staatsangehörigkeit durch deutsche Volkszugehörige vom 20. April 1939[237] in Verbindung mit der spezielleren Verordnung für das Protektorat Böhmen und Mähren vom 6. Juni 1941[238]. Voraussetzung war, daß die betreffende Person am 10. Oktober 1938 das Heimatrecht im Protektoratsgebiet besaß und daß sie nicht bereits aufgrund des deutsch-tschechischen Vertrages vom 20. November 1938 die deutsche Staatsangehörigkeit erlangt hat[239].

Die Slowakei, die bis 1918 jahrhundertelang dem Königreich Ungarn angehörte, erlangte am 14. März 1939 ihre von der Völkergemeinschaft anerkannte staatliche Souveränität. Wenig später, am 18/23. März 1939, stellte sie sich durch Vertrag[240] unter den Schutz des Deutschen Reiches. Die dort ansässigen Volksdeutschen wurden jedoch nicht von den Deutschen sammeleingebürgert. Stattdessen erlangten sie rückwirkend zum 14. März 1939 aufgrund der deutsch-slowakischen Verträge vom 27. Dezember 1939[241] und vom 14. Januar 1941[242] unter Verlust der tschechoslowakischen die slowakische Staatsangehörigkeit, sofern sie in der Slowakei am 10. Oktober 1938 das Heimatrecht besaßen oder am 14. März 1939 dort ihren Wohnsitz hatten. Auf Antrag konnten sie die deutsche Staatsangehörigkeit im Wege der Einzelein-

---

234 *Hailbronner/Renner*, § 1 1. StARegG, Rdnr. 8.

235 RGBl. 1939 I, S. 485; Lichter/Hoffmann, S. 427.

236 RGBl. 1940 II, S. 78; Lichter/Hoffmann, S. 452 f.

237 RGBL. 1939 I, S. 815; Lichter/Hoffmann, S. 428 ff.

238 RGBL. 1941 I, S. 308.

239 Vergl. *Bergmann/Korth*, Rdnr. 120; *Schleser*, S. 91 ff; *Menzel*, Bonner GG-Komm., Art. 116 , Anm. 2 a B Nr. 2, S. 11; *Makarov/v. Mangoldt*, § 1 1. StARegG, Rdnr. 23.

240 RGBl. 1939 II, S. 607.

241 RGBl. 1940 II, S. 78.

242 RGBl. 1941 II, S. 179.

bürgerung erwerben, da sie bei Geltendmachung der slowakischen Staatsangehörigkeit keiner Einbürgerungssperre unterlagen[243].

bb) Bewertung der Einbürgerungen nach 1945

Nach 1945 wurden die in der Tschechoslowakei verbliebenen deutschen Volkszugehörigen unter Verlust ihres Vermögens zwangsausgesiedelt. Mit einem Dekret vom 2. August 1945[244] machte die Tschechoslowakei deutlich, daß sie auf die kollektiv eingebürgerten Personen deutscher und ungarischer Volkszugehörigkeit als ihre Staatsangehörigen verzichte, indem sie ihnen die tschechoslowakische Staatsangehörigkeit mit dem Tage des Erwerbs der fremden Staatsangehörigkeit aberkannte[245]. Den in der Tschechoslowakei verbliebenen deutschen Volkszugehörigen wurde durch Gesetz vom 24. April 1953[246] die tschechoslowakische Staatsangehörigkeit automatisch wieder verliehen, soweit sie sie nicht bereits auf eigenen Antrag erlangt hatten.

Die Bundesrepublik Deutschland beanspruchte die sammeleingebürgerten Deutschen aus dem Sudetenland und aus Böhmen und Mähren bereits seit dem "Czastka-Urteil" des Bundesverfassungsgerichts[247] als deutsche Staatsangehörige. Diese Rechtsauffassung übernahm der Gesetzgeber, indem er in § 1 Abs. 1 a und c 1. StARegG die obengenannten Sammeleinbürgerungen anerkannte.

cc) Verlust der deutschen Staatsangehörigkeit

Wie bereits oben[248] bei den polnischen Einbürgerungen erörtert, haben nach bundesdeutschem Recht die tschechoslowakischen Einbürgerungen ebenfalls keinen Einfluß auf die deutsche Staatsangehörigkeit, sondern führen le-

---

243 Vergl. den RdErl. des RMI vom 4. Juni 1941, RMBliV 1941, S. 1039 und den RdErl. des RMI vom 25. September 1939, RMBliV 1939, S. 1233.

244 GBl. Nr. 33/1945.

245 BVerfGE 1, S. 322, 330; *Lichter/Hoffmann*, S. 414; *Bergmann/Korth*, Rdnr. 118; *G. Wolf*, S. 312.

246 GBl. Nr. 1953.

247 BVerfGE 1, S. 322 ff.; vergl. oben auf Seite 54.

248 Siehe Seite 74.

diglich zu einer Doppelstaatsangehörigkeit[249]. Der Verlust der deutschen Staatsangehörigkeit ist folglich nur dann eingetreten, wenn der Betreffende auf eigenen Antrag und ohne staatlichen Druck die tschechoslowakische Staatsangehörigkeit beantragt hat, § 25 RuStAG. Als Ergebnis bleibt festzuhalten, daß der Großteil der Aussiedler aus der Tschechoslowakei die deutsche Staatsangehörigkeit besitzt, auch wenn sich nicht alle darauf berufen.

e) Ungarn

Die Nachkommen der vor einigen Jahrhunderten nach Ungarn eingewanderten Ungarndeutschen besaßen seit der Zerschlagung der österreichisch-ungarischen Doppelmonarchie nach dem Ersten Weltkrieg die ungarische Staatsangehörigkeit. Zu Sammeleinbürgerungen durch das Deutsche Reich ist es nach 1938 nicht gekommen, so daß die Ungarndeutschen nur im Wege der Einzeleinbürgerung oder als Angehörige der deutschen Wehrmacht die deutsche Staatsangehörigkeit erlangt haben können. In der Regel handelt es sich bei ihnen jedoch um Statusdeutsche im Sinne des Art. 116 Abs. 1, 2. Alt. GG.

4. Aus der Mehrstaatigkeit resultierende Probleme

Nach der getrennten Betrachtung der Rechtslage für die einzelnen Aussiedlungsgebiete ergibt sich, daß insbesondere die Aussiedler aus Polen, die zahlenmäßig einen großen Anteil darstellen[250], ebenso wie einige Aussiedler aus der Tschechoslowakei und aus Jugoslawien nach bundesdeutschem Recht die deutsche Staatsangehörigkeit besitzen. Daraus resultieren zwangsläufig Probleme, da die Aussiedler in der Regel auch Staatsangehörige ihres Heimatlandes sind und da dieses die deutsche Staatsangehörigkeit in der Regel nicht anerkennt.

Nach allgemeinem Völkerrecht wird zwischen einer ruhenden und einer effektiven Staatsangehörigkeit unterschieden. Ein Grundsatz des Völkergewohnheitsrechts, der in der Haager Konvention vom 12. April 1930 kodifiziert worden ist, schreibt für solche Fälle vor, daß der Doppelstaatler gegen-

---

249 BGH, Rundschau für den Lastenausgleich, S. 4 ff.; *Bergmann/Korth*, Rdnr. 118.

250 Vergl. oben in Teil 1 auf Seite 21.

über dem Staat, in dem er seinen Wohnsitz hat, seine weitere Staatsangehörigkeit nicht geltend machen darf[251].

In dem in der Praxis bedeutendsten Fall der Polen-Deutschen bedeutet dies folgendes: Für die Personen, die dort noch ihren Wohnsitz haben, ist also lediglich die polnische Staatsangehörigkeit effektiv. Verläßt ein Doppelstaatler Polen dagegen für immer, um nach Deutschland auszusiedeln, so könnte darin eine stillschweigende Option für die deutsche Staatsangehörigkeit gesehen werden. In Deutschland lebt seine deutsche Staatsangehörigkeit automatisch wieder auf, ohne daß es einer Einbürgerung bedarf. Fraglich ist jedoch, auf welche Weise seine polnische Staatsangehörigkeit untergeht. Gemäß Art. 13 des dritten polnischen Staatsangehörigkeitsgesetzes von 1962 verliert ein Pole seine polnische Staatsangehörigkeit automatisch, sofern er mit staatlicher Genehmigung eine fremde Staatsangehörigkeit erwirbt. Mit der jetzt üblichen Ausreisegenehmigung erkennt der polnische Staat ex nunc einen Erwerb der deutschen Staatsangehörigkeit an, obwohl nach deutschem Recht keine Einbürgerung stattfindet. Über diese Konstruktion endet somit die Doppelstaatsangehörigkeit der Polen-Deutschen[252].

Sofern die Aussiedler ihre bisherige Staatsangehörigkeit nicht - wie beschrieben - durch die Aussiedlung verlieren, wird ihnen nach Nr. 11 der "Friedland-Richtlinien" vom 29. Juli 1976[253] empfohlen, sich aus dieser Staatsangehörigkeit zu lösen, um Interessenkonflikte insbesondere bei der Wehrpflicht zu vermeiden. Gleiches gilt für Statusdeutsche, die durch die Einbürgerung die deutsche Staatsangehörigkeit erhalten, ihre bisherige jedoch noch nicht verloren haben[254].

---

[251] *Bergmann/Korth*, Rdnr. 118; *Seeler*, NJW 1978, S. 924, 926.

[252] *Seeler*, NJW 1978, S. 924, S. 927.

[253] Abgedruckt bei Liesner, Aussiedler, S. 66, 74.

[254] *Jellinek*, Entwicklungstendenzen, S. 45 f.

III. Das Bundesvertriebenengesetz nach dem Stand vom 31. Dezember 1992

1. Entstehungsgeschichte des Bundesvertriebenengesetzes

Nachdem mit Art. 116 Abs. 1 GG die Zentralnorm zur Aufnahme volksdeutscher Vertriebener geschaffen war, lag es am einfachen Gesetzgeber, diese Norm zu konkretisieren und das Verwaltungsverfahren auszugestalten. Zu diesem Zweck leitete man so bald wie möglich das Gesetzgebungsverfahren für das "Gesetz über die Angelegenheiten der Vertriebenen und Flüchtlinge" (BVFG) ein, dessen erster Entwurf[255] bereits am 26. November 1951 vorlag. Das BVFG, das am 19. Mai 1953 verabschiedet wurde und am 5. Juni 1953 in Kraft trat, basiert auf dem Gesetzesvorbehalt des Art. 116 Abs. 1 GG[256] und ersetzt die Landesflüchtlingsgesetze durch eine bundeseinheitliche Regelung. Wie bereits angesprochen, wird die aktuelle Reformierung des BVFG durch das KfbG[257] im Detail zusammen mit den anderen Reformen behandelt, so daß hier die Rechtslage vor dem 1. Januar 1993 dargestellt wird. Auf inzwischen geänderte Normen wird jedoch hingewiesen.

Inhaltlich stellt es die rechtliche Grundlage für die Integration der Vertriebenen dar, indem es ihnen nach erfolgreicher Anerkennung in einem förmlichen Verwaltungsverfahren Eingliederungshilfen gewährt, auf die u.a. im folgenden einzugehen ist.

2. Materielles Vertriebenenrecht: Voraussetzungen für die Anerkennung

Die Anerkennung als Vertriebener bzw. als Aussiedler[258] setzt gemäß § 1 BVFG zunächst voraus, daß der Antragsteller die deutsche Staatsangehörigkeit oder die deutsche Volkszugehörigkeit besitzt. Ferner muß er spätestens am 8. Mai 1945 - dem Tag der deutschen Kapitulation - seinen Wohnsitz im Vertreibungsgebiet gehabt haben. Entscheidend ist vor allem der "Vertreibungstatbestand", der entsprechend den vier Möglichkeiten des § 1 BVFG in der Emigration, der Umsiedlung, der unmittelbaren Vertreibung

---

255 BT-Drs. 1/2872; zu Änderungen dieses Entwurfes siehe BT-Drs. 1/3902 und 1/4080.

256 VGH Mannheim, NVwZ 1989, S. 794.

257 BGBl. 1992 I, S. 2094.

258 Zur genauen Unterscheidung siehe unten auf Seite 104.

oder der - heute praxisrelevanten - Aussiedlung bestehen kann. Aufgrund dieses Vertreibungstatbestandes muß der Antragsteller seinen Wohnsitz im Vertreibungsgebiet vollständig aufgegeben haben. Für Angehörige, d.h. für Ehegatten und Kinder des Antragstellers, kommt ein abgeleiteter Vertriebenenstatus in Betracht. Außerdem bestand bis zum 31. Dezember 1992 die Möglichkeit des Familienzuzugs gemäß § 94 BVFG. Die Eigenschaft eines Vertriebenen tritt kraft Gesetzes ein, wenn die materiellen Voraussetzungen des BVFG vorliegen; formalen Bescheinigungen wie z.B. dem Vertriebenenausweis gemäß § 15 BVFG kommt lediglich eine deklaratorische Wirkung zu[259].

a) Deutsche Staatsangehörigkeit bzw. deutsche Volkszugehörigkeit

aa) Deutsche Staatsangehörigkeit

Wer zum Zeitpunkt der Ausreise aus seinem Heimatland deutscher Staatsangehöriger war bzw. ist, erfüllt unproblematisch die erste Voraussetzung des § 1 BVFG. Die komplizierten Fragen der Staatsangehörigkeit von Vertriebenen und deren Angehörigen sind bereits oben[260] abschließend erörtert worden. Macht der Antragsteller seine deutsche Staatsangehörigkeit im Verfahren zur Erlangung des Vertriebenenausweises geltend, so müssen die für das Vertriebenenrecht zuständigen Behörden die Staatsangehörigkeitsbehörden einschalten. Diese prüfen die ihnen vorgelegten Verfahrensakten und haben gegebenenfalls weitere Ermittlungen durchzuführen[261]. Das BVFG enthält keine gesetzliche Vermutung für die deutsche Staatsangehörigkeit beim Vorliegen bestimmter Indizien; diese richtet sich ausschließlich nach dem Staatsangehörigkeitsrecht[262].

bb) Deutsche Volkszugehörigkeit gemäß § 6 BVFG

Die deutsche Volkszugehörigkeit, die auch im Staatsangehörigkeitsrecht eine Rolle spielt[263], ist für die Anerkennung als Vertriebener bzw. als Aus-

---

259 *Maunz* in: Maunz/Dürig, Art. 116 GG, Rdnr. 25.

260 Auf den Seiten 53 ff.

261 *Häußer/Kapinos/Christ*, § 1 BVFG, Rdnr. 57; *Wolf*, Aussiedler, S. 17.

262 BVerwG, Buchholz Nr. 35 zu § 1 BVFG; *Häußer*, DÖV 1990, S. 918, 921.

263 Vergl. oben auf Seite 57.

siedler ein entscheidendes und umstrittenes Merkmal, da es sich bei den meisten Bewerbern nicht um deutsche Staatsangehörige handelt[264]. Wer deutscher Volkszugehöriger ist, richtet sich nach der Definition des § 6 BVFG:

> "Deutscher Volkszugehöriger im Sinne dieses Gesetzes ist, wer sich in seiner Heimat zum deutschen Volkstum bekannt hat, sofern dies durch bestimmte Merkmale wie Abstammung, Sprache, Erziehung, Kultur bestätigt wird."

Das deutsche Volkstum ist nicht mit dem ethnologischen Begriff der Deutschstämmigkeit zu verwechseln. Vielmehr geht es um die Zugehörigkeit zu der nationalgeprägten Kulturgemeinschaft der Deutschen, wobei diese nationale Verbundenheit nicht von der Zugehörigkeit zu einer nationalsozialistischen Organisation abhängig gemacht werden darf[265].

(1) Voraussetzungen des § 6 BVFG

Die Vorschrift setzt das subjektive Bekenntnis des Antragstellers zum deutschen Volkstum voraus, das durch objektive Merkmale bestätigt werden muß.

(a) Bekenntnis zum deutschen Volkstum

Nach der Rechtsprechung erfordert dies das Bewußtsein und den Willen, dem deutschen Volk und keinem anderen anzugehören sowie die verbindliche, für Dritte wahrnehmbare Kundgabe dieses Willens nach außen mit dem Ziel, in der jeweiligen Heimat als Deutscher zu gelten[266]. Dieses Bekenntnis darf nicht erst bei der Ankunft in der Bundesrepublik vorliegen, sondern muß bereits *vor* dem Beginn der allgemeinen Vertreibungsmaßnahmen Ende 1944/Anfang 1945 in der Heimat abgelegt und aufrecht erhalten worden sein[267]. Grund für diese örtliche und zeitliche Festlegung ist der Zweck des BVFG, nur solche Personen zu begünstigen, die in ihrer Eigenschaft als

---

264 *v. Bargen*, Zeidler-FS, S. 503, 508.

265 Nr. 1.1 und 1.2 der Richtlinien zur Anwendung des § 6 BVFG vom 20. Februar 1980 des BMI und der Obersten Landesflüchtlingsverwaltungen, abgedruckt bei *Liesner*, Aussiedler, S. 78 und bei *Haberland*, Eingliederung, unter 5.2.

266 BVerwGE 26, S. 344; 30, S. 305, 309; BVerwG, IFLA 1991, S. 66, 67; *Köhler*, BayBgm 1989, S. 85, 86; *Haberland*, Eingliederung, S. 44, Nr. 4; *Schwab*, IFLA 1984, S. 97.

267 Zuletzt BVerwG, Urteil vom 6. August 1991, 9 B 167/91 und VGH Kassel, Urteil vom 26. März 1992, 7 UE 1683/85.

Deutsche ein Kriegsfolgenschicksal erlitten haben. Außerdem sei ein Bekenntnis zum deutschen Volkstum später aufgrund der Zwangsverhältnisse unmöglich geworden[268]. Eine Ausnahme gilt nach der Rechtsprechung lediglich für Angehörige des jüdischen Glaubens. Bei ihnen ist auf ein Bekenntnis vor der nationalsozialistischen Machtergreifung am 30. Januar 1933 abzustellen, da ihnen dieses später nicht mehr zugemutet werden konnte[269].

In welcher Form das Bekenntnis abgelegt wird, ist unerheblich; in Betracht kommen sowohl ausdrückliche Erklärungen gegenüber amtlichen Stellen als auch konkludentes Verhalten. Eine ausdrückliche Erklärung ist z.B. die Angabe der deutschen Volkszugehörigkeit im Rahmen einer Volkszählung[270], bei der Ausstellung von Personaldokumenten, der Einschulung von Kindern, der Erfassung zum Militärdienst usw[271]. Legt der Betreffende sein Bekenntnis durch schlüssiges Verhalten ab, so muß diesem ein besonderer Erklärungswert beigemessen werden können, aus dem erkennbar wird, daß er allein dem deutschen Volkstum angehören wolle[272]. Dieses Verhalten kann einerseits aus speziellen Einzelhandlungen hervorgehen, andererseits aus dem Gesamteindruck[273].

Es empfiehlt sich ein Blick auf Beispiele aus der Rechtsprechung:

- So genügt die Anstellung eines Privatlehrers für Deutsch nicht; sie belegt lediglich die deutschfreundliche Haltung der Familie[274].

---

268 BVerfGE 59, S. 128 ff.; BVerwGE 51, S. 300; BVerwG, DÖV 1962, S. 622; BVerwGE, Buchholz Nr. 22 zu § 6 BVFG; *Liesner*, DVP 1990, S. 195, 200; *Makarov/v. Mangoldt*, Art. 116 GG, Rdnr. 24; *Schwab*, IFLA 1984, S. 97, 98; *Häußer/ Kapinos/Christ*, § 6 BVFG, Rdnr. 18 und 19 und *Schwab*, Deutsche unter Deutschen, S. 127 mit einer genauen Aufschlüsselung des maßgeblichen Bekenntniszeitpunktes für das jeweilige Heimatland; a.A. *Schröer*, BayVBl 1973, S. 148, 149, der eine aktive Bestätigung des Bekenntnisses nach dem 2. Weltkrieg fordert.

269 BVerwG, Buchholz, Nr. 45 zu § 6 BVFG; *Köhler*, BayBgm 1989, S. 85, 87.

270 BVerwG, Buchholz, Nr. 44 zu § 6 BVFG

271 BVerwGE 26, S. 344, 350 = ZLA 1968, S. 109; *Liesner*, DVP 1990, S. 195, 200; *Häußer/Kapinos/Christ*, § 6 BVFG, Rdnr. 24; Nr. 6. Februar 2.1 der Verwaltungsvorschrift des bad.-württ. Innenministeriums zur Durchführung des BVFG vom 15. April 1981 (Abk.: bad.-württ. VwV), GABl. 497, abgedruckt auch bei Makarov/v. Mangoldt, Anhang 1 A 2 zum GG.

272 VGH Kassel, Urt. vom 7. Dezember 1978, VII OE 17/78; *Schwab*, ZLA 1985, S. 57, 58; Nr. 6. Februar 2.2 der bad.-württ. VwV, vergl. Fußnote 271.

273 BVerwGE 37, S. 40; BVerwG, Buchholz Nr. 34, 35, 43 und 68 zu § 6 BVFG.

274 *Schwab*, IFLA 1984, S. 97, 98.

- Dagegen bestätigen Bewohner der Untersteiermark (Jugoslawien) ihr deutsches Volkstum durch einen Beitritt zum steirischen Heimatbund[275].

- Ein gelegentlicher Veranstaltungsbesuch deutschgesinnter Vereine läßt noch nicht auf ein Bekenntnis zum deutschen Volkstum schließen. Über das informatorische Interesse hinaus muß der Betreffende sich aktiv am Vereinsleben beteiligt haben[276].

- Setzte ein Studium an einer deutschen Universität (hier TH Berlin) nicht notwendigerweise die deutsche Volkszugehörigkeit zur Immatrikulation voraus, liegt kein konkludentes Bekenntnis vor[277].

- Dagegen gilt die Eheschließung mit einem Deutschen ebenso wie die mit einem Nichtdeutschen als bekenntnisneutral[278].

- Der Eintritt in die Waffen-SS genügt ebenfalls nicht für die Annahme eines Bekenntnisses, da diese Organisation auch Nichtdeutschen offenstand[279].

- Ebenso enthalten Entscheidungen deutscher Behörden in den ehemals eingegliederten Ostgebieten über die Aufnahme in Abteilung 4 der DVL keine anspruchsausschließende Tatbestandswirkung[280].

Zu beachten ist jedoch, daß die Möglichkeiten zur Kundgabe dieses Bekenntnisses in den jeweiligen Heimatländern unterschiedlich waren; vor allem in Ungarn, Polen und in der Sowjetunion war die kulturelle Entfaltung der deutschen Minderheit beschränkt. Von der Herkunft des Antragstellers sind die Anforderungen an das Bekenntnis daher abhängig zu machen[281].

---

275 VGH Mannheim, Urteil vom 24. November 1982, 6 S 1931/81; *Schwab*, IFLA 1984, S. 97, 98; *Häußer/Kapinos/Christ*, § 6 BVFG, Rdnr. 35.

276 VGH Mannheim, Urteil vom 14. Oktober 1981, VI 2342/79; *Schwab*, ZLA 1985, S. 57, 60.

277 VGH Mannheim, Urteil vom 6. Juni 1983, 6 S 157/82; *Schwab*, ZLA 1985, S. 57, 60.

278 BVerwG, Buchholz, Nr. 29 zu § 6 BVFG; *Liesner*, DVP 1990, S. 195, 200; *Köhler*, BayBgm 1989, S. 85, 86.

279 *Köhler*, BayBgm 1989, S. 85, 86; weitere Beispiele bei *Häußer/Kapinos/Christ*, § 6 BVFG, Rdnr. 35 ff. und bei *Schwab*, Deutsche unter Deutschen, S. 127-139.

280 VGH Mannheim, ROW 1993, S. 59 ff.

281 *Nitsche*, DÖV 1953, S. 461.

Um ein Bekenntnis zum deutschen Volkstum ablegen zu können, muß der Betreffende "bekenntnisfähig", d.h. zum Zeitpunkt der Kundgabe mindestens 16 Jahre alt gewesen sein (sog. Bekenntnisgeneration)[282]. Demzufolge ergeben sich Probleme bei Personen, die entweder beim Beginn der allgemeinen Vertreibungsmaßnahmen dieses Alter noch nicht erreicht hatten, sowie bei allen Antragstellern, die erst nach diesem Zeitpunkt geboren wurden. Auf diese in der Praxis sehr häufigen Fälle wird im folgenden gesondert eingegangen[283].

(b) Objektive Bestätigungsmerkmale

Als objektive Merkmale, die das Bekenntnis zum deutschen Volkstum bestätigen müssen, nennt § 6 BVFG die - deutsche - Abstammung, die Sprache, die Erziehung und die Kultur. Da es sich hierbei um eine exemplarische Aufzählung handelt, müssen die Merkmale nicht vollzählig vorliegen; auch andere objektive Merkmale von vergleichbarem Gewicht kommen in Betracht[284].

Die Abstammung hängt von den Merkmalen der vorhergehenden Generation ab. Hierbei genügt die Abstammung von einem deutschen Elternteil, nicht dagegen die Abstammung von einem deutschen Großelternteil. Handelte es sich bei den Eltern des Antragstellers jedoch um eine "Mischehe", sind strengere Anforderungen an das Bekenntnis zum deutschen Volkstum zu stellen als bei einem ausschließlich deutschen Elternhaus. Als Beweis für die deutsche Abstammung werden in der Regel Geburts- und Heiratsurkunden angeführt; ebenso gelten deutsche Namen als Indiz. Auf deutsche Vorfahren allein kann sich ein Antragsteller jedoch nicht stützen, da sich große Teile der nachfolgenden Generationen inzwischen zu dem "fremden" Volkstum bekennen[285].

Weniger problematisch ist das Merkmal der deutschen Sprache. Hierbei ist zum einen die Muttersprache als erste gesprochene Sprache zu berücksichti-

---

282 BVerwG, NJW 1989, S. 1875; BVerwG, Buchholz, Nr. 33 und 40 zu § 6 BVFG; *Häußer/Kapinos/Christ*, § 6 BVFG, Rdnr. 14 und 15; *Häußer*, DÖV 1990, S. 918, 922; *Köhler*, BayBgm 1989, S. 85, 86.

283 Siehe unten auf Seite 94.

284 *Liesner*, DVP 1990, S. 195, 200; *Häußer/Kapinos/Christ*, § 6 BVFG, Rdnr. 64.

285 *Nitsche*, DÖV 1953, S. 461, 462.

gen, zum anderen die spätere Umgangs- und Familiensprache, sofern es sich bei dem Antragsteller um das Kind einer nichtdeutschen Mutter handelte. Immerhin bietet dieses Merkmal die geringsten Beweisschwierigkeiten. Voraussetzung ist jedoch nicht nur die Beherrschung der deutschen Sprache, sondern auch der Gebrauch in der jeweiligen Heimat[286].

Das Merkmal der deutschen Erziehung liegt vor, wenn durch das Elternhaus, durch deutsche Kindergärten, Schulen oder Erzieher deutsches Brauchtum und deutsche Sitte vermittelt worden sind[287].

Unter dem Merkmal "Kultur" versteht man eine von den obengenannten geistigen Gütern geprägte Lebensgestaltung[288]. Zur Kultur gehört nicht nur deutsche Literatur, sondern auch Trachten, Lieder und Märchen[289].

An sonstigen Merkmalen ist an die Mitgliedschaft in deutschen Parteien, Kirchengemeinschaften, Gesangsvereinen usw. zu denken[290].

(c) Verhältnis zwischen dem subjektiven Bekenntnis und den objektiven Elementen

Bis 1981 hatte das Bundesverwaltungsgericht in ständiger Rechtsprechung vertreten, daß es sich bei dem Bekenntnis und den objektiven Bestätigungsmerkmalen um zwei unabhängig nebeneinanderstehende und rechtlich selbständige Tatbestandsmerkmale handele, so daß von einem objektiven Merkmal nicht auf das Bekenntnis geschlossen werden könne[291]. Anders interpretierte jedoch das Bundesverfassungsgericht in seinem Beschluß vom 16. Dezember 1981[292] den Wortlaut und die Entstehungsgeschichte des § 6

---

[286] *Liesner*, DVP 1990, S. 195, 200; Nr. 6.3. der bad.-württ. VwV, vergl. oben Fußnote 271.

[287] *Liesner*, DVP 1990, S. 195, 200; Nr. 3 der Richtlinien zu § 6 BVFG des nordrhein-westfälischen Ministers für Arbeit, Gesundheit und Soziales vom 20. Februar 1980 (Abk. NRW-RiLi), MBl. 1782, abgedruckt bei Makarov/v. Mangoldt, Anhang 1 B 3 zum GG.

[288] Nr. 3 der NRW-RiLi, vergl. Fußnote 287; Nr. 6 der bad.-württ. VwV, vergl. oben Fußnote 271; *Liesner*, DVP 1990, S. 195, 200.

[289] *Häußer/Kapinos/Christ*, § 6 BVFG, Rdnr. 73.

[290] *Häußer/Kapinos/Christ*, § 6 BVFG, Rdnr. 74.

[291] BVerwGE 26, S. 344, 345; 36, S. 95, 102; 37, S. 38, 39; 41, S. 189, 191; *v. Bargen*, Zeidler-FS, S. 503, 515; *Schwab*, IFLA 1984, S. 97, 99.

[292] BVerfGE 59, S. 128, 157 = NJW 1983, S. 103-108.

BVFG. Seiner Ansicht nach handele es sich bei den objektiven Bestätigungsmerkmalen um Indizien, die nicht vom subjektiven Tatbestand losgelöst und verselbständigt werden könnten. Je mehr objektive Bestätigungsmerkmale vorlägen, desto näher liege die Annahme des Volkstumsbekenntnisses. Damit wollte das Bundesverfassungsgericht insbesondere der Beweisnot der Antragsteller begegnen[293]. Das Bundesverwaltungsgericht hat daraufhin seine Rechtsprechung geändert[294] und eine widerlegbare Vermutung dahingehend anerkannt, daß bei Antragstellern aus Vielvölkerstaaten objektive Bestätigungsmerkmale hinreichend für ein Bekenntnis zum deutschen Volkstum sprechen (Indizwirkung)[295].

Wie stark die objektiven Merkmale beim jeweiligen Antragsteller ausgeprägt sein müssen, hängt zum einen von der Struktur des Merkmals und zum anderen von der Situation im jeweiligen Aussiedlungsgebiet ab[296]. Die Bekenntnisvermutung durch objektive Merkmale kann jedoch durch Gegenindizien widerlegt werden[297], wenn der Betreffende z.B. seinen deutschen Namen ändern läßt, vom Bundesverwaltungsgericht[298] entschieden für den Fall der Anpassung an den ungarischen Sprachtypus (Namensmadjarisierung).

(2) Sonderproblem: Früh- bzw. Spätgeborene

Fraglich ist, wie Personen, die zum Beginn der allgemeinen Vertreibungsmaßnahmen noch nicht bekenntnisfähig, d.h. noch nicht 16 Jahre alt waren (sog. Frühgeborene) und solche, die zu diesem Zeitpunkt noch nicht geboren waren (sog. Spätgeborene) ihr Bekenntnis zum deutschen Volkstum ablegen sollten. In der neuen Fassung des § 6 Abs. 2 BVFG ist für diese Personengruppe eine eigene Regelung vorgesehen.

Relativ unproblematisch war die Situation bei den Frühgeborenen der Jahrgänge 1928 bis Anfang 1945. Sie konnten zwar vor der - selbst erlebten - all-

293 *Schwab*, ZLA 1984, S. 36; kritisch hierzu *v. Bargen*, Zeidler-FS, S. 516 ff.

294 BVerwGE 66, S. 168, 171.

295 Nachfolgend ebenso: BVerwGE 74, S. 336 ff.; BVerwG, ZLA 1987, S. 36, 39; BVerwG, IFLA 1989, S. 82 ff., BVerwG, ZLA 1989, S. 2, 3 und BVerwG, IFLA 1990, S. 114 f.

296 *Häußer*, DÖV 1990, S. 918, 922.

297 VGH Mannheim, IFLA 1992, S. 35 f.

298 BVerwG, DÖV 1989, S. 867.

gemeinen Vertreibung kein eigenes Bekenntnis ablegen, wurden aber von ihrem Elternhaus geprägt. Hätten keine Vertreibungsmaßnahmen stattgefunden, so wären diese Kinder in die familieneigene Bekenntnislage hineingewachsen[299]. Abgestellt wurde daher nach der bisherigen Rechtsprechung allein auf das Volkstumsbekenntnis beider Eltern vor Beginn der allgemeinen Vertreibungsmaßnahmen, sofern es sich um ein ausschließlich deutsches Elternhaus handelte[300]. Da es nicht auf die biologische Abstammung, sondern vielmehr auf die elterliche Erziehung ankam, galten auch Stief- und Pflegekinder nichtdeutscher Eltern, die in einer deutschgeprägten Familie aufgewachsen sind, als deutsche Volkszugehörige[301]. War die Bekenntnislage jedoch vor Beginn der Vertreibungsmaßnahmen durch ein anderes Volkstum geprägt, so wurde das Kind auch dann kein Deutscher im Rechtssinne, wenn ihm später deutsches Volkstum vermittelt wurde[302]. Bei einem gemischtnationalen Elternhaus war zu prüfen, welcher Elternteil die volkstumsmäßige Bekenntnislage innerhalb der Familie entscheidend beeinflußt hat. Ließ sich diese Dominanz nicht eindeutig feststellen, so ist die Prägung durch den deutschen Elternteil zu unterstellen[303]. Handelte es sich bei dem frühgeborenen Antragsteller um ein nichteheliches Kind, so kam es auf das Bekenntnis des zur Personensorge berechtigten Elternteils zum maßgeblichen Zeitpunkt an, also in der Regel auf die Prägung der Mutter[304].

Umstritten war zwischenzeitlich, ob sich diese familiäre Prägung bis zur Selbständigkeit des Antragstellers fortgesetzt haben mußte, d.h. ob auch in der Nachkriegszeit objektive Volkstumselemente vermittelt werden mußten, um einen "Überlieferungszusammenhang" herzustellen[305]. Das Bundesverwaltungsgericht hat eine weiterführende Prägung hingegen nicht gefordert[306],

---

299 BVerwGE 79, S. 73, 77; BVerwG, NJW 1988, S. 2914 = NVwZ 1988, S. 1127; *Häußer/Kapinos/Christ*, § 6 BVFG, Rdnr. 40.

300 BVerwG, Buchholz, Nr. 27 zu § 6 BVFG; *Häußer/Kapinos/Christ*, § 6 BVFG, Rdnr. 39; *Schwab*, Deutsche unter Deutschen, S. 153.

301 *Häußer/Kapinos/Christ*, § 6 BVFG, Rdnr. 39.

302 BVerwG, Urteil vom 5. November 1991, 9 C 77/90.

303 BVerwGE 79, S. 73 ff.; Nr. 2.4.2.1 der NRW-RiLi, vergl. Fußnote 286; *Häußer/Kapinos/ Christ*, § 6 BVFG, Rdnr. 44.

304 *Häußer/Kapinos/Christ*, § 6 BVFG, Rdnr. 42 m.w.N.

305 So VGH Mannheim, Urt. vom 10. September 1986, 6 S 1861/85; VG Karlsruhe, Urteile vom 16. Januar 1987, 3 K 37/86 und vom 6. Februar 1987, 3 K 163/86.

306 DÖV 1988, S. 970, 972 und DÖV 1991, S. 509 f.; ebenso VGH Kassel, Urteil vom 23. Februar 1992, 7 UE 1005/86 (2. Leitsatz).

zum einen wegen der eingeschränkten kulturellen Entfaltungsmöglichkeiten der deutschen Minderheit und zum anderen, da das BVFG kein zusätzliches Bekenntnis voraussetze[307].

Anders als die Frühgeborenen wurden die sog. Spätgeborenen nicht vom Wortlaut des § 1 BVFG erfaßt. Sie konnten nach dem Gesetzeswortlaut weder Aussiedler noch Vertriebene sein, da sie die allgemeinen Vertreibungsmaßnahmen nicht selbst erlebt hatten, sondern lediglich deren Spätfolgen. In der Praxis handelt es sich bei den Aussiedlern jedoch zum größten Teil um Spätgeborene; 1988 waren ca. 80 % der Antragsteller jünger als 45 Jahre[308]; im Laufe der Zeit erhöht sich naturgemäß deren Zahl. Das Bundesverwaltungsgericht hat diesen Spätgeborenen in seinem Urteil vom 10. November 1976[309] im Wege der Rechtsfortbildung dennoch den Aussiedlerstatus zugebilligt. Es stellte fest, daß das BVFG hier eine Lücke enthalte, da die Spätgeborenen nicht schlechter behandelt werden dürften als die Generation ihrer Eltern. Allerdings erstreckte das Bundesverwaltungsgericht diese Analogie nur auf die erste nachgeborene Generation, weil es bei den folgenden Generationen den erforderlichen Bekenntniszusammenhang für zweifelhaft hielt[310]. Dennoch hatten sich die Vertriebenenbehörden der Bundesländer dahingehend geeinigt, auch die Kinder nach dem Krieg geborener Eltern als Aussiedler anzuerkennen[311].

Zur Beurteilung des Volkstumsbekenntnisses von Spätgeborenen kam es ebenso wie bei den Frühgeborenen auf die Prägung im Elternhaus an, allerdings zu einem späteren Zeitpunkt. Zwar mußten die Eltern, bzw., sofern

---

307 Für eine stärkere Differenzierung nach Vertreibungsgebieten: *Häußer/Kapinos/ Christ*, § 6 BVFG, Rdnr. 40/41; *Schröer*, BayVBl 1973, S. 148, 150.

308 *Alexy*, NJW 1989, S. 2850, 2856.

309 BVerwGE 51, S. 289; später ebenso VGH Kassel, DÖV 1989, S. 876.

310 Ebenso lehnen den Aussiedlerstatus für nachfolgende Generationen ab: OVG Hamburg, Urteil vom 6. Juli 1992, Bf III 3/92; *Alexy*, NJW 1989, S. 2850, 2857; *v. Bargen*, Zeidler-FS, S. 503, 520; *Häußer/Kapinos/Christ*, § 6 BVFG, Rdnr. 47; *Schwab*, Deutsche unter Deutschen, S. 141; *Wewel*, NVwZ 1991, S. 557, 558; bejahend dagegen: *Haberland*, Das Deutsche Bundesrecht, zu § 1 BVFG Nr. 3, S. 41; *v. Mangoldt*, Forum für Politik und Kultur, 1990, S. 5, 18, Fußn. 52.

311 Vergl. Nr. 1.11.43 der Fachlichen Weisung zur Durchführung des BVFG der Freien und Hansestadt Hamburg vom 29. Juli 1988;offengelassen im Urteil des VGH Kassel vom 21. Dezember 1992, 7 UE 960/87; *Alexy*, NJW 1989, S. 2850, 2857; *Häußer/Kapinos/Christ*, § 6 BVFG, Rdnr. 55.

diese nicht bekenntnisfähig waren[312], die Großeltern des Spätgeborenen ihr Bekenntnis zum deutschen Volkstum bereits vor Beginn der allgemeinen Vertreibungsmaßnahmen abgelegt haben, die Prägung des nach dem Krieg geborenen Antragstellers konnte hingegen erst später erfolgen[313]. Der Bekenntniszusammenhang wurde also durch den fortdauernden Prozeß der Überlieferung von der älteren auf die jüngere Generation hergestellt. Wie bereits bei den Frühgeborenen dargestellt, ging die Rechtsprechung davon aus, daß in der Nachkriegszeit aufgrund der fortdauernden Unterdrückung ein nach außen gerichtetes Bekenntnis nicht mehr verlangt werden konnte. Zumindest innerhalb der Familie mußte die subjektive Hinwendung zum deutschen Volkstum jedoch zum Ausdruck gekommen sein. Der Sache nach verwandelte sich der Bekenntniszusammenhang folglich in einen Überlieferungszusammenhang[314]. Es war also zu prüfen, ob die Erziehung des Antragstellers zumindest die Tendenz aufgewiesen hat, ihm bis zu seiner Selbständigkeit ausschließlich oder überwiegend die deutsche Volkszugehörigkeit zu vermitteln[315].

In der höchstrichterlichen Rechtsprechung war unstreitig, daß in den Fällen, in denen der Spätgeborene selbst ein subjektives Volkstumsbekenntnis abgelegt hat, die durch Erziehung vermittelten objektiven Merkmale des § 6 BVFG lediglich eine Bestätigungsfunktion haben[316]. Bei rein deutschen Elternhäusern wurde dieses Bekenntnis ohne den Nachweis von Sprache, Kultur etc. lange Zeit vermutet, da man volkstumsmäßige Konflikte für ausgeschlossen hielt[317].

Lediglich bei Kindern aus Mischehen betrachteten die Gerichte eine Hinwendung zum fremden Volkstum nicht als ausgeschlossen. Daher stellten sie hier erhöhte Anforderungen an das überlieferte Bekenntnis des Spätgeborenen und an die erforderlichen Bestätigungsmerkmale. Bis zu einer "Wendeent-

---

312 VGH Mannheim, VGH BW Rsp Dienst 1992, Beilage 12 B 9.

313 BVerwGE 51, S. 298; BVerwGE 79, S. 73, 78 = DVBl. 1988, S. 643.

314 BVerwGE 51, S. 298; *Häußer/Kapinos/ Christ*, § 6 BVFG, Rdnr. 48; *Häußer*, DÖV 1990, S. 918, 922.

315 VGH Mannheim, VwBlBW 1985, S. 306; VGH Mannheim, IFLA 1992, S. 24; VGH Kassel, Urteile vom 18. Februar 1992, 7 UE 1109/85 und 1108/85; VG Karlsruhe, IFLA 1992, S. 45 ff. und VG München, Urteil vom 16. November 1992, 11 B 92.2198.

316 *Schwab*, IFLA 1988, S. 61.

317 BVerwG, Buchholz, Nr. 35 zu § 6 BVFG; *v. Schenckendorff*, IFLA 1987, S. 97; *Häußer/Kapinos/Christ*, § 6 BVFG, Rdnr. 51; *Schwab*, Deutsche unter Deutschen, S 152; *ders.*, IFLA 1988, S. 61, 62.

scheidung" des Bundesverwaltungsgerichts am 2. Dezember 1986[318] galten Sprache und Kultur als entscheidende Merkmale, die für bzw. gegen eine Volkstumsüberlieferung sprechen[319]. Allerdings erkannten die Gerichte die Schwierigkeit der deutschen Minderheit, ihre Muttersprache in der Öffentlichkeit zu sprechen, und ließen es genügen, wenn ein vorhandener passiver Wortschatz erst in der Bundesrepublik Deutschland durch Sprachkurse ausgebaut wurde[320].

Das Bundesverwaltungsgericht lockerte in seiner Entscheidung vom 2. Dezember 1986[321] die Anforderungen an die Kenntnisse von Sprache und Kultur. Es stellte wie bisher fest, daß es nur dann auf die objektiven Merkmale ankomme, wenn ein Bekenntnis des Spätgeborenen zum deutschen Volkstum nicht festzustellen sei. Dieses Bekenntnis könne jedoch bereits in einem sog. "Erziehungsgespräch" an das Kind weitergegeben worden sein, in dem die Eltern es aufklären, daß es deutscher Abstammung ist. Neben dem so hergestellten Überlieferungszusammenhang komme es weder auf die Beherrschung der deutschen Sprache noch auf eine deutsche Erziehung an[322]. In einem wenig später ergangenen Beschluß vom 18. Februar 1987[323] griff das Bundesverwaltungsgericht hingegen doch auf objektive Merkmale wie Sprache zurück, als sich ein subjektives Volkstumsbekenntnis bei dem Spätgeborenen nicht einwandfrei feststellen ließ. Der Verwaltungsgerichtshof Mannheim änderte seine Spruchpraxis im Hinblick auf die revisionsgerichtliche Rechtsprechung dahingehend ab, daß es nicht vorrangig auf die Sprachkenntnisse des Spätgeborenen ankomme, sondern auf ein Minimum deutscher Volkstumselemente jedweder Art[324].

---

318 IFLA 1987, S. 80 ff. = Buchholz, Nr. 47 zu § 6 BVFG.

319 So z.B. VGH Mannheim in seinen Urteilen vom 30. Januar 1982, 6 S 2119/81, besprochen bei *Schwab*, Deutsche unter Deutschen, S. 142; vom 21. März 1984, 6 S 2529/83, besprochen bei *Schwab*, Deutsche unter Deutschen, S. 145 f. und vom 23. November 1984, VBlBW 1985, S. 306.

320 VGH Mannheim, Urt. vom 28. August 1985, 6 S 302/85, besprochen bei *Schwab*, IFLA 1987, S. 5.

321 Vergl. oben Fußn. 317.

322 Kritisch: *v. Schenckendorff*, IFLA 1987, S. 97, 99 und *Schwab*, Deutsche unter Deutschen, S. 151, die zum einen die Beweisführung für ein solches "Erziehungsgespräch" in Frage stellen und zum anderen die Anforderungen an Sprache, Kultur etc. differenziert von der Lage in den jeweiligen Aussiedlungsgebieten abhängig machen wollen.

323 9 B 326/86, in Auszügen abgedruckt bei Liesner, Aussiedler, S. 95 f.

324 Urteil vom 13. Mai 1987, 6 S 620/86; besprochen bei *Schwab*, IFLA 1988, S. 61.

Die aktuellen Beispiele aus der Rechtsprechung der 90er Jahre zeigen hingegen eine Tendenz zu erhöhten Anforderungen an die objektiven Elemente. So entschied das Bundesverwaltungsgericht am 15. Mai 1990[325], daß die fehlende deutsche Sprache einem Überlieferungszusammenhang grundsätzlich widerspreche. Dies gelte insbesondere dann, wenn die deutsche Sprache im Heimatland - hier Rumänien - ungehindert gebraucht werden konnte. Diesem Grundsatz schloß sich der Verwaltungsgerichtshof Mannheim am 23. April 1991[326] an, stellte jedoch differenzierend fest, daß für Antragsteller aus dem polnischen Raum aufgrund der lange problematischen Minderheitenrechte geringere Anforderungen an die Sprachkenntnisse zu stellen sind. Das nordrhein-westfälische Oberverwaltungsgericht war hingegen wenig später, am 3. Juli 1991[327] der Ansicht, daß auch in Polen die deutsche Sprache zumindest im häuslichen Bereich verwendet werden konnte. Mangelhafte Sprachkenntnisse sprächen daher gegen einen Überlieferungszusammenhang.

Diese - wenig gradlinige - Rechtsprechung bezog sich bisher allein auf die Antragsteller aus einem gemischtnationalen Elternhaus. Am 4. Februar 1991 hat der Verwaltungsgerichtshof München[328] jedoch entschieden, daß auch bei einem deutschen Elternhaus schlechte bzw. nicht vorhandene Sprachkenntnisse gegen ein überliefertes deutsches Volkstumsbekenntnis sprechen.

b) Wohnsitz im Vertreibungsgebiet

Spätestens bis zum 8. Mai 1945, dem Tag der deutschen Kapitulation, muß der Antragsteller - bzw. bei Früh- und Spätgeborenen der für ihn maßgebliche Vorfahre[329] - seinen Wohnsitz im Vertreibungsgebiet genommen haben. Für Spätaussiedler gilt inzwischen der neue § 4 Abs. 1 BVFG, der als maßgeblichen Zeitpunkt für die eigene Wohnsitznahme oder die der maßgeblichen Vorfahren auch den 31. März 1952 ansieht, sofern die Wohnsitznahme erst nach Abschluß der Vertreibung erfolgte. Da das BVFG selbst keine Vorschriften über die Wohnsitzbegründung enthält, finden die Rechtsvorschriften

---

325 Buchholz, Nr. 64 zu § 6 BVFG = IFLA 1991, S. 94 ff.

326 6 S 355/91.

327 DVBl. 1992, S. 297 f.

328 DÖV 1991, S. 516 f.

329 Vergl. BVerwGE 51, S. 298 ff.

des Bürgerlichen Gesetzbuches Anwendung[330], selbst wenn dieses zum maßgeblichen Zeitpunkt im Vertreibungsgebiet nicht galt[331].

Das BGB unterscheidet zwischen dem gewillkürten Wohnsitz gemäß § 7 BGB und verschiedenen gesetzlichen Wohnsitzen. Der gewillkürte Wohnsitz wird begründet, wenn sich jemand mit dem rechtsgeschäftlichen Willen an einem Ort niederläßt, diesen zum Schwerpunkt seiner Lebensverhältnisse zu machen[332].

Der gesetzliche Wohnsitz ist gemäß § 9 BGB insbesondere für Berufssoldaten vorgesehen. Anzuwenden ist allerdings die Fassung des § 9 BGB, die vor dem Kontrollratsgesetz Nr. 34 (Art. III) galt, da die zu beurteilenden Sachverhalte regelmäßig vor dem 8. Mai 1945 liegen. Danach wurde am Garnisonsort (Friedensstandort) bzw. am Dienstort der gesetzliche Wohnsitz begründet[333]. Für Ehefrauen galt bis zum 31. März 1953 der Wohnsitz des Ehemannes gemäß § 10 a.F. BGB als gesetzlicher Wohnsitz. Zur Vermeidung von Härten stellt § 1 Abs. 2 Nr. 5 BVFG jedoch auf den tatsächlichen Wohnsitz der Ehefrau ab, wenn sich diese getrennt von ihrem Ehemann dauerhaft im Vertreibungsgebiet aufhielt. Eine ähnliche Sonderregelung mußte der Gesetzgeber mit § 1 Abs. 2 Nr. 6 BVFG für Kinder erlassen, die gemäß § 11 a.F. BGB ihren gesetzlichen Wohnsitz beim Familienvater hatten. Teilte das Kind das Vertreibungsschicksal seiner Mutter, so wird auch hier auf den ständigen Aufenthalt der Mutter abgestellt[334].

Als Vertreibungsgebiet bezeichnet das BVFG die ehemals fremdverwalteten, heute abgetretenen deutschen Ostgebiete sowie Regionen außerhalb der ehemaligen Grenzen des Deutschen Reiches vom 31. Dezember 1937. Ein einheitliches Vertreibungsgebiet stellen diese Gebiete jedoch nicht dar; vielmehr gilt der Staat, in dem der Antragsteller die eigene Vertreibung erlebt hat, als sogenanntes "individuelles Vertreibungsgebiet"[335]. Zu den deutschen Ostgebieten, die im Potsdamer Abkommen unter polnische und sowjetische

---

330 BVerwG, NJW 1955, S. 1044.

331 BVerwGE 5, S. 104 f. = NJW 1957, S. 1488; BVerwG, NJW 1960, S. 591; BVerwG, Buchholz, Nr. 27 zu § 1 BVFG; BVerwG, NJW 1989, S. 2904.

332 Näheres bei *Häußer/Kapinos/Christ*, § 1 BVFG, Rdnr. 7-13.

333 Vergl. *Häußer/Kapinos/Christ*, § 1 BVFG, Rdnr. 15.

334 *Häußer/Kapinos/Christ*, § 1 BVFG, Rdnr. 16 und 17.

335 BVerwG, IFLA 1989, S. 11 ff. = NJW 1988, S. 2914 und DVBl.1992, S. 849.

Verwaltung gestellt wurden, gehören Schlesien, Teile der Provinz Brandenburg, Pommern, Grenzmark, Posen-Westpreußen und Ostpreußen. Vertreibungsgebiet ist außerdem jedes Land der Welt mit Ausnahme des heutigen Deutschlands und der Gebiete, die von 1949 bis 1957 unter niederländischer, belgischer und luxemburgischer Verwaltung standen[336]; für die heute praxisrelevante Aussiedlung[337] sind in § 1 Abs. 2 Nr. 3 BVFG die damals sozialistisch regierten Länder und Gebiete genannt, nämlich die ehemals deutschen Ostgebiete, Danzig, die drei Baltenrepubliken, die ehemalige Sowjetunion, Polen, die Tschechoslowakei, Ungarn, Rumänien, Jugoslawien, Bulgarien, Albanien und China (sog. Aussiedlungsgebiete)[338].

c) Vertreibungstatbestand

Wer die Vertriebeneneigenschaft besitzt, regelte bisher allein § 1 BVFG; auf die in §§ 2 und 3 BVFG aufgeführten Qualifikationen kommt es hier nicht an[339]. Wie bereits oben erwähnt, regelt § 4 BVFG (neu) zusätzlich die Eigenschaft als Spätaussiedler ab dem 1. Januar 1993. § 1 BVFG definiert den Vertriebenenbegriff sowohl ereignisbezogen, wobei der vertreibungsbedingte Wohnsitzverlust im Vordergrund steht, als auch gebiets- und personenbezogen. Auf das Vertreibungsgebiet wurde bereits eingegangen; personell beschränkt sich die Vertriebeneneigenschaft - wie bereits abschließend erörtert - auf deutsche Staatsangehörige und auf Volksdeutsche. Dieser Personenkreis unterteilt sich - je nach Vertreibungsschicksal - in verschiedene Vertriebenengruppen, die im folgenden zu behandeln sind.

Die Vertriebeneneigenschaft kann nicht nur originär, sondern auch derivativ erlangt werden[340], wobei diese Unterscheidung keine unterschiedlichen Rechtsfolgen auslöst[341]. Der originäre Erwerb des Vertriebenenstatus ist durch das Erleben dreier verschiedener Vertreibungsschicksale möglich; in chronologischer Reihenfolge handelt es sich um die sogenannte "Vorwegvertreibung" gemäß § 1 Abs. 2 Nr. 1 und 2 BVFG aufgrund natio-

---

336 *Häußer/Kapinos/Christ*, § 1 BVFG, Rdnr. 20.

337 Zur Abgrenzung zwischen Aussiedlern und Vertriebenen siehe unten auf Seite 104.

338 Vergl. *Häußer/Kapinos/Christ*, § 1 BVFG, Rdnr. 19 und 20.

339 Siehe oben auf Seite 44.

340 Zum derivativen Erwerb siehe unten auf Seite 114.

341 Nr. 1.1. der bad.-württ. VwV, vergl. oben Fußnote 271.

nalsozialistischer Zwangsmaßnahmen, um die unmittelbare, kriegsfolgenbedingte Vertreibung gemäß § 1 Abs. 1 BVFG, verursacht durch Zwangsmaßnahmen fremder Mächte, sowie um die Aussiedlung als "Spätvertreibung" gemäß § 1 Abs. 2 BVFG.

Lediglich der "Vertriebene im engeren Sinne" gemäß § 1 Abs. 1 BVFG entspricht der geschichtlichen Ausgangslage des Gesetzgebers; diese Begriffsbestimmung lehnt sich eng an die des Art. 116 Abs. 1 GG an und sollte die millionenfache Vertreibung der Deutschen aus ihrer Heimat erfassen[342]. Den Vertriebenen gemäß § 1 Abs. 1 BVFG werden im 2. Absatz dieser Norm die oben bereits angesprochenen anderen Gruppen gleichgestellt (sog. "Auchvertriebene"). Der ursprüngliche Wortlaut des § 1 Abs. 2 BVFG ("*Als Vertriebener gilt auch ...*") machte deutlich, daß es sich bei dieser Gleichstellung um eine Fiktion handelt. Im 2. Änderungsgesetz vom 27. Juli 1957 wurden diese Worte zwar durch die Formulierung "*Vertriebener ist auch ...*" ersetzt, jedoch lediglich um Zweifel für die Rechtsanwendung anderer Gesetze auszuschließen[343].

An dieser Stelle empfiehlt sich eine genauere Betrachtung der verschiedenen Vertreibungstatbestände.

aa) Vorwegvertreibung

Zu den Vertreibungstatbeständen, die zeitlich vor den allgemeinen Vertreibungsmaßnahmen, also vor 1944/45 liegen, gehören die Emigration gemäß § 1 Abs. 2 Nr. 1 BVFG und die Umsiedlung gemäß § 1 Abs. 2 Nr. 2 BVFG; beide beruhen auf nationalsozialistischen Gewaltmaßnahmen. Aus heutiger Sicht handelt es sich hierbei um abgeschlossene Vertreibungstatbestände, die nicht mehr praxisrelevant sind.

(1) Emigration, § 1 Abs. 2 Nr. 1 BVFG

Wer nach dem 30. Januar 1933, aber vor dem Beginn der allgemeinen Vertreibungsmaßnahmen, seinen Wohnsitz im Deutschen Reich aufgab, weil er

---

342 *Alexy*, NJW 1989, S. 2850, 2854.

343 *Alexy*, NJW 1989, S. 2850, 2854; *Silagi*, ROW 1986, S. 160, 162.

wegen seiner politischen Anschauungen, seiner Rasse, Religion etc. nationalsozialistischen Zwangsmaßnahmen ausgesetzt bzw. von diesen bedroht war, gilt als Emigrant im Sinne des § 1 Abs. 2 Nr. 1 BVFG. Die Gewaltmaßnahmen müssen hierbei noch nicht unmittelbar bevorgestanden haben; es genügt, wenn der Betroffene mit ihnen rechnen mußte[344]. Die Emigration mußte ins Ausland stattfinden, wobei auf die Reichsgrenzen zum jeweiligen Emigrationszeitpunkt abzustellen ist. Eine Wohnsitzverlegung von Königsberg nach Wien im Jahre 1939 stellte demnach keine Emigration dar[345]. Daß der Emigrant später nicht aus seiner Heimat vertrieben worden wäre, steht seiner Anerkennung als "Vertriebener im weiteren Sinne" nicht entgegen[346].

(2) Umsiedlung, § 1 Abs. 2 Nr. 2 BVFG

Vertriebene im weiteren Sinne sind gemäß § 1 Abs. 2 Nr. 2 BVFG auch solche Personen, die als volksdeutsche Umsiedler[347] ihren Wohnsitz in das Deutsche Reich verlegen mußten. Ebenso werden diejenigen erfaßt, die in eingegliederten oder besetzten Gebieten angesiedelt und von dort wieder vertrieben worden sind. In der Regel ist die Umsiedlung aufgrund zwischenstaatlicher Verträge erfolgt[348]; anerkannt werden jedoch auch die sogenannten "Administrativumsiedler[349].

bb) Vertreibung durch Zwangsmaßnahmen fremder Mächte, § 1 Abs. 1 BVFG

Unter Vertreibung im engeren Sinne versteht man den durch Zwangsmaßnahmen fremder Staaten verursachten Wohnsitzverlust im Vertreibungsgebiet, worunter sowohl kollektive als auch individuelle Maßnahmen fallen. § 1 Abs. 1 S. 1 BVFG nennt als Formen der Vertreibung die Ausweisung, wozu auch das Verlassen der Heimat als Folge von Enteignungsmaßnahmen gehört, sowie die Flucht. Der Wohnsitzverlust muß in unmittelbarem Zusammenhang

---

344 BVerwG, Buchholz, Nr. 34 zu § 1 BVFG.

345 Zu allem: *Häußer/Kapinos/Christ*, § 1 BVFG, Rdnr. 23-25.

346 BVerwGE 26, S. 352; Nr. 1.7.1. der bad.-württ. VwV, vergl. Fußnote 271.

347 Vergl. oben auf den Seiten 63 ff.

348 Eine genaue Auflistung enthält Nr. 1.8. der bad.-württ. VwV, vergl. Fußnote 271.

349 *Häußer/Kapinos/Christ*, § 1 BVFG, Rdnr. 26.

mit den Ereignissen des Zweiten Weltkriegs gestanden haben und muß spätestens Ende der 40er Jahre erfolgt sein[350]. Vertriebener ist jedoch auch, wer sich zum Zeitpunkt der allgemeinen Vertreibungsmaßnahmen nicht im Vertreibungsgebiet, wo er seinen Wohnsitz hatte, aufgehalten hat, und aufgrund der Vertreibung nicht dorthin zurückkehren konnte[351].

Entscheidend ist jedoch stets, daß der Wohnsitz wegen der deutschen Staatsangehörigkeit bzw. der deutschen Volkszugehörigkeit verlorenging; § 1 Abs. 1 BVFG fordert diesbezüglich eine strenge Kausalität. Wer nach 1945 seinen Wohnsitz wieder im Vertreibungsgebiet aufgenommen hat, gilt nicht als Vertriebener im Sinne des § 1 Abs. 1 BVFG[352]. In der Praxis spielt der Vertriebene im engeren Sinne jedoch keine Rolle mehr, da er mit Abschluß der allgemeinen Vertreibungsmaßnahmen eingereist sein muß.

cc) Aussiedlung, § 1 Abs. 2 Nr. 3 BVFG

Wer heute einen Vertriebenenausweis begehrt, ist in der Regel ein "Spätvertriebener", den § 1 Abs. 2 Nr. 3 BVFG als Aussiedler bezeichnet. Seit dem 1. Januar 1993 gilt er gemäß § 4 BVFG (neu) als Spätaussiedler. Nach dem neu gefaßten § 100 BVFG gelten die bisherigen Vorschriften jedoch übergangsweise noch für sogenannte "Altfälle".

(1) Entstehungsgeschichte des § 1 Abs. 2 Nr. 3 BVFG

Der Entwurf des BVFG vom 26. November 1951 kannte den Begriff des Aussiedlers noch nicht; er sah die Aussiedlung als gleichwertiges Tatbestandsmerkmal der "Vertreibung" neben Flucht und Ausweisung an[353]. Bereits in dem geänderten Text des Ausschusses für Heimatvertriebene erschien jedoch der heutige Aussiedlerbegriff in einer Fassung, die von der heutigen kaum abweicht[354]. Die Ausschußberichte von damals erklären den Begriff der

---

[350] *Häußer/Kapinos/Christ*, § 1 BVFG, Rdnr. 29; Nr. 1. Juni der bad.-württ. VwV, vergl. Fußnote 271.

[351] BVerfGE 17, S. 224, 229; ebenso BVerwG, DÖV 1959, S. 235; BVerwG, NJW 1989, S. 2906; VGH Kassel, ESVGH 18, S. 159; Nr. 1.5 der bad.-württ. VwV.

[352] *Häußer/Kapinos/Christ*, § 1 BVFG, Rdnr. 30.

[353] BT-Drs. 1/2872; *Kurrus*, ZLA 1983, S. 111.

[354] BT-Drs. 1/3902 und 1/4080.

Vertreibung i.w.S. als Sammelbegriff für alle wohnsitzverändernden Zwangsmaßnahmen im Zusammenhang mit dem Zweiten Weltkrieg. § 1 BVFG sollte nicht nur die im Potsdamer Abkommen geregelten kollektiven Ausweisungen erfassen, sondern auch die individuellen Aussiedlungen[355]. Der Gesetzgeber hielt eine Anerkennung der Aussiedlung als Vertreibungstatbestand insbesondere deshalb für geboten, weil er es den deutschen Minderheiten nicht zumuten wollte, in den Ländern des sozialistischen Machtbereichs zu leben. Die Ideologiebezogenheit des § 1 Abs. 2 Nr. 3 BVFG ergibt sich insbesondere daraus, daß diese Norm nur sozialistisch regierte Länder als Aussiedlungsgebiete erfaßt; am 27. Juli 1957 wurde auch die Volksrepublik China durch das 2. Änderungsgesetz[356] einbezogen.

(2) Tatbestand der Aussiedlung

Aussiedler im Sinne des § 1 Abs. 2 Nr. 3 BVFG sind Personen, die als deutsche Staatsangehörige oder Volkszugehörige das Aussiedlungsgebiet im wesentlichen aus Gründen verlassen, die mit dem allgemeinen Vertreibungsschicksal der Bevölkerung im Zusammenhang stehen. Folglich stellt die Aussiedlung eine Spätfolge der Kriegsereignisse dar[357].

Der Begriff der Aussiedlung erfordert zunächst, daß der Antragsteller das Aussiedlungsgebiet[358] verlassen, d.h. seinen Wohnsitz endgültig aufgegeben hat. Die Wohnsitzaufgabe setzt gemäß § 7 Abs. 3 BGB voraus, daß der Betreffende mit dem subjektiven Willen hierzu seine Niederlassung objektiv aufhebt. Nach der Rechtsprechung trifft dies regelmäßig für den Fall der Auswanderung zu[359], also auch für die Aussiedlung[360]. Anders werden lediglich Besuchsreisen in die Bundesrepublik Deutschland behandelt[361], ebenso Fälle, in denen der Antragsteller als Gastarbeiter arbeitet und jederzeit

---

355 BT-Drs. 1/3902, S. 3; *Kurrus*, ZLA 1983, S. 111.

356 BGBl. 1957 I, S. 1207.

357 *Häußer/Kapinos/Christ*, § 1 BVFG, Rdnr. 31.

358 Zur Aufzählung der in Betracht kommenden Gebiete siehe oben Seite 101.

359 BGH, LM, Nr. 2 zu § 7 BGB; BVerwG, DVBl 1985, S. 966.

360 *Stammberger*, IFLA 1990, S. 39, 40.

361 BVerwG, Buchholz, Nr. 2 zu § 10 BVFG.

die Möglichkeit hat, legal in sein Heimatland zurückzukehren[362]. Heute spielen Besuchsfälle eine untergeordnete Rolle, da bei jedem Aussiedler, der einen Aufnahmebescheid erhalten hat und daraufhin eingereist ist, unterstellt werden kann, daß er seinen alten Wohnsitz aufgegeben hat[363]. Zum Teil wird ferner vertreten, daß eine Wohnsitzaufgabe dann nicht vorliegt, wenn die Familie des Antragstellers am Heimatort in dessen bisheriger Wohnung zurückbleibt[364]. Hiergegen spricht jedoch, daß der Aufgabewille des Antragstellers vom Umfang und der Dauer des Familiennachzugs, der nicht in seiner Macht liegt, nicht beeinflußt werden kann[365].

(3) Vertreibungsdruck als Ausreisemotiv

Problematisch ist, ob die deutschen Behörden und Gerichte prüfen dürfen - oder müssen, aus welchen Motiven der Aussiedler das Vertreibungsgebiet verläßt. Anders als z.B. § 1 Abs. 1 BVFG beinhaltet der Wortlaut des § 1 Abs. 2 Nr. 3 BVFG nicht das Tatbestandsmerkmal, daß der Antragsteller infolge der Vertreibung (oder deren Spätfolgen) ausreist. Der Wortlaut des § 1 Abs. 1 Nr. 2 BVFG verlangt lediglich, daß der Betreffende "als deutscher Staatsangehöriger oder Volkszugehöriger" sein Heimatland verläßt. Inwiefern sich aus dieser Formulierung, aus Sinn und Zweck des Gesetzes oder aus systematischen Argumenten herleiten läßt, daß ein fortdauernder Vertreibungsdruck das entscheidende Ausreisemotiv sein muß, war in Rechtsprechung und Literatur heftig umstritten. Inzwischen nimmt der neue § 4 BVFG zum Vorliegen des Vertreibungsdrucks Stellung[366].

Die Rechtsprechung des Bundesverwaltungsgerichts wies seit den 50er Jahren eine wechselhafte Spruchpraxis auf, die nicht zuletzt von der Zuständigkeit der Senate abhängig war. In den letzten Jahren hatte sich eine "Kompromißlösung" herausgebildet, die jedoch jüngst von unterinstanzlichen Gerichten und der Verwaltungspraxis einzelner Bundesländer[367] in Frage ge-

---

362 VGH Mannheim, Urteil vom 28. Mai 1980, VI 945/79; *Häußer/Kapinos/Christ*, § 1 BVFG, Rdnr. 33.

363 *Wolf*, Statusfeststellung, S. 12.

364 *v. Schenckendorff*, IFLA 1989, S. 3, 4.

365 Ähnlich *Stammberger*, IFLA 1990, S. 39, 40.

366 Vergl. hierzu in Teil 5 die Seiten 217 ff.

367 Siehe hierzu unten auf Seite 113.

stellt wurde, gestützt auf die politischen Veränderungen in Osteuropa. Das Bundesverwaltungsgericht hat jedoch bis zum Inkrafttreten des KfbG an seiner bisherigen Rechtsprechung festgehalten[368].

(a) Bis 1977: Unwiderlegbare Vermutung des Vertreibungsdrucks

Im Hinblick auf den Wortlaut des § 1 Abs. 2 Nr. 3 BVFG war der 8. Senat des Bundesverwaltungsgerichts lange Zeit der Ansicht, daß es auf die individuellen Ausreisemotive der Aussiedler nicht ankomme[369]. Vielmehr unterstelle der Gesetzgeber, daß die deutsche Bevölkerung in den Vertreibungsgebieten einem fortdauernden Druck unterworfen sei, der schließlich zu einer Vereinsamung führe[370]. Dieser Druck äußere sich auf unterschiedliche Arten, die Grundtendenz sei jedoch überall gleich: ein starker Assimilierungszwang werde ausgeübt, die kulturellen Enfaltungsmöglichkeiten der Deutschen würden eingeschränkt. Daher komme es im Einzelfall nicht darauf an, ob individuelle Anhaltspunkte für eine vertreibungsbedingte Ausreise festzustellen seien. Damit der Tatbestand des § 1 Abs. 2 Nr. 3 BVFG nicht uferlos weit ausgelegt werde, sei eine Einengung über den Volkstumsbegriff gemäß § 6 BVFG erforderlich[371].

Anders legte der 3. Senat des Bundesverwaltungsgerichts den wortgleichen § 11 Abs. 2 Nr. 3 LAG aus[372], indem er in den Text "*als* deutscher Staatsangehöriger oder Volkszugehöriger" einen Kausalitätszusammenhang hineininterpretierte. Seiner Ansicht nach müßten die Beweggründe für die Aussiedlung mit der Eigenschaft als Deutscher zusammenhängen. Dieses beeinflußte die ständige Rechtsprechung des 8. Senats jedoch nicht, der darauf hinwies, daß es sich hier um zwei verschiedene Gesetze handele, die divergierend ausgelegt werden könnten[373].

---

368 Vergl. unten auf Seite 114.

369 ZLA 1961, S. 279; ZLA 1962, S. 237; ZLA 1966, S. 283; ZLA 1967, S. 94; BVerwGE 26, S. 352, 358; ZLA 1969, S. 36 und Buchholz, Nr. 9 zu § 1 BVFG; ebenso *Ehrenforth*, § 1 BVFG, Rdnr. 7 und *Silagi*, ROW 1986, S. 160, 162; vergl. zur Übersicht *Kurrus*, ZLA 1983, S. 111, 112 ff. und *v. Bargen*, Zeidler-FS, S. 503, 509 f.

370 *Schwab*, ZLA 1984, S. 37; *v. Mangoldt*, Forum für Politik und Kultur, 1990, S. 5, 16.

371 BVerwG, Buchholz, Nr. 9 zu § 1 BVFG.

372 BVerwG, ZLA 1962, S. 6.

373 BVerwG, ZLA 1966, S. 283; a.A. zu recht: *Kurrus*, ZLA 1983, S. 111, 112.

(b) 1977-1986: Differenzierung zwischen vertreibungsbedingten und vertreibungsfremden Ausreisemotiven und Relevanztheorie

Schon im Urteil des Bundesverwaltungsgerichts vom 10. November 1976[374] bahnte sich eine Wende an. In dieser Entscheidung, die vorwiegend auf die "Spätgeborenen-Problematik"[375] eingeht, stellte es nämlich fest, daß der Vertreibungsdruck im Laufe der Zeit von neuen Einflüssen überlagert werde, wobei es sich sowohl um politische Entwicklungen als auch um private Belange handele. Daher forderte der 8. Senat des Bundesverwaltungsgerichts den Gesetzgeber zu einer klärenden Regelung auf.

Am 16. März 1977 fällte das Bundesverwaltungsgericht schließlich eine "Wendeentscheidung"[376], da der Gesetzgeber keine Änderung des § 1 Abs. 2 Nr. 3 BVFG vorgenommen hatte. Das Gericht entschied, daß aufgrund der verbesserten Verhältnisse in den Vertreibungsgebieten von der unwiderlegbaren Vermutung für eine vertreibungsbedingte Ausreise abzurücken sei. Zwar unterstelle der Tatbestand des § 1 Abs. 2 Nr. 3 BVFG den Vertreibungsdruck als Aussiedlungsmotiv, was die Behörden und Gerichte jedoch nicht daran hindere, in zweifelhaften Einzelfällen den Gegenbeweis zu erbringen. Schließlich begünstige das BVFG seiner Zielrichtung nach lediglich Personen, die ein Vertreibungsschicksal erlitten hätten. Wer dagegen kriminelle Delikte begangen habe und sich der Strafverfolgung entziehen wolle oder wer aus politischen Gründen in seinem Heimatland verfolgt werde, dürfe nicht in den Genuß des Aussiedlerstatus gelangen[377]. Ein halbes Jahr später erweiterte derselbe Senat diese Rechtsprechung dahingehend, daß auch rein persönliche Ausreisegründe gegen den fortdauernden Vertreibungsdruck als Motiv sprechen, hier im Fall der Eheschließung mit einem Deutschen in der ehemaligen DDR[378]. Auch das Bundesverfassungsgericht sprach das Problem des Ver-

---

374 BVerwGE 51, S. 289, 309

375 Siehe oben auf Seite 96.

376 BVerwGE 52, S. 167 ff. = Buchholz, Nr. 20 zu § 1 BVFG; ebenso im Anschluß: VG Karlsruhe, Urteil vom 9. März 1984, 3 K 86/83 und VGH Kassel, Urteile vom 8. Juni 1978, VII OE 43/77 und vom 8. März 1985, ROW 1985, S. 309; zur Entscheidung des BVerwG: *Kurrus*, ZLA 1983, S. 111, 113; *Schwab*, ZLA 1984, S. 37; *Wolf*, IFLA 1986, S. 98, 100; *v. Bargen*, Zeidler-FS, S. 503, 511; *Singbartl*, IFLA 1986, S. 145 f.

377 BVerwGE 52, S. 167 ff.

378 BVerwGE 55, S. 40, 43 f.; ebenso BVerwG, Buchholz, Nr. 25 zu § 1 BVFG; VGH Mannheim, Urteil vom 10. August 1983, 6 S 950/83, besprochen bei *Schwab*, ZLA 1984, S. 37.

treibungsdrucks in seiner Entscheidung vom 16. Dezember 1981[379] an, nahm jedoch nicht ausdrücklich hierzu Stellung. Es sah immerhin keinen Anlaß, die neuere Rechtsprechung des Bundesverwaltungsgerichts zu kritisieren[380].

In der Praxis ging man demnach regelmäßig davon aus, daß der Antragsteller das Vertreibungsgebiet im wesentlichen aus vertreibungsbedingten Gründen verlassen hatte. Lediglich dort, wo Anhaltspunkte für eine genauere Prüfung vorlagen, wurden die tatsächlichen Ausreisegründe beleuchtet[381]. Lagen verschiedene Ausreisegründe vor, so war zu ermitteln, welche Motive ihrer Bedeutung und Tragweite nach das größte Gewicht hatten (sog. "Relevanztheorie")[382]. In der Rechtsprechung hatten sich zu den unterschiedlichen Motiven und zu deren Bewertung inzwischen verschiedene Fallkonstellationen herausgebildet, die auch in den sog. "Vertreibungsdruckrichtlinien" der Länder[383] aus dem Jahr 1986 festgehalten wurden. Zunächst sollen die Tatsachen aufgeführt werden, die als vermutungsneutral galten, d.h. die regelmäßig nicht zu einer Widerlegung des Vertreibungsdrucks führten:

- fehlende Ausreisebemühungen[384]
- die Zugehörigkeit zu einer spätgeborenen Generation[385]
- Reisen in das Bundesgebiet und in das westliche Ausland[386]

---

[379] BVerfGE 59, S. 156.

[380] *Wolf*, IFLA 1986, S. 98, 100.

[381] *Häußer/Kapinos/Christ*, § 1 BVFG, Rdnr. 36.

[382] BVerwGE 67, S. 13 ff. = Buchholz, Nr. 25 zu § 1 BVFG = NVwZ 1984, S. 41 ff.

[383] Abgedruckt bei Haberland, Eingliederung, Nr. 4.2, S. 103; bei Singbartl, IFLA 1986, S. 145, 147 ff; bei Liesner, Aussiedler, S. 97 ff. und bei Makarov/v. Mangoldt, Anhang 1 B 4 zum GG.

[384] BVerwG, Buchholz, Nr. 35 zu § 1 BVFG; 4.1 der Vertreibungsdruck-RiLi, aaO.; *Häußer/Kapinos/Christ*, § 1 BVFG, Rdnr. 39.

[385] *Gottlieb*, NVwZ 1989, S. 30, 31; Nr. 4.2 der RiLi, aaO.

[386] BVerwG, Buchholz, Nr. 35 zu § 1 BVFG und Nr. 49 zu § 6 BVFG; Nr. 4.3 der RiLi, aaO.; kritisch: *Schwab*, Deutsche unter Deutschen, S. 157.

- die Eheschließung mit einer außerhalb des Aussiedlungsgebietes lebenden Person[387]

und

- eine gehobene berufliche Stellung im Aussiedlungsgebiet[388].

Zu den vermutungswiderlegenden Tatsachen zählten folgende Sachverhalte:

- die aktive Abwendung vom deutschen Volkstum[389];
- eine herausgehobene politische und berufliche Stellung verbunden mit dem Einsatz für das politische System[390];
- Strafverfolgung wegen krimineller Delikte[391];
- die Stellung eines Asylantrags vor der Beantragung des Vertriebenenausweises[392];

sowie

- vorwiegend wirtschaftliche Gründe, z.B. bei Gastarbeitern[393].

Diese Tatsachen durften jedoch nie isoliert betrachtet werden, sondern stets im Rahmen der gesamten Lebensverhältnisse des Aussiedlers, so daß es sich

---

387 Nr. 4.4 der RiLi, vergl. Fußnote 383; anders im Einzelfall BVerwGE 55, S. 40, 43 f.

388 BVerwG, Buchholz, Nr. 37 zu § 1 BVFG; Nr. 4.5 der RiLi, vergl. Fußnote 383.

389 BVerwG, Buchholz, Nr. 38 zu § 1 BVFG; Nr. 5.1 der RiLi, vergl. Fußnote 383.

390 BVerwGE 78, S. 147, 152 = NJW 1988, S. 1227 (Ls.); VGH Mannheim, VGH BW Rsp Dienst 1993, Beilage 1, B 10 für enge Familienangehörige eines hohen Offiziers des rumänischen Sicherheitsdienstes Securitate; Nr. 5.2 der RiLi, vergl. Fußnote 383; *Wolf*, IFLA 1986, S. 98, 100.

391 BVerwGE 52, S. 167 ff.; Nr. 5.3 der RiLi, vergl. Fußnote 383; *Häußer/Kapinos/Christ*, § 1 BVFG, Rdnr. 48.

392 VGH Kassel, Urteil vom 27. Juni 1986, 4 UE 24/84, besprochen von *Schwab*, IFLA 1988, S. 61, 62, und Beschluß vom 21. Oktober 1988, DÖV 1989, S. 867 (Ls.); wegen der Angaben im Asylverfahren, nicht bereits wegen der Stellung des Asylgesuchs auch OVG Hamm, DVBl. 1992, S. 297, 298 und S. 1552; Nr. 5.4 der RiLi, aaO.; *Häußer/Kapinos/Christ*, § 1 BVFG, Rdnr. 49; *Schwab*, Deutsche unter Deutschen, S. 159 ff.

393 VG Karlsruhe, Urteil vom 16. Februar 1979, III 331/76; *Schwab*, ZLA 1984, S. 37; *ders.* in: Deutsche unter Deutschen, S. 156; vergl. aber auch VGH Kassel, Urteil vom 11. April 1986, VII OE 22/80, besprochen von *Schwab*, IFLA 1988, S. 61, 62, wonach der Anreiz, die finanziellen Vergünstigungen für Aussiedler in Anspruch zu nehmen, für sich betrachtet kein vertreibungsfremder Grund ist.

nicht um einen strikten "Negativkatalog" handelte[394]. Da es hier lediglich darum geht, eine Übersicht zu den entscheidungserheblichen Ausreisemotiven zu erstellen, die nicht sämtliche Streitstände abdecken kann, wird diesbezüglich auf die einschlägige Fachliteratur verwiesen[395].

(c) 1986 bis 1992: Widerlegbare Vermutung des Vertreibungsdrucks

Mit seinem Urteil vom 15. Juli 1986[396] zog der nunmehr zuständige 9. Senat des Bundesverwaltungsgerichts einen Schlußstrich unter die wechselhafte Rechtsprechung des 8. Senats. Er schloß sich insofern dessen neuerer Rechtsprechung an, als er akzeptierte, daß es Ausnahmefälle gebe, in denen ein Antragsteller aus vertreibungsfremden Gründen einreise; eine *un*widerlegbare Vermutung für den Vertreibungsdruck scheide somit aus. Andererseits dürften die Gerichte die in § 1 Abs. 2 Nr. 3 BVFG enthaltene Vermutung für eine vertreibungsbedingte Ausreise nicht umkehren und so häufig eine Kausalitätsprüfung vornehmen wie in der bisherigen Praxis. Es sei die Aufgabe des Gesetzgebers, entsprechend den politischen Entwicklungen neue Anforderungen an eine Motiverforschung zu stellen, wie inzwischen geschehen. Die Gerichte müßten sich an die bestehende gesetzliche Vorgabe halten, die eine derartige Prüfung regelmäßig nicht vorsehe. Daher sei eine widerlegbare Vermutung der vertreibungsbedingten Ausreise der richtige Weg. In der Praxis bedeutete dies: Konnte die Behörde nicht Tatsachen beweisen, welche die obengenannte Vermutung widerlegten, durfte dem Antragsteller der Aussiedlerstatus nicht verwehrt werden[397]. Hierbei kamen die oben dargestellten Grundsätze des 8. Senats zur Anwendung, allerdings nicht die Relevanztheorie[398]. Lagen mehrere Ausreisemotive vor, darunter u.a. die Vereinsamung im Aussiedlungsgebiet, galt die Vermutung der vertreibungsbedingten Ausreise nicht als widerlegt. Damit hatte das Bundesverwaltungsgericht die Beweislastverteilung zugunsten der Vertriebenen verfestigt.

---

394 *Wolf*, Aussiedler, S. 25.

395 Näheres z.B. bei *Häußer/Kapinos/Christ*, § 1 BVFG, Rdnr. 37-49; *Schwab*, Deutsche unter Deutschen, S. 154-164; *Wolf*, Aussiedler, S. 23-38; *Singbartl*, IFLA 1986, S. 145 ff.

396 BVerwGE 74, S. 336, 339 ff = NJW 1987, S. 2032, 2033.

397 *Häußer/Kapinos/Christ*, § 1 BVFG, Rdnr. 50.

398 *Gottlieb*, NVwZ 1989, S. 30, 31.

In Anbetracht der sich wandelnden politischen Verhältnisse in Osteuropa[399] wurde in der Literatur vielfach gefordert, die Beweislast sollte wie im Lastenausgleichsrecht (für den vertreibungsbedingten Vermögensschaden)[400] umgekehrt werden, so daß der Antragsteller darlegen muß, daß er aus vertreibungsbedingten Gründen einreist[401]. Es sei dieser Ansicht nach unverkennbar, daß die meisten Aussiedler aus einer Vielzahl von Gründen einen Vertriebenenausweis beantragen, nur würden sie diese nicht nennen, um in den Genuß des Vertriebenenstatus zu gelangen[402]. Allerdings ziehen die meisten Literaturstimmen eine Regelung durch den Gesetzgeber einer Beweislastumkehr durch die Gerichte vor[403].

Auch die Bundesregierung stellte in ihrer Begründung zum Entwurf des Aussiedleraufnahmegesetzes[404] fest, daß bei deutschen Staatsangehörigen und deutschen Volkszugehörigen aus Ungarn und aus Jugoslawien kein Vertreibungsdruck mehr angenommen werden könne[405]. Ferner verwies sie auf die gemeinsame deutsch-polnische und die deutsch-ungarische Erklärung zur Verbesserung der Minderheitenrechte vom 14. November bzw. vom 7. Oktober 1989. Dennoch hat sich die Bundesregierung lange Zeit dagegen entschieden, die Grundsätze des Bundesverwaltungsgerichts zum Vertreibungsdruck gesetzlich zu kodifizieren. Der Bundesrat forderte zwar in seiner Stellungnahme vom 11. Mai 1990 eine Kausalitätsprüfung im Rahmen des § 1 Abs. 2 Nr. 3 BVFG, um klarzustellen, daß es sich in allen anzuerkennenden Fällen um eine kriegsfolgenbedingte Aussiedlung handelt[406]. Dieses neue Tatbestandsmerkmal hätte dazu geführt, daß der Aussiedler selbst den Beweis erbringen muß, er reise aus vertreibungsbedingten Gründen ein. Mit dem

---

399 Vergl. dazu in Teil 4 die Seiten 146 ff.; Zusammenfassung auf der Seite 175.

400 BVerwGE 70, S. 34, 37 ff.

401 so z.B. *Alexy*, NJW 1989, S. 2850, 2855 und *Büschen*, ZRP 1992, S. 288, 289; *Häußer*, DÖV 1990, S. 918, 921 und *Wewel*, NVwZ 1991, S. 757 f. schlagen eine Differenzierung der Beweislast nach Herkunftsgebieten vor.

402 *v. Bargen*, Zeidler-FS, S. 503, 513.

403 So z.B. *Wewel*, NVwZ 1991, S. 757 f; *Hailbronner/Renner*, Art. 116 GG, Rdnr. 26; *Alexy*, NJW 1989, S. 2850, 2855.

404 Vergl. dazu unten die Seiten 120 ff.

405 BT-Drs. 11/6937, S. 5.

406 BR-Drs. 222/90, S. 1.

KfbG hat der Gesetzgeber jedoch zumindest für einen Teil der Bewerber die Beweislast umgekehrt[407].

Trotz der bis vor kurzem unveränderten Gesetzeslage war in der neueren unterinstanzlichen Rechtsprechung eine Wende zu verzeichnen. So urteilten z.B. das OVG Berlin am 16. November 1989[408] und das VG Braunschweig am 12. Dezember 1990[409], daß bei Antragstellern aus Polen aufgrund der veränderten politischen Verhältnisse kein Vertreibungsdruck mehr unterstellt werden könne; sie müßten einen konkreten Nachweis des Vertreibungsdrucks erbringen. Demzufolge änderten die Länder Niedersachsen, Hamburg und Bremen ihre Anerkennungspraxis bei Deutschstämmigen aus Polen[410]. Das OVG Hamburg stellte dagegen in einem Urteil vom 14. Mai 1990[411] fest, daß der Zustand der Vereinsamung durch die gegenwärtigen Umwälzungen in Osteuropa nicht sofort und jedenfalls nicht ausnahmslos aufgehoben wurde[412]. Jedenfalls bis zum Inkrafttreten des deutsch-polnischen Nachbarschaftsvertrages am 16. Januar 1992 sollte nach einem Urteil des nordrhein-westfälischen OVG vom 11. März 1992[413] die gesetzliche Vermutung des Vertreibungsdrucks für Aussiedler aus Polen unverändert fortgelten. Auch eine neue Verwaltungsvorschrift des Landes Baden-Württemberg[414] vom 30. Mai 1990 geht auf die Beweislast beim Vertreibungsdruck - erstmals als Kriegsfolgenschicksal bezeichnet - ein. Danach gilt die widerlegbare Vermutung des Vertreibungsdrucks nur noch bei Aussiedlern aus der ehemaligen Sowjetunion und aus Rumänien. Andere Bewerber müssen Benachteiligungen oder Diskriminierungen als Folge ihrer deutschen Volkszugehörigkeit glaubhaft machen.

Teile der Rechtsprechung und der Verwaltung bemühten sich offensichtlich, das BVFG den heutigen Verhältnissen anzupassen, wenngleich angesichts der damals unveränderten Gesetzeslage am Rande der Legalität[415]. Das Bundes-

---

407 Vergl. hierzu in Teil 5 die Seiten 217 ff.

408 NVwZ-RR 1990, S. 659.

409 8 A 8491/90, Der Tagesspiegel, 13. Dezember 1990.

410 Der Tagesspiegel, 11. Juli 1992.

411 BSI 1 1 205/90.

412 Ebenso *Wolf*, Statusfeststellung, S. 14.

413 DVBl. 1992, S. 1552.

414 8-2555/30; vergl. *Kapinos*, IFLA 1991, S. 116 ff.

415 Ebenso *Kapinos*, aaO., S. 118 zur neuen baden-württembergischen Richtlinie.

verwaltungsgericht hat daher zu Recht am 3. November 1992[416] im Falle eines Oberschlesiers entschieden, daß angesichts der unveränderten Gesetzeslage weiterhin von einer gesetzlichen Vermutung des Vertreibungsdrucks auszugehen sei und daß nur der Gesetzgeber befugt sei, eine Beweislastumkehr festzulegen. Somit werden voraussichtlich auch die unteren Instanzen sowie die Verwaltung an der bisherigen Entscheidungspraxis festhalten.

(4) Aufnahmebescheid

Mit dem am 1. Juli 1990 in Kraft gesetzten Aussiedleraufnahmegesetz (AAG)[417] wurde ein neues Tatbestandsmerkmal des § 1 Abs. 2 Nr. 3 BVFG geschaffen: Als Aussiedler wird nur noch derjenige anerkannt, der "*vor dem 1. Juli 1990 oder danach im Wege der Aufnahme*" einreist. Das Aufnahmeverfahren sieht nunmehr vor, daß der Antragsteller noch in seinem Heimatland beim Bundesverwaltungsamt einen Aufnahmebescheid gemäß § 26 BVFG beantragt, auf den er einen verfassungsrechtlichen Anspruch hat, sofern alle sonstigen Voraussetzungen des Vertriebenenstatus vorliegen[418]. Erst mit dem Aufnahmebescheid darf der Antragsteller einreisen. Für Härtefälle gilt jedoch gemäß § 27 Abs. 2 BVFG eine Ausnahme.

Das neue Aufnahmeverfahren wird im folgenden[419] ausführlich erörtert, so daß es sich an dieser Stelle erübrigt, näher auf das halb materiell- halb verfahrensrechtliche Erfordernis des Aufnahmebescheids einzugehen.

d) Abgeleiteter Vertriebenenstatus

Sobald ein Antragsteller als Aussiedler oder Vertriebener anerkannt und zur Inanspruchnahme von Leistungen und Vergünstigungen berechtigt ist, darf er einen Antrag auf den Nachzug von denjenigen Familienangehörigen stellen, die unter den Personenkreis des § 94 Abs. 2 BVFG fallen. Dieser Anspruch resultiert aus dem in Art. 6 Abs. 1 GG verankerten Schutz der Ehe und Fa-

---

[416] DVBl. 1993, S. 321 ff.; ebenso bereits VGH Kassel, Urteil vom 28. April 1992, 7 UE 2324/85 (2. Leitsatz) und OVG Hamm, DVBl. 1992, S. 1552 f.

[417] BGBl. 1990 I, S. 1247.

[418] *Häußer*, DÖV 1990, S. 918, 919.

[419] Siehe unten auf Seite 120 ff.

milie und gewährt auch fremdvölkischen Angehörigen ein Recht auf Einreise und unbefristete Aufenthaltserlaubnis[420]. Allerdings werden die Familienmitglieder nicht selbst als Aussiedler anerkannt und gelangen somit nicht in den Genuß von finanziellen Leistungen und Vergünstigungen. Die Ausschüsse des Bundesrates schlugen im Rahmen des Gesetzgebungsverfahrens zum AAG vor, § 94 BVFG, der den Familienzuzug garantiert, abzuschaffen[421]. Diesem Vorschlag ist der Bundesrat in seiner Stellungnahme vom 11. Mai 1990 zum Entwurf des AAG[422] jedoch nicht gefolgt. Durch die Neufassung des § 94 BVFG in Art. 4 des Eingliederungsanpassungsgesetzes vom 22. Dezember 1989[423] war der Katalog von Fällen möglicher Familienzusammenführung jedoch bereits deutlich verringert worden.

Lediglich zwei Ausnahmen sah das BVFG in seiner Fassung bis zum Inkrafttreten des KfbG vor, in denen Angehörige einen eigenen Vertriebenenstatus von einem anerkannten Aussiedler ableiten konnten, wobei der Vertriebenenstatus in der Form abgeleitet wurde, wie er bei der maßgeblichen Person bestand, z.B. auch in der Qualifikation des Heimatvertriebenen gemäß § 2 BVFG[424]. Zum einen handelte es sich hierbei um das sogenannte "Ehegattenprivileg" gemäß § 1 Abs. 3 BVFG und zum anderen um einen derivativen Statuserwerb für nach der Vertreibung geborene oder legitimierte Kinder, § 7 BVFG a.F.. Für die Angehörigen der Spätaussiedler gilt heute § 4 Abs. 3 BVFG.

aa) Ehegatten, § 1 Abs. 3 BVFG

Grundsätzlich begünstigte das BVFG nur deutsche Staatsangehörige und deutsche Volkszugehörige. § 1 Abs. 3 BVFG ermöglichte jedoch auch nichtdeutschen Ehegatten - und erst recht deutschen Ehepartnern, welche die Voraussetzungen des § 1 BVFG nicht selbst erfüllten -, den Vertriebenenstatus zu erwerben. Dadurch wurde die Feststellungswirkung einer bestehenden Sta-

---

420 Erforderlich ist lediglich die Zustimmung der Ausländerbehörde nach § 5 Abs. 5 der DVO zum AuslG, *Liesner*, Aussiedler, S. 27.

421 BR-Drs. 222/1/90, S. 15.

422 BR-Drs. 222/90.

423 BGBl. 1989 I, S. 2398.

424 *Häußer/Kapinos/Christ*, § 1 BVFG, Rdnr. 61; vergl. auch oben Fußnote 23.

tusanerkennung auf den Ehegatten erstreckt; der nichtdeutsche Ehegatte galt jedoch nicht als Deutscher[425].

Nach dem Zweck des § 1 Abs. 3 BVFG sollte die Ehe eines deutschen Aussiedlers gegen Gefahren geschützt werden, die ihr durch seine Vertreibung drohten. Der nichtdeutsche Ehegatte solle ebenfalls finanziell unterstützt werden, wenn er bereit sei, das Vertreibungsschicksal seines deutschen Partners zu teilen und seine Heimat zu verlassen. Schließlich richte sich der gegen den Deutschen ausgeübte Vertreibungsdruck auch mittelbar gegen ihn[426]. Aus diesem Normzweck ergebe sich, daß nur diejenige Ehe schutzwürdig sei, die bereits zum Zeitpunkt der Wohnsitzaufgabe im Heimatland und zum Zeitpunkt der Aufnahme beider Partner noch bestand[427]. Die Vertreibung bzw. Aussiedlung des deutschen Partners mußte ursächlich für den Wohnsitzverlust des nichtdeutschen Ehegatten gewesen sein. In der Regel sprach hierfür eine widerlegbare Vermutung, insbesondere dann, wenn die Ehegatten gemeinsam einreisten und im Bundesgebiet einen gemeinsamen Wohnsitz begründeten[428].

Folglich schied eine Anerkennung des Ehegatten dann aus, wenn sich das Paar erst nach der Aussiedlung kennenlernte und heiratete[429]; wenn es sich lediglich um ein Verlöbnis oder um eine nichteheliche Lebensgemeinschaft handelte[430]; wenn die Ehe vor der Aussiedlung aufgelöst wurde[431] oder wenn lediglich eine Scheinehe vorlag[432]. Ebenfalls genügte es nicht, die beabsichtigte Eheschließung aufzuschieben, um die Ausreise des Deutschen nicht zu

---

425 BVerwGE 70, S. 156, 159; BVerwG, IFLA 1988, S. 145 ff. = NVwZ 1988, S. 368; *Häußer*, DÖV 1990, S. 918, 923.

426 *Häußer/Kapinos/Christ*, § 1 BVFG, Rdnr. 62; *Wolf*, Aussiedler, S. 20.

427 BVerwG, Buchholz, Nr. 16 zu § 1 BVFG; VGH Mannheim, Urt. v. 10. August 1983, 6 S 1950/83; Nr. 1.11.2. der bad.-württ. VwV, vergl. oben Fußnote 271 *Häußer*, DÖV 1990, S. 918, 919; *Häußer/Kapinos/Christ*, § 1 BVFG, Rdnr. 63; *Schwab*, Deutsche unter Deutschen, S. 165; *ders.*, ZLA 1985, S. 57, 62; *Wolf*, Aussiedler, S. 20.

428 Näheres hierzu bei *Häußer/ Kapinos/Christ*, § 1 BVFG, Rdnr. 69 ff. und in Nr. 1.11.1 der bad.-württ. VwV, vergl. Fußnote 271.

429 VGH Kassel, Urt. v. 7. Dezember 1978, VII OE 17/78; *Häußer/Kapinos/Christ*, § 1 BVFG, Rdnr. 63; *Wolf*, Aussiedler, S. 20.

430 *Schwab*, Deutsche unter Deutschen, S. 165; *Wolf*, Aussiedler, S. 20; *Häußer/Kapinos/Christ*, § 1 BVFG, Rdnr. 64. Nach Ansicht des BVerfG (E 31, S. 58, 82) ist die Beschränkung des verfassungsrechtlichen Schutzes auf die Ehe verfassungsrechtlich unbedenklich.

431 VGH Mannheim, Urt. v. 16. Februar 1989, 6 S 3299/88; Nr. 1.11.2 der bad.-württ. VwV, vergl. oben Fußnote 271; *Schwab*, Deutsche unter Deutschen, S. 166.

432 *Wolf*, Aussiedler, S. 20.

gefährden[433]. Eine Ausnahme wurde lediglich dann anerkannt, wenn der deutsche Ehegatte kurz vor der bereits eingeleiteten Aussiedlung verstorben war und es dem zurückbleibenden Partner nicht mehr zugemutet werden konnte, im Vertreibungsgebiet zu bleiben, z.B. weil er seinen Haushalt aufgelöst und seinen Arbeitsplatz gekündigt hatte[434]. Dieser Ausnahmetatbestand war jedoch z.B. abzulehnen, wenn der volksdeutsche Ehegatte 1945 in Jugoslawien verstarb und seine Witwe erst 1977 nach Deutschland einreiste[435].

Nicht erforderlich war hingegen nach Ansicht des Bundesverwaltungsgerichts, daß der nichtdeutsche Ehegatte Staatsangehöriger oder Volkszugehöriger des Vertreibungsstaates war[436], da es nicht auf den unscharfen Begriff der "Heimat" ankomme, sondern lediglich auf den in § 7 BGB definierten Wohnsitz des Ehegatten. Dem Gesetzeszweck entspreche es auch, Ehegatten mit einer "raumfremden" Staatsangehörigkeit anzuerkennen, da sie ebenfalls zur Erhaltung der Ehe ihrem Partner gefolgt seien.

Durch die Aufnahme des Ehegatten, die in engem Zusammenhang mit der des deutschen Partners stehen mußte, erwarb auch er die Statusdeutscheneigenschaft gemäß Art. 116 Abs. 1 2. Alt. GG[437] mit der Folge eines Einbürgerungsanspruchs gemäß § 6 Abs. 1 1. StARegG sowie die sogenannte "Betreuungsberechtigung"[438]. Die Statuseigenschaft wurde jedoch nicht von den Vertriebenenbehörden, sondern von den Staatsangehörigkeitsbehörden festgestellt[439]. Ferner konnte auch der nichtdeutsche Ehegatte über § 94 BVFG seinen Verwandten die Einreise ermöglichen[440].

---

433 BVerwG, IFLA 1988, S. 95, 97 = DÖV 1987, S. 39 (Ls.); *Häußer*, DÖV 1990, S. 918, 923; für Ausnahmen dagegen Nr. 1.11.2 der bad.-württ. VwV, vergl. Fußnote 271.

434 Nr, 1. November Februar der bad.-württ. VwV, vergl. Fußnote 271; *Häußer/Kapinos/Christ*, § 1 BVFG, Rdnr. 65; *Schwab*, Deutsche unter Deutschen, S. 166.

435 BVerwG, Beschl. v. 18. Januar 1989, 9 B 379/88; *Schwab*, aaO.

436 NJW 1988, S. 2904 f. für den Fall eines Jordaniers, der in Rumänien eine deutsche Volkszugehörige geheiratet hat; a.A.: *Häußer/Kapinos/Christ*, § 1 BVFG, Rdnr. 63 und *Häußer*, DÖV 1990, S. 918, 923, die in diesen Fällen für den Ehegatten eine Aufenthaltserlaubnis nach dem Ausländerrecht fordern, sowie *Wolf*, Aussiedler, S. 20.

437 Vergl. oben auf Seite 47.

438 Siehe unten auf Seite 128.

439 Nr. 2.1.2 der Verwaltungsvorschrift des baden-württembergischen Innenministeriums zum Statuserwerb vom 12. November 1981 (Status-VwV), GABl. BW 1981, S. 1829, abgedruckt auch bei *Makarov/ v. Mangoldt*, Anh. 1 A 1 zum GG; *Häußer/Kapinos/ Christ*, § 1 BVFG, Rdnr. 72; *Bergmann/Korth*, Rdnr. 137. Zu beachten ist jedoch die Bindungswirkung der Entscheidung im Ausweisverfahren, siehe unten auf Seite 126.

440 *Kurrus*, IFLA 1990, S. 25, 27.

Im Verlauf des Gesetzgebungsverfahrens zum AAG schlugen die Ausschüsse des Bundesrates eine Änderung des § 1 Abs. 3 BVFG vor: Ehegatten sollten nur noch zeitlich befristet bis zum Inkrafttreten des AAG als Statusinhaber anerkannt werden[441]. Zur Begründung führten sie an, daß diese Personen ohnehin nach dem Ausländerrecht aufenthaltsberechtigt wären und deshalb des Vertriebenenstatus nicht bedürften. Dem schloß sich der Bundesrat in einer Stellungnahme vom 11. Mai 1990 an[442]. Die Bundesregierung lehnte diesen Vorschlag dagegen in einer Gegenäußerung vom 21. Mai 1990[443] mit der kurzen Begründung ab, diese Aspekte blieben einer umfassenden Änderung des BVFG vorbehalten; jetzt gehe es lediglich um eine Verfahrensänderung. Im KfbG, auf das noch gesondert eingegangen wird[444], ist mit dem neuen § 4 Abs. 3 BVFG eine Sonderregelung für Ehepartner von Spätaussiedlern getroffen worden, die jedoch deren Rechtsstellung weitgehend unangetastet läßt.

bb) Kinder, § 7 BVFG a.F.

Der bisher geltende § 7 BVFG leitete den Status der Eltern auf ihre nach der Vertreibung geborenen oder legitimierten Kinder über. Bei nichtehelichen Kindern wurde der Status der Mutter abgeleitet, die gem. § 1705 BGB zur Personensorge berechtigt und verpflichtet ist; bei ehelichen Kindern, deren Personensorge und gesetzliche Vertretung beide Elternteile wahrnehmen, genügte es, wenn ein Elternteil den Vertriebenenstatus besaß[445]. Die Ehelicherklärung eines Kindes auf Antrag seines Vaters (§ 1723 BGB) steht der Legitimation durch nachfolgende Eheschließung (§ 1719 BGB) gleich. Adoptierte Kinder (§ 1754 BGB) konnten dagegen den Vertriebenenstatus ihrer Adoptiveltern nicht erwerben, da bei ihnen auf den Zeitpunkt der Geburt abzustellen war[446].

---

441 BR-Drs. 222/1/90, S. 2.

442 BR-Drs. 222/90, S. 2.

443 BT-Drs. 11/7189, S. 5.

444 Siehe unten in Teil 5 auf den Seiten 210 ff.

445 Zu beachten ist hier die Gleichstellung beider Elternteile seit dem 1. April 1953; Kinder, die vor diesem Zeitpunkt geboren oder legitimiert wurden, können den Vertriebenenstatus nur von ihrem Vater ableiten.

446 *Häußer/Kapinos/Christ*, § 7 BVFG, Rdnr. 9.

Grund für die Vererblichkeit des Vertriebenenstatus war die Auffassung der damaligen Bundesregierung zum Regierungsentwurf vom 26. November 1951[447], die Vertriebeneneigenschaft solle über Generationen erhalten bleiben, um die aus der Vertreibung resultierenden Ansprüche und politischen Forderungen gegen die Heimatländer aufrecht zu erhalten[448]. Daher vertrat die h.M. auch den Standpunkt, daß § 7 BVFG eine uneingeschränkte Generationenfolge ermöglichte[449].

Auch die nach der Vertreibung ihrer Eltern in der ehemaligen DDR geborenen Kinder konnten gemäß § 7 BVFG den Status ihrer Eltern derivativ erwerben, selbst wenn ihren Eltern kein Vertriebenenausweis ausgestellt werden konnte[450].

Anders als die Ehegatten erwarben die nach der Vertreibung geborenen Kinder die Statusdeutscheneigenschaft gemäß Art. 116 Abs. 1 2. Alt. GG nicht originär, sondern derivativ[451], da bei ihnen der Aufnahmetatbestand entfiel.

Wie beim Ehegattenprivileg schlug der Bundesrat im Frühjahr 1990 eine Abschaffung des abgeleiteten Statuserwerbs für Kinder vor[452]. Nach seiner Auffassung sollte § 7 BVFG gestrichen werden, da die ursprüngliche Zielsetzung der Vererbbarkeit - die Anspruchserhaltung in bezug auf die ehemals deutschen Ostgebiete -, entfallen sei. Für die Bewältigung der Betreuungsansprüche sei eine Vererbbarkeit auf eine Vielzahl von Generationen nicht mehr zu rechtfertigen. Auch dieser Novellierungsvorschlag wurde von der Bundesregierung abgelehnt, da mit dem AAG lediglich das Verfahren, nicht aber der berechtigte Personenkreis geändert werden sollte[453]. Durch den seit dem 1. Januar 1993 geltenden § 4 Abs. 3 BVFG bleibt es jedoch auch weiterhin beim abgeleiteten Statuserwerb für Abkömmlinge der nachfolgenden Generationen.

---

447 BT-Drs. 1/2872 zu § 6.

448 Ebenso: BVerwG, Urt. v. 22. Oktober 1973, VIII C 155/72; *Häußer/Kapinos/Christ*, § 7 BVFG, Rdnr. 5.

449 *Ehrenforth*, § 7 BVFG, Rdnr. 1.

450 *Schwab*, Deutsche unter Deutschen, S. 168; *Häußer/ Kapinos/Christ*, § 1 BVFG, Rdnr. 18.

451 Vergl. oben auf Seite 48.

452 Ausschußberichte: BR-Drs. 222/1/90, S. 4; Beschluß: BR-Drs. 222/90, S. 4.

453 BT-Drs. 11/7189, S. 5.

3. Formelles Vertriebenenrecht: Anerkennungsverfahren

Nachdem oben erörtert wurde, unter welchen Voraussetzungen ein Antragsteller bis 1992 als Vertriebener bzw. - heute allein praxisrelevant - als Aussiedler anerkannt wurde, empfiehlt sich ein Blick auf das Anerkennungsverfahren sowie auf die hierbei ausgegebenen Vertriebenenausweise, die Grundlage für die Betreuungsberechtigung[454] des Aussiedlers sind. Das Aufnahmeverfahren hat sich durch das Inkrafttreten des KfbG nur unwesentlich geändert, worauf hingewiesen werden wird. Auf eine gesonderte Behandlung der Verfahrensänderungen im 5. Teil wird folglich verzichtet. Sonderregelungen gelten hierbei für die fünf neuen Bundesländer des Beitrittsgebiets.

Mit dem Aussiedleraufnahmegesetz (AAG) vom 28. Juni 1990[455], das am 1. Juli 1990 in Kraft trat, ist das Verfahren zur Aufnahme von Aussiedlern neu geregelt worden. Personen, die vor dem 1. Juli 1990 die Aussiedlungsgebiete verlassen haben, erwerben ihren Status noch nach den weniger strengen Voraussetzungen des alten Verfahrens. Unschädlich ist hierbei ein Zwischenaufenthalt in einem Drittstaat, da § 1 Abs. 2 Nr. 3 BVFG lediglich auf das Verlassen der Heimat abstellt, nicht dagegen auf das Eintreffen im Bundesgebiet[456]. Auch für den Fall, daß die Personen als Vertriebene abgelehnt werden, wird vielfach ein Bleiberecht gefordert[457].

Bislang unterschied man das dreistufige geregelte Verfahren, welches dem heutigen sehr ähnlich ist, vom ungeregelten Verfahren, das mit dem AAG abgeschafft wurde[458]. Es erübrigt sich, das alte, geregelte Verfahren in aller Breite darzustellen, da wesentliche Elemente gleich geblieben sind; lediglich das frühere ungeregelte Verfahren ist von Interesse. Ohne ein förmliches Aufnahmeverfahren vom Heimatland aus durchzuführen, war es dem Antragsteller möglich, mit einem Besuchervisum nach Deutschland einzureisen und von hier aus das - oft langwierige - Anerkennungsverfahren zu betreiben. Rund 95 % der Bewerber aus Polen, deren Zahl im Jahr 1989 66,4 % der

454 Hierzu mehr auf den Seiten 128 ff.

455 BGBl. 1990 I, S. 1247.

456 *Thiel/Berresheim*, IFLA 1991, S. 25, 28.

457 DOD Nr. 28 vom 17. Juli 1992, S. 4.

458 Zum alten Verfahren vergl. *Häußer/Kapinos/Christ*, Einf., Rdnr. 30 ff.; *Liesner*, Aussiedler, S. 9 ff.; *ders.*, DVP 1990, S. 195, 199.

Gesamtzahl aller aufgenommenen Aussiedler betrug, kamen auf diesem Weg nach Deutschland[459].

Das AAG führt nun erstmalig ein verfahrensrechtliches Erfordernis ein, ohne dessen Vorliegen die Aussiedlereigenschaft - auch materiell - nicht entstehen kann: den vom Herkunftsland aus beantragten und dorthin erteilten Aufnahmebescheid. Aufgrund der verbesserten politischen Situation in den Vertreibungsgebieten und des schwindenden Vertreibungsdrucks kann den Antragstellern nach Auffassung der Bundesregierung[460] und des Innenausschusses des Bundestages[461] zugemutet werden, das Aufnahmeverfahren von ihrem Heimatland aus zu betreiben. Damit soll insbesondere erreicht werden, daß die Behörden nur diejenigen einreisen lassen, die tatsächlich alle Voraussetzungen erfüllen und so Betreuungskosten eingespart werden können; daß sich die Zahl der zukünftig Kommenden besser vorausberechnen läßt, damit sich Länder und Kommunen besser auf den Zugang einstellen können; daß die Erwartungen der einreisenden Antragsteller nicht enttäuscht werden und daß die bundesdeutsche Politik zwischenzeitlich die Stellung der deutschen Minderheiten in den Aussiedlungsgebieten weiter stärken kann[462].

Bei der Aufnahme von Aussiedlern sind heute drei Verfahrensstufen zu unterscheiden: das Aufnahmeverfahren (vom Herkunftsland aus), das Registrier- und das Vertriebenenausweisverfahren (beide im Bundesgebiet).

a) Aufnahmeverfahren

Rechtsgrundlage für das neu geregelte Aufnahmeverfahren sind die §§ 26 ff. BVFG. Der noch im Aussiedlungsgebiet befindliche Bewerber richtet seinen Antrag an das Bundesverwaltungsamt in Köln, wobei er dieses unmittelbar[463], über Bevollmächtigte im Bundesgebiet[464] oder über eine deutsche

---

459 *Häußer/Kapinos/Christ*, Einf., Rdnr. 34; *Kapinos*, IFLA 1990, S. 101.

460 BT-Drs. 11/6937, S. 5 und 6.

461 BT-Drs. 11/7280, S. 8.

462 Begründung zum Gesetzentwurf des AAG, BT-Drs. 11/6937, S. 6; *Thiel/Berresheim*, IFLA 1991, S. 25.

463 Wie im früheren D-1A-Übernahmeverfahren, vergl. *Liesner*, Aussiedler, S. 9; *Häußer/Kapinos/ Christ*, Einf., Rdnr. 30.

464 Wie im früheren D-1-Übernahmeverfahren, vergl. *Liesner* und *Häußer/Kapinos/ Christ*, aaO.

Auslandsvertretung tun kann[465]. Gemäß § 27 Abs. 2 BVFG kann in Härtefällen das Aufnahmeverfahren auch vom Bundesgebiet aus betrieben werden. Der Bundesrat wandte sich zwar mit der Begründung, das Aufnahmeverfahren werde den Aussiedlungswilligen hinreichend bekanntgemacht, gegen diese Härtefallregelung[466]; dennoch hielt die Bundesregierung daran fest. Zum einen hielt sie die politischen Gegebenheiten in den Aussiedlungsgebieten nicht für genügend gefestigt und zum anderen seien auch schwerwiegende persönliche Gründe denkbar, erst einzureisen und dann den Aufnahmeantrag zu stellen[467].

Das Bundesverwaltungsamt nimmt den Aufnahmeantrag an und beginnt mit der Sachaufklärung und Beweisaufnahme darüber, ob der Bewerber die Voraussetzungen des § 1 Abs. 2 Nr. 3 BVFG erfüllt. Hier kommt es darauf an, daß der Bewerber deutscher Staatsangehöriger oder deutscher Volkszugehöriger ist, seinen Wohnsitz spätestens am 8. Mai 1945 im Vertreibungsgebiet hatte und auch heute noch dort hat, daß er ein Kriegsfolgeschicksal (Vertreibungsdruck im Sinne der Rechtsprechung des Bundesverwaltungsgerichts[468]) erlitten hat und nun seinen ständigen Wohnsitz im Bundesgebiet nehmen will[469]. Das Bundesverwaltungsamt muß aufgrund des Amtsermittlungsgrundsatzes Heimatortskarteien und Heimatauskunftsstellen einschalten und alle notwendigen Personenstandsurkunden anfordern. Hierbei genügt es, wenn Beweise gefunden werden, die im Sinne einer überwiegenden Wahrscheinlichkeit die Richtigkeit der behaupteten Tatsachen belegen. Erst wenn das Bundesverwaltungsamt seiner Aufklärungspflicht nachgekommen ist, gehen Beweisschwierigkeiten zu Lasten des Bewerbers[470].

Hält das Bundesverwaltungsamt die Voraussetzungen des § 1 Abs. 2 Nr. 3 BVFG nicht für gegeben, so erteilt es keinen Aufnahmebescheid. Hiergegen kann der Bewerber nach Durchführung eines Vorverfahrens Verpflichtungsklage beim Verwaltungsgericht erheben.

---

[465] *Thiel/Berresheim*, IFLA 1991, S. 25, 27.

[466] BR-Drs. 222/90, S. 5; ebenso die SPD-Fraktion des Bundestages bei der Sitzung des Innenausschusses am 9. Mai 1990, BT-Drs. 11/7280, S. 7.

[467] BT-Drs. 11/7189, S. 5.

[468] Vergl. oben auf Seite 111.

[469] *Thiel/Berresheim*, IFLA 1991, S. 25, 26.

[470] *Thiel/Berresheim*, aaO.

Sieht das Bundesverwaltungsamt die gesetzlichen Voraussetzungen als erfüllt an, beginnt die Beteiligung der Länder am Aufnahmeverfahren. Gemäß § 28 Abs. 3 S. 1 BVFG bestimmt das Bundesverwaltungsamt in entsprechender Anwendung der Verteilungsverordnung[471] bzw. inzwischen des § 8 BVFG n.F., welches Land den Aussiedler aufzunehmen hat. Erst nach der Zustimmung des Bundeslandes darf der Aufnahmebescheid erlassen werden. Die Länder können im Zustimmungsverfahren eigene Ermittlungen zur Sachverhaltsaufklärung durchführen oder auch eine weitergehende Aufklärung vom Bundesverwaltungsamt erbitten. Abhängig von der Entscheidung des Landes erteilt das Bundesverwaltungsamt schließlich den Aufnahmebescheid oder lehnt ihn ab, auch wenn es selbst gegenteiliger Auffassung ist[472]. Der Aufnahmebescheid wird entgegen den Vorschlägen des Bundesrates[473] unbefristet erteilt, da die Bundesregierung befürchtete, es würde zu einer Sogwirkung kommen. Kein Aussiedler solle sich gedrängt fühlen, sein Heimatland zu verlassen[474]. Das Zustimmungsverfahren fördert die Rechtssicherheit des Antragstellers, da er im Regelfall davon ausgehen kann, dem Land zugewiesen zu werden, das die Zustimmung erteilt hat.

Als Statusdeutscher fällt der Bewerber gem. § 1 Abs. 2 AuslG nicht unter das Ausländerrecht und bedarf weder eines Einreisevisums noch einer Aufenthaltserlaubnis.

b) Registrierverfahren

Wie bisher sollen sich neu ankommende Aussiedler in einem der bestehenden Bundesgrenzdurchgangslager (derzeit in Berlin, Unna-Massen, Empfingen/Bad.-Württ., Friedland, Hamm, Nürnberg, Osnabrück und Bramsche) registrieren lassen; sie sind jedoch auch berechtigt, direkt in das Bundesland ihrer Wahl zu reisen[475]. Im Grenzdurchgangslager wird dem Bewerber ein

---

471 Verordnung über die Bereitstellung von Durchgangslagern und über die Verteilung der in das Bundesgebiet aufgenommenen deutschen Vertriebenen auf die Länder des Bundesgebietes vom 28. März 1952, BGBl. 1952 I, S. 236, 287; abgedruckt auch bei Liesner, Aussiedler, S. 108 ff.; bereinigte Fassung in BGBl. 1990 III, 240-3.

472 *Thiel/Berresheim*, IFLA 1991, S. 25, 26; *Weidelener*, StAZ 1991, S. 131, 135.

473 BR-Drs. 222/90, S. 4.

474 BT-Drs. 11/7189, S. 5.

475 Vergl. die Begründung zum Gesetzesentwurf der Bundesregierung vom 7. September 1992, BT-Drs. 12/3212.

Registrierschein ausgestellt, der den Vertriebenenstatus und die Eigenschaft als Deutscher vorläufig feststellen soll. Dieser Registrierschein wird im Regelfall erteilt, sofern der Antragsteller einen Aufnahmebescheid vorlegen kann[476]. Ausnahmen galten hier für Ehegatten im Sinne des § 1 Abs. 3 BVFG, die keinen Aufnahmebescheid erhielten, sowie für Personen, die vor dem 1. Juli 1990 nach dem alten Verfahren eine Übernahmegenehmigung erhalten hatten, § 105 c BVFG a.F.[477]. Mit dem Registrierschein wird die Schreibweise des Namens (vorläufig) festgelegt; entscheidend ist er vor allem für die Inanspruchnahme bestimmter Rechte und Vergünstigungen[478]. Anschließend wird die registrierte Person in der Regel dem Bundesland zugeteilt, welches dem Aufnahmebescheid zugestimmt hat; sofern kein Aufnahmebescheid vorliegt, in das Land, welches nach Maßgabe der Verteilungsverordnung[479] bzw. des § 8 BVFG n.F. bestimmt wird[480].

c) Vertriebenenausweisverfahren

Nach der Wohnsitzbegründung im jeweiligen Bundesland hat der Bewerber bei der zuständigen Landesbehörde auf Antrag (§ 16 BVFG) ein Ausweisverfahren nach § 15 BVFG einzuleiten. Zu diesem Zeitpunkt erlangt er die Berechtigung auf einen vorläufigen Personalausweis, dessen Ausstellung die Deutscheneigenschaft voraussetzt[481]. Die Landesbehörden ermitteln ebenso wie das Bundesverwaltungsamt von Amts wegen, § 24 VwVfG[482], und übernehmen in der Regel dessen Beurteilung. Lediglich bei konkreten Zweifeln an den Angaben des Antragstellers und/oder an deren Beurteilung kann die Ausweisbehörde eine ablehnende Entscheidung fällen[483].

---

476 *Thiel/Berresheim*, IFLA 1991, S. 25.

477 Diese Norm stellt eine Übergangsvorschrift dar, um wiederholte Prüfungen in Interesse der Aussiedler zu vermeiden; BR-Drs. 222/90, S. 12.

478 Siehe unten auf Seite 128, ferner bei *Liesner*, Aussiedler, S. 12 und bei *Häußer/Kapinos/Christ*, Einf., Rdnr. 35.

479 Vergl. oben Fußnote 471.

480 *Thiel/Berresheim*, IFLA 1991, S. 25, 28.

481 *Liesner*, DVP 1990, S. 195, 199.

482 Zu den einzelnen Beweismitteln vergl. *Wolf*, Aussiedler, S. 77 ff. und *Häußer/ Kapinos/Christ*, § 16 BVFG, Rdnr. 17 ff.

483 BVerwG, IFLA 1989, S. 7 = DVBl 1988, S. 1031 (Ls.); *Häußer/Kapinos/ Christ*, Einf., Rdnr. 32; *Häußer*, DÖV 1990, S. 918, 919.

Ermittelt die Behörde im Ausweisverfahren oder auch im weniger umfangreichen Registrierverfahren, daß der Bewerber die materiellen Voraussetzungen nicht erfüllt, so können Registrierschein und vorläufiger Personalausweis selbst vor rechtskräftigem Abschluß des Verfahrens wieder entzogen werden[484]. Die Person wird hinsichtlich ihrer verfassungsrechtlichen Statusdeutscheneigenschaft so behandelt, als hätte sie die Vertriebeneneigenschaft und damit den Status nie besessen[485], folglich erlöschen der Einbürgerungsanspruch gemäß § 6 Abs. 1 1. StARegG und das Aufenthaltsrecht. In einem solchen Fall sind die Ausländerbehörde und die Staatsangehörigkeitsbehörde zu informieren[486]. Gegen die ablehnende Entscheidung kann nach erfolglosem Durchlaufen des Widerspruchverfahrens Verpflichtungsklage eingelegt werden.

Erkennt die Behörde den Vertriebenenstatus an, so erteilte sie bis zum 1. Januar 1993 - bzw. erteilt heute noch für die sog. "Altfälle" nach § 100 Abs. 2 BVFG n.F. - gemäß § 15 Abs. 2 BVFG drei Arten von Ausweisen: Heimatvertriebene gemäß § 2 BVFG[487] erhalten einen Ausweis der Kategorie A; Sowjetzonenflüchtlinge, die allerdings seit dem AAG nur noch anerkannt werden, wenn sie bis zum 1. Juli 1990 ins Bundesgebiet eingereist sind, erhalten einen Ausweis der Kategorie C und alle übrigen Vertriebenen bekommen einen Ausweis der Kategorie B[488]. Nach §§ 15 Abs. 4 und 19 BVFG werden außerdem Voll- und Statusausweise unterschieden. Der Vollausweis gibt sowohl den Vertriebenenstatus als auch die Betreuungsberechtigung zu erkennen; beim Statusausweis ist zusätzlich vermerkt, daß die Betreuungsberechtigung gemäß §§ 9-13 BVFG ausgeschlossen ist oder nicht mehr vorliegt[489]. Seit dem Inkrafttreten des KfbG werden die verschiedenen Ausweiskategorien nicht mehr unterschieden; es gibt nur noch eine einheitliche Bescheinigung für sämtliche Spätaussiedler. Ferner wird den Vertriebenen von den Einwohnermeldeämtern ein endgültiger Personalausweis ausgestellt[490].

---

484 VGH Mannheim, NVWZ-RR, S. 554 f.; *Häußer/Kapinos/Christ*, Einf., Rdnr. 33; *Liesner*, DVP 1990, S. 195, 199.

485 *Maunz* in: Maunz/Dürig, Art. 116 GG, Rdnr. 25.

486 *Liesner*, Aussiedler, S. 33; *Häußer/Kapinos/Christ*, § 18 BVFG, Rdnr. 36.

487 Qualifikation des § 1 BVFG, die zu besonderen Vergünstigungen berechtigt, vergl. *Häußer/Kapinos/ Christ*, § 2 BVFG, Rdnr. 18, 19; sowie Fußnote 23.

488 *Liesner*, Aussiedler, S. 32; *Häußer/Kapinos/Christ*, § 15 BVFG, Rdnr. 6.

489 Vergl. unten auf den Seiten 128 ff.

490 *Liesner*, DVP 1990, S. 195, 199.

Gemäß § 15 Abs. 5 S. 1 BVFG a.F. bzw. heute § 15 Abs. 1 S. 2 BVFG n.F. bindet die - deklaratorische - Ausstellung des Vertriebenenausweises anders als die Einbeziehung in das Verteilungsverfahren und die Ausstellung eines Registrierscheins[491] alle Behörden und Stellen, die für die Gewährung von Leistungen zuständig sind, ebenso die Staatsangehörigkeitsbehörden[492]. Die Bindungswirkung umfaßt nicht nur die positiven, sondern auch die negativen Entscheidungen, vorausgesetzt sie sind bestandskräftig[493]. Die gebundenen Behörden sind jedoch gemäß § 15 Abs. 5 S. 2 BVFG a.F. bzw. § 15 Abs. 1 S. 3 BVFG n.F. berechtigt, eine Überprüfung der Ausweiserteilung anzuregen.

Der nach § 15 BVFG a.F. ausgestellte Vertriebenenausweis kann gemäß § 18 BVFG a.F. wieder entzogen werden, wenn sich herausstellt, daß die Voraussetzungen für den Statuserwerb nicht vorgelegen haben. Ebenso wie bei der Rücknahme von Verwaltungsakten nach § 48 VwVfG ist zu prüfen, ob der Vertrauensschutz des Betroffenen der Entziehung nicht entgegensteht. Hierbei sind die Regelungen des § 48 Abs. 2 VwVfG ergänzend anzuwenden[494]. Sofern der Ausweisinhaber den Ausweis durch Täuschung, Drohung oder Bestechung (§ 48 Abs. 2 S. 3 Nr. 1 VwVfG), durch unvollständige Angaben (§ 48 Abs. 2 S. 3 Nr. 2 VwVfG) oder in Kenntnis bzw. grob fahrlässiger Unkenntnis (§ 48 Abs. 2 S. 3 Nr. 3 VwVfG) erlangt hat, kann er sich nicht auf Vertrauensschutz berufen. In einem solchen Fall werden ferner sämtliche erbrachten Leistungen zurückgefordert, und der Betreffende wird wegen Erschleichung von Vergünstigungen (§ 98 BVFG) strafrechtlich verfolgt und unter Umständen ausgewiesen[495]. Im KfbG wurde § 18 BVFG a.F. ersatzlos gestrichen. Gemäß § 15 Abs. 3 BVFG n.F. entscheidet die Ausstellungsbehörde über Rücknahme und Widerruf einer Bescheinigung nunmehr auf der Grundlage der §§ 48, 49 VwVfG.

Die besondere Problematik dieses gestuften Verfahrens ergibt sich daraus, daß der Aufnahmebescheid und der Registrierschein lediglich vorläufig die Aussiedlereigenschaft dokumentieren, während die Entscheidung der Vertrie-

---

491 Vergl. VGH Kassel, Urteil vom 11. September 1992, 7 UE 932/86.

492 BVerwGE 34, S. 90 = NJW 1970, S. 162; BVerwGE 35, S. 316, 317.

493 *Häußer/Kapinos/Christ*, § 15 BVFG, Rdnr. 17.

494 BVerwG, Buchholz Nr. 11 und 12 zu § 18 BVFG; offenlassend BVerfGE 59, S. 167 ff. = NJW 1983, S. 103, 107.

495 *Liesner*, Aussiedler, S. 33.

benenbehörde nach § 15 BVFG endgültig ist[496]. Bei den beiden erstgenannten Verfahrensstufen werden somit nur "vorläufige Verwaltungsakte" erlassen. Durch die endgültige Entscheidung wird die vorläufige Regelung ersetzt, ohne daß diese aufgehoben werden müßte. Damit wird einem sehr spät abgelehnten Bewerber die Möglichkeit genommen, sich auf die Grundsätze des Vertrauensschutzes zu berufen[497].

d) Sonderfall: Aufnahme im Beitrittsgebiet

Nach Anlage I, Kapitel II, Sachgebiet D, Abschnitt III Nr. 1 des Einigungsvertrages vom 31. August 1990 in Verbindung mit Art. 1 des Gesetzes vom 23. September 1990[498] ist das BVFG in den fünf neuen Bundesländern und in Berlin (Ost) nur auf solche Aussiedler anzuwenden, die zwischen dem Wirksamwerden des Beitritts am 3. Oktober 1990 und dem 1. Januar 1993 dort ihren ständigen Aufenthalt begründet haben. Für sie gilt das neue AAG mit dem Erfordernis des Aufnahmebescheides vor der Einreise folglich nicht[499]. Damit wurde vor allem beschlossen, daß das BVFG nicht auf all diejenigen Vertriebenen und Aussiedler anzuwenden ist, die vor dem 3. Oktober 1990 in die DDR eingewandert sind. Allerdings haben die in der ehemaligen DDR lebenden "Alt-Vertriebenen" die Rechtsstellung der Statusdeutschen gemäß Art. 116 Abs. 1 2. Alt. GG, da die DDR als Aufnahmegebiet angesehen wurde[500]. Sofern sie jedoch von der DDR eingebürgert wurden, gelten sie als deutsche Staatsangehörige[501]. Aus der im Einigungsvertrag getroffenen Regelung folgt jedoch, daß die "Alt-Vertriebenen" nicht in den Genuß des Lastenausgleichs kommen[502]. Wegen der auffallenden finanziellen Ungleichbehandlung wurde daher eine "Einmalzahlung" in Höhe von DM

---

496 *Kapinos*, IFLA 1990, S. 101, 102.

497 Kritisch hierzu *Liesner*, AnwBl. 1991, S. 379, 383; zur Rechtsfigur des vorläufigen Verwaltungsakts vergl. BVerwGE 67, 99 und 74, 357 sowie *Peine*, DÖV 1986, S. 849.

498 BGBl. 1990 I, S. 885, 918, ergänzt durch das Kriegsfolgenbereinigungsgesetz, BGBl. 1991 I, S. 2270.

499 *Thiel/Berresheim*, IFLA 1990, S. 25, 28.

500 Vergl. oben auf Seite 46. Näheres zu den Vertriebenen in der ehemaligen DDR unten auf den Seiten 139 ff.

501 So zuletzt BVerfGE 77, S. 137 ff.

502 *Schaefer*, IFLA 1991, S. 49.

4000,- für ältere Aussiedlergenerationen diskutiert[503]. Im Gesetzgebungsverfahren zum KfbG schlug der Bundesrat eine Neufassung der §§ 17 bis 21 BVFG für diese Personengruppe vor[504]. Das verabschiedete KfbG enthält jedoch keine derartige Entschädigung, da dies in einem anderen Gesetz geregelt werden soll.

4. Inanspruchnahme von Rechten und Vergünstigungen

Obwohl die Voraussetzungen für den Statuserwerb bereits abschließend behandelt wurden und die den Aussiedlern gewährten Rechte und Vergünstigungen nicht unmittelbar mit dem Zuzugsrecht zusammenhängen, ist es erforderlich, sie in Form eines Überblicks darzustellen. Gerade die Privilegien stellen einen Anreiz dar, aus einem wirtschaftlich schwachen ehemaligen Ostblockland in die Bundesrepublik Deutschland auszusiedeln. Der Vertriebenen bzw. Aussiedlerstatus reicht allein noch nicht aus, um Rechte und Vergünstigungen nach dem BVFG, nach dem LAG und nach anderen Gesetzen in Anspruch zu nehmen. Um zu den "Betreuungsberechtigten" zu gehören, muß der Aussiedler weitere Voraussetzungen erfüllen. Im Folgenden werden daher sowohl die Betreuungsberechtigung (§§ 9-13 BVFG) als auch die verschiedenen Leistungen kurz erörtert.

a) Betreuungsberechtigung

Die Betreuungsberechtigung, die in den §§ 9-13 BVFG a.F. geregelt war, bezweckte die Eingliederung der begünstigten Personen, nicht dagegen eine Wiedergutmachung für Chancen, die durch die Vertreibung bzw. Aussiedlung verlorengegangen waren[505]. War - wie im Regelfall - kein Ausschlußvermerk[506] auf dem Vertriebenenausweis eingetragen, so war der Vertriebene betreuungsberechtigt. Die §§ 9 -13 BVFG a.F. sind inzwischen im KfbG geändert worden, die bisherigen Vergünstigungen können jedoch diejenigen Personen noch in Anspruch nehmen, die vor dem 1. Januar 1993 als Aus-

---

503 Der Tagesspiegel, 15. September 1991.

504 BR-Drs. 763/92, S. 12 ff.

505 BVerwG, Buchholz, Nr. 4 zu § 13 BVFG; *Häußer/Kapinos/Christ*, § 9 BVFG, Rdnr. 3; *Häußer*, DÖV 1990, S. 918, 923.

506 Siehe oben auf Seite 125.

siedler nach § 1 Abs. 2 Nr. 3 anerkannt worden sind. Auf die nunmehr geltenden Eingliederungshilfen wird im 5. Teil eingegangen.

aa) Ständiger Aufenthalt im Bundesgebiet, § 9 BVFG a.F.

Voraussetzung war zunächst der ständige Aufenthalt im Geltungsbereich des Grundgesetzes (§ 9 BVFG a.F.), wobei es nicht auf den Wohnsitzbegriff des BGB ankam, sondern auf die tatsächliche "ständige Aufenthaltnahme"[507]. Daher genügte bereits die Unterbringung in einem Flüchtlingsheim, sofern der Aussiedler nicht zu erkennen gab, daß er ständig in das Aussiedlungsgebiet zurückkehren wollte. In der Praxis wurde dieser Wille für einen ständigen Aufenthalt im Bundesgebiet widerlegbar vermutet. Diese Vermutung galt dann als widerlegt, wenn der Aussiedler seinen Wohnsitz im Vertreibungsgebiet noch nicht aufgegeben hatte, weil er sich lediglich zu einem vorübergehenden Zweck in Deutschland aufhielt[508].

bb) Stichtag, § 10 BVFG a.F.

Der alte § 10 BVFG schränkte die Betreuungsberechtigung - im Unterschied zu dem unbefristet möglichen Statuserwerb - durch eine Stichtagsregelung in zeitlicher Hinsicht ein. Nach § 10 Abs. 1 BVFG konnte ein Vertriebener bzw. Aussiedler Rechte und Vergünstigungen nur dann in Anspruch nehmen, wenn er bis zum 31. Dezember 1952 (Stichtag) im Geltungsbereich des Gesetzes seinen Aufenthalt genommen hatte. Hatte ein Ausweisbewerber dieses erst später getan, so mußte er einen der Ausnahmetatbestände erfüllen, um in den Genuß der Betreuungsberechtigung zu gelangen. Für Aussiedler war insbesondere § 10 Abs. 2 S. 1 Nr. 2 BVFG praktisch relevant, wonach die Stichtagsregelung dann keine Anwendung fand, wenn der Betreffende spätestens 6 Monate nach dem Verlassen seines Heimatlandes (gemeint ist die Grenzüberschreitung) im Bundesgebiet seinen ständigen Aufenthalt genommen hatte. Ein Auslandsaufenthalt innerhalb dieser Frist war unschädlich, ebenso eine Fristüberschreitung durch Zwischenaufenthalt in einem (ehemaligen) Ostblockstaat. Hielt sich der Antragsteller dagegen aufgrund eines von ihm zu

---

507 BVerwG, IFLA 1986, S. 143, 144; *Häußer/Kapinos/Christ*, § 9 BVFG, Rdnr. 10; *Wolf*, Aussiedler, S. 44.

508 *Häußer/Kapinos/Christ*, § 9 BVFG, Rdnr. 15; *Wolf*, aaO.

vertretenden Grundes im westlichen Ausland auf und hatte er sich dort in zumutbarer Weise eingegliedert, galt die Vertreibung nach Ansicht der Rechtsprechung[509] als abgeschlossen. In diesem Fall wurden Vergünstigungen nicht mehr gewährt[510].

cc) Ausschlußtatbestände, §§ 11, 12 BVFG a.F.

In § 11 BVFG a.F. waren verschiedene Tatbestände aufgeführt, bei deren Vorliegen ein Ausweisinhaber keine Betreuungsberechtigung erlangte. Ein solcher Ausschluß war höchstpersönlicher Natur und erstreckte sich nicht auf Familienangehörige[511]. Aus politischen Gründen wurden neben den Nutznießern des NS-Systems und den Personen, die dem in ihrem Heimatland herrschenden System Vorschub geleistet hatten, all diejenigen ausgeschlossen, die die freiheitlich demokratische Grundordnung der Bundesrepublik Deutschland bekämpften.

Praxisrelevant war insbesondere der Rückkehrertatbestand des § 11 S. 1 Nr. 5 BVFG, der die Betreuungsberechtigung ausschloß, wenn der Aussiedler "*offensichtlich ohne wichtige Gründe aus dem Geltungsgebiet des Gesetzes in die in § 1 Abs. 2 Nr. 3 genannten Gebiete ... verzogen und von dort zurückgekehrt ist*". Umstritten war hier, ob durch die Rückkehr, d.h. die Neubegründung des Wohnsitzes im Vertreibungsgebiet, nicht nur die Betreuungsberechtigung, sondern auch der Aussiedlerstatus verlorenging. Mit dem gleichzeitigen Verlust des Aussiedlerstatus hätte der Betreffende auf Rechte verzichten müssen, die von der Betreuungsberechtigung nicht erfaßt waren, z.B. das Recht auf Familienzuzug gemäß § 94 BVFG a.F.. Ferner hätte er seinen Status nicht mehr gemäß § 7 BVFG a.F. an seine Kinder weitervererben können.

Grundsätzlich waren Vertriebenenstatus und Betreuungsberechtigung getrennt voneinander zu betrachten; der Status wurde auch dann nicht berührt, wenn das Ziel der Betreuung, die Erleichterung der Integration, erreicht

---

509 BVerwG, Buchholz, Nr. 2 zu § 10 BVFG.

510 Zu den weiteren Ausnahmetatbeständen des § 10 Abs. 2 S. 1 BVFG vergl. *Häußer/ Kapinos/Christ*, § 10 BVFG, Rdnr. 5 ff.

511 *Schwab*, Deutsche unter Deutschen, S. 172.

war[512]. Eine ausdrückliche Regelung für den Statusverlust im Falle der Rückkehr enthielt das BVFG nicht; auch den Gesetzesmaterialien ist kein Hinweis zu entnehmen. Nach einer Ansicht in Literatur und Rechtsprechung sprach jedoch bei Aussiedlern die "Rückausnahme" in § 1 Abs. 2 Nr. 3 BVFG ("- *es sei denn, daß er ... nach dem 8. Mai 1945 einen Wohnsitz in diesen Gebieten begründet hat*") nicht nur bei erstmaliger, sondern - erweiternd ausgelegt - auch bei erneuter Wohnsitznahme für den Ausschluß des Vertriebenenstatus[513]. Wer freiwillig ins Vertreibungsgebiet zurückkehrte, widerlegte nach dieser Ansicht selbst die Vermutung, er leide unter fortdauerndem Vertreibungsdruck. Es bestehe nach Sinn und Zweck des § 1 Abs. 2 Nr. 3 BVFG kein Grund, zwischen der erstmaligen Aufenthaltnahme und einer späteren zu differenzieren. § 11 S. 1 Nr. 5 BVFG a.F. müsse hinter § 1 Abs. 2 Nr. 3 BVFG zurücktreten.

Nach der Gegenansicht, die der teleologischen Auslegung der Rückausnahme u.a. entgegenhielt, Ausnahmevorschriften seien grundsätzlich eng auszulegen, blieb der Vertriebenenstatus in Rückkehrerfällen unberührt. Durch spätere Ereignisse gehe die Vertriebeneneigenschaft nicht verloren[514]. Ferner brachte sie vor, daß § 1 Abs. 2 Nr. 3 BVFG nicht den Statusverlust, sondern den Statuserwerb regele. Das entscheidende Argument war jedoch, daß § 11 S. 1 Nr. 5 BVFG a.F. leergelaufen wäre, wenn § 1 Abs. 2 Nr. 3 BVFG in Rückkehrerfällen einen Statusverlust angeordnet hätte[515]. Daher erscheint es zweifelhaft, auch auf der Basis einer zutreffenden Betrachtung von Sinn und Zweck des § 1 Abs. 2 Nr. 3 BVFG, eine Auslegung zu verwenden, die der Systematik des BVFG in seiner Gesamtheit widersprach. Der Gesetzgeber hatte keinen Statusverlust für Heimkehrer gewollt, sondern lediglich einen Ausschluß der Betreuungsberechtigung gemäß § 11 S. 1 Nr. 5 BVFG a.F. angeordnet. Selbst wenn ein Statusverlust politisch wünschenswert gewesen wäre, durfte man ihn nicht ohne ausreichende gesetzliche Grundlagen in eine Norm hineininterpretieren.

---

512 *Schwab*, Deutsche unter Deutschen, S. 173.

513 BVerwG, MDR 1959, S. 949 f.; BVerwGE 55, S. 40, 45 ff.; *Stammberger*, IFLA 1990, S. 39, 41; *Schwab*, Deutsche unter Deutschen, S. 173.

514 BVerwG, IFLA 1989, S. 8; BVerwG, NJW 1988, S. 2914; BVerwG, Buchholz, Nr. 31 zu § 1 BVFG; *v. Schenckendorff*, IFLA 1989, S. 3, 5; ebenso - ohne Begründung - *Häußer/Kapinos/Christ*, § 11 BVFG, Rdnr. 18 und 19 und *Wolf*, Aussiedler, S. 48.

515 *v. Schenckendorff*, aaO.

Gemäß § 12 BVFG a.F. verlor derjenige die Betreuungsberechtigung, der nach der Vertreibung auf Antrag eine fremde Staatsangehörigkeit erwarb und dadurch seine Rechtsstellung als Statusdeutscher im Sinne des Art. 116 Abs. 1 2. Alt. GG oder seine deutsche Staatsangehörigkeit verlor. Bezugspunkt im Staatsangehörigkeitsrecht war hierbei § 25 RuStAG, nicht dagegen waren es die gesetzlichen Erwerbstatbestände, z.B. die Eheschließung nach § 17 Nr. 6 RuStAG a.F.[516].

dd) Aussteuerung, § 13 BVFG a.F.

Sobald der Aussiedler in seiner neuen Umgebung eine wirtschaftliche und soziale Stellung erreicht hatte, die der früheren gleichkam oder sogar eine Verbesserung darstellte, konnte er nicht mehr alle Rechte und Vergünstigungen in Anspruch nehmen. Sein Vertriebenenstatus blieb dagegen auf Dauer bestehen[517]. In einem solchen Fall der zumutbaren Eingliederung wurde die Betreuungsberechtigung durch einen feststellenden, belastenden Verwaltungsakt endgültig beendet (sog. Aussteuerungsverfahren). Die Aussteuerung betraf unmittelbar nur die Rechte und Vergünstigungen nach dem BVFG; soweit sich jedoch andere Gesetze auf die Betreuungsberechtigung nach dem BVFG bezogen, waren auch diese Rechtspositionen mitbetroffen[518]. Trotz der Aussteuerung blieben bestimmte Vergünstigungen bestehen, z.B. das Recht auf Familienzusammenführung gemäß § 94 BVFG a.F.[519].

Gemäß § 13 Abs. 2 BVFG a.F. war eine Aussteuerung auch dann durchzuführen, wenn dem Aussiedler eine Rückkehr in seine Heimat zugemutet werden konnte. Bisher spielte diese Regelung in der Praxis aufgrund der Verhältnisse in den Heimatländern noch keine Rolle. Durch die Streichung des § 13 Abs. 2 BVFG a.F. im KfbG wird diese Frage auch zukünftig unerheblich bleiben.

---

516 *Häußer/Kapinos/Christ*, § 12 BVFG, Rdnr. 2 und 4.

517 *Häußer/Kapinos/Christ*, § 13 BVFG, Rdnr. 1.

518 *Häußer/Kapinos/Christ*, § 13 BVFG, Rdnr. 8.

519 *Häußer/Kapinos/Christ*, § 13 BVFG, Rdnr. 24.

b) Überblick über die Leistungen an Aussiedler

Zu unterscheiden sind die "Sofortmaßnahmen" direkt nach dem Eintreffen der Aussiedler in den Grenzdurchgangslagern von den vielschichtigen Eingliederungshilfen nach dem Eintreffen am späteren Wohnort. Da es hier lediglich um einen Überblick geht, wird kein Anspruch auf Vollständigkeit erhoben; lediglich die wichtigsten Leistungen sollen dargestellt werden. Zum Teil werden die dargestellten Leistungen auch nach dem Inkrafttreten des KfbG in unveränderter Form gewährt.

aa) Leistungen im Grenzdurchgangslager[520]

Als Überbrückungshilfe erhält jeder Aussiedler von der Bundesregierung DM 200,-; die Länder zahlen ein Überbrückungsgeld von DM 30,- an den Haushaltsvorstand und DM 15,- an jedes Familienmitglied. Die Grenzdurchgangslager sorgen auch weiterhin vor allem für die vorläufige Unterkunft und Verpflegung sowie für die erste ärztliche Versorgung. Karitative Verbände kleiden die Ankömmlinge ein, sofern dieses erforderlich ist. Von großer Bedeutung sind die Beratungsstellen in den Aufnahmelagern, die nicht nur über sämtliche Leistungen zur beruflichen und sozialen Integration informieren, sondern auch über Studienmöglichkeiten für angehende Akademiker. Nachdem das aufnehmende Bundesland feststeht, erhält der Aussiedler im Grenzdurchgangslager eine Fahrkarte dorthin sowie eine Transportmöglichkeit für sein Umzugsgut.

bb) Leistungen nach dem Eintreffen im Aufnahmeland

Zunächst werden dem Aussiedler die entstandenen Rückführungskosten erstattet, und die Gemeinde vermittelt ihm Wohnraum, § 80 BVFG. Hierbei spielt der Wohnberechtigungsschein eine große Rolle, der die Aussiedlerfamilie berechtigt, eine Sozialwohnung zu beziehen. Der Bund zahlt dem Aus-

520 Eine ausführliche Darstellung aller Leistungen findet sich bei *Liesner*, Aussiedler, S. 173 ff.

siedler - je nach Familienstand - ein Einrichtungsdarlehen[521] zu einem sehr niedrigen Zinssatz, das bis zu DM 10.000,- betragen kann.

Hat der Aussiedler aufgrund der Aussiedlung seinen Arbeitsplatz verloren, so erhält er seit dem 1. Januar 1990 anstatt der bisher gezahlten Arbeitslosenunterstützung ein auf 12 Monate befristetes Eingliederungsgeld in Höhe von DM 1001,- bis 1219,-[522]. Um ihm den Einstieg ins Berufsleben zu ermöglichen, erkennt der Staat gemäß §§ 92, 93 BVFG a.F., heute § 10 BVFG n.F., in den Vertreibungsgebieten abgelegte Prüfungen der Aussiedler an[523]. Jeder Neuankömmling erhält Sprachunterricht (§§ 62a ff. AFG)[524], wobei für berufstätige Personen, Hausfrauen und Rentner das Arbeitsamt die Kurse bezahlt, während Abiturienten und angehende Akademiker Sprachkurse und eine Studienförderung durch die Otto-Benecke-Stiftung erhalten[525]. Aussiedler sind außerdem BAFöG-berechtigt und erhalten eine berufsspezifische Unterstützung, z.B. Hilfen zur Gründung selbständiger Existenzen sowie Zuschüsse und Darlehen zur Eingliederung in die Landwirtschaft (§§ 35 ff. BVFG a.F. bzw. § 14 Abs. 1 BVFG n.F.). Für Wissenschaftler gibt es spezielle Förderprogramme, Aussiedler werden bei der Vergabe öffentlicher Aufträge bevorzugt (§ 74 BVFG a.F., heute § 14 Abs. 2 BVFG n.F.) und können sich unter erleichterten Bedingungen in die Handwerksrolle eintragen lassen (§ 71 BVFG a.F. bzw. § 14 Abs. 5 BVFG n.F.).

Aussiedler erhalten auch dann einen Rentenanspruch, wenn sie in Deutschland keinen Rentenversicherungsbeitrag geleistet haben. Die im Aussiedlungsgebiet gezahlten Beiträge werden angerechnet, da sämtliche ehemaligen Ostblockstaaten - zumindest bisher - ihre Renten nicht ins Ausland "exportiert" haben. Entsprechend dem Eingliederungsprinzip des Fremdrentengesetzes wird die Rente so berechnet, als hätte der Aussiedler Beiträge in

---

[521] Rechtsgrundlage hierfür war bis zum 1. Januar 1993 eine Richtlinie des Bundesministers des Innern vom 20. September 1976, BAnz. Nr. 185, 30. September 1976; heute ist es § 9 Abs. 1 Nr. 2 BVFG n.F.

[522] Geändert im Gesetz zur Anpassung der Eingliederungsleistungen (EinglAnpG) vom 22. Dezember 1989, BGBl. 1989 I, S. 2398. Ferner durch das EinglAnpG Änderungen des LAG, des AFG, des EStG usw. Vergl. hierzu auch: *Häußer/Kapinos/ Christ*, Einf. Rdnr. 23 sowie *Schaefer*, IFLA 1990, S. 1.

[523] Näheres bei *Leciejewski*, S. 56 und bei *Haberland*, Eingliederung, S. 331 ff.

[524] Zu den Rechtsgrundlagen siehe *Haberland*, Eingliederung, S. 267-281; ferner *Leciejewski*, S. 57 f.

[525] *Herrmann-Pfandt*, S. 4; die Richtlinien zu den Garantiefonds sind abgedruckt bei *Haberland*, Eingliederung, S. 289 ff.

der in Deutschland üblichen Höhe geleistet und nicht anhand der niedrigen Vergleichswerte in seinem Heimatland[526]. Jede siebte in Deutschland ausgezahlte Rente, insgesamt sind es 2 der 15 Mio., stellt eine Fremdrente dar, die nicht nur an Aussiedler, sondern auch an DDR-Übersiedler ausgezahlt wird. Damit sind 1990 6,85 von 202 Milliarden DM für Fremdrentenzeiten gezahlt worden[527]. Der Aussiedler erhält ferner Kindergeld, und zwar auch für Kinder, die sich noch im Vertreibungsgebiet befinden, Sozialhilfe (§§ 90, 91 BVFG a.F.), Krankenhilfe und Krankengeld sowie - falls erforderlich - Leistungen aus der gesetzlichen Unfallversicherung.

Von großer finanzieller Bedeutung waren bis zum Inkrafttreten des KfbG sämtliche Entschädigungsleistungen, insbesondere nach dem LAG. Der Lastenausgleich unterschied zwischen der Hauptentschädigung, die 1988 im Schnitt bei DM 6650,- lag, der Hausratsentschädigung (im Durchschnitt DM 1350,-), der Kriegsschadensrente (zwischen DM 445,- für Alleinstehende und DM 1600,- für Ehegatten) und besonderen Eingliederungsdarlehen[528]. Weitere Entschädigungen wurden an ehemalige politische Gefangene nach dem Häftlingshilfegesetz (HHG) gezahlt[529] sowie an ehemalige Kriegsgefangene nach dem Kriegsgefangenenentschädigungsgesetz (KgfEG) und durch die Heimkehrerstiftung[530].

IV. Rechtsvergleich

Nach der ausführlichen Darstellung des bundesdeutschen Vertriebenenrechts empfiehlt sich ein Blick auf die Rechtslage im europäischen Ausland. Ob das bisherige Aussiedlerrecht der Bundesrepublik Deutschland reformierungsbedürftig ist und ob das im Dezember 1992 verabschiedete "KfbG"[531] dem Re-

---

526 *Herrmann-Pfandt*, S. 6.

527 *Kummer*, Welt am Sonntag, 8. September 1991; zum Fremdrentengesetz siehe Haberland, Eingliederung, S. 402 ff.

528 *Liesner*, Aussiedler, S. 182, und *Kummer*, aaO.

529 Vergl. hierzu ausführlich *Schwab*, Deutsche unter Deutschen, S. 209 ff.; das HHG mit den entspr. Richtlinien ist abgedruckt bei Haberland, Eingliederung, S. 422 ff.

530 Ausführlich hierzu *Schwab*, aaO., S. 201 ff.; das KgfEG ist abgedruckt bei Haberland, Eingliederung, S. 413 ff., zur Heimkehrerstiftung siehe S. 431 ff.

531 BGBl. 1992 I, S. 2094.

formierungsbedarf gerecht wird, entscheidet sich nicht allein nach innerstaatlichen Interessen; auch im Rahmen der EG muß das Einwanderungsrecht der einzelnen Länder harmonisiert werden. Bislang respektiert die Europäische Gemeinschaft zwar noch die Autonomie der Mitgliedstaaten auf dem Gebiet der Staatsangehörigkeit, aber jede Einbürgerung in einem Mitgliedstaat vermittelt das Recht auf Freizügigkeit und berührt damit die Belange aller EG-Mitglieder. Es ist also nicht ausgeschlossen, daß die EG zukünftig Einfluß auf das Staatsangehörigkeitsrecht ihrer Mitglieder nimmt[532]. Aber auch ohne Berücksichtigung der europarechtlichen Belange ist für zukünftige Reformen des deutschen Rechts von Interesse, wie andere Staaten, die ebenfalls volksdeutsche Vertriebene aufnehmen mußten, deren Aufnahme und Einbürgerung gehandhabt haben.

1. Einwanderungs- und Einbürgerungspolitik im europäischen Ausland

Anders als in den typischen Einwanderungsländern, wie z.B. in den USA, Kanada und Australien, basiert das Staatsangehörigkeitsrecht der europäischen Staaten - mit Ausnahme von Irland[533] - auf dem "ius sanguinis"-Grundsatz. Der automatische Staatsangehörigkeitserwerb hängt nicht wie beim "ius soli" vom Geburtsort, sondern von der Abstammung ab. Die Bundesrepublik Deutschland geht wie die Schweiz und Österreich von einem strengen "ius sanguinis" aus, während das Staatsangehörigkeitsrecht anderer Staaten, z. B. Belgiens und Groß-Britanniens, auf einer Mischung der beiden Prinzipien beruht[534]. Folglich bestehen Unterschiede in der Einbürgerungspraxis der europäischen Staaten, und zwar sowohl in bezug auf die erste Generation der Einwanderer als auch hinsichtlich der zweiten Generation, die in dem betreffenden Staat geboren wurde.

Neben der Schweiz ist Deutschland am wenigsten bereit, "fremdvölkische" Zuwanderer einzubürgern. Zwar wurde mit § 85 des neuen Ausländergesetzes[535] die Einbürgerung von Ausländern mit mindestens 15jährigem Aufent-

---

[532] So z.B. in einer Entschließung des Europäischen Parlaments vom 20. Januar 1984 angedeutet, EuGRZ 1984, S. 167; *de Groot*, S. 26 f.

[533] *Brubaker*, Der Staat 1989, S. 1, 9, Fußn. 11.

[534] *de Groot*, S. 6.

[535] Gesetz vom 9. Juli 1990, BGBl. 1990 I, S. 1354; Inkrafttreten der wesentlichen Vorschriften am 1. Januar 1991; vergl. hierzu *Weidelener*, StAZ 1991, S. 131 ff.

halt und mit § 86 die Einbürgerung von jungen Ausländern der zweiten Generation erleichtert, allerdings nur in Form einer Ermessensreduzierung. Ein Rechtsanspruch auf Einbürgerung besteht noch immer nicht. Hingegen können in Frankreich und in den Niederlanden Personen, die im Staatsgebiet geboren wurden und dort eine gewisse Zeit wohnen, für die Staatsbürgerschaft optieren[536]. Noch großzügiger sind Schweden und Belgien[537], die Angehörige der zweiten Generation aufgrund einer einfachen Erklärung auch dann einbürgern, wenn sie nicht im Staatsgebiet geboren wurden. In Frankreich und in Groß-Britannien müssen bestimmte "fremdvölkische" Personen gar nicht erst eingebürgert werden, weil sie als Kinder ehemaliger Koloniebewohner bereits automatisch die französische bzw. britische Staatsbürgerschaft erworben haben[538].

Es stellt sich nunmehr die Frage, warum die Bundesrepublik Deutschland keine vergleichbar liberale Einbürgerungs- und Integrationspolitik von ausländischen Zuwanderern betreibt, sondern stattdessen mit dem 1. StARegG ein Staatsangehörigkeitsrecht besitzt, das auf rein ethnokulturellen Kriterien basiert. Mit dem 1. StARegG werden Personen aufgrund ihrer Volkszugehörigkeit als deutsche Staatsangehörige anerkannt (z.B. in § 1) bzw. erhalten einen Einbürgerungsanspruch (§ 6 Abs. 1), die heute von anderen Staaten als deren Staatsangehörige betrachtet werden. Eine solche ethnisch begründete Zuwandererprivilegierung kennt kein anderes Land der EG, so daß das deutsche Aussiedlerrecht als Sonderkategorie der Zuwanderung im europäischen Ausland auf Unverständnis und Ablehnung stößt. Nicht zuletzt liegt diese Haltung daran, daß es als Fortführung der nationalsozialistischen Okkupations und Volkstumspolitik bewertet wird[539].

Die Gründe für die "völkische" Konzeption von Staat und Nation in Deutschland erklären sich aus dem historischen Weg zum deutschen Nationalstaat, der sich von der Bildung anderer Staaten, z.B. dem französischen, unterscheidet. In Frankreich entstand der heutige Nationalstaat direkt aus der auf ein bestimmtes Territorium beschränkten Monarchie, so daß sich ein politischer, etatistischer Begriff der Staatsangehörigkeit entwickelt hat. Nach der

536 Art. 52 CNF 1945, *de Groot*, S. 91/92, bzw. Art. 6 Abs. 1 b RwNed; *de Groot*, S. 131.

537 Art. 13 Nr. 4 CNB; *de Groot*, S. 49.

538 *Brubaker*, aaO., S. 10; *Tichy*, WirtschaftsWoche Nr. 47/90 vom 16. November 1990.

539 *Kummer*, Welt am Sonntag, 8. September 1991; *Tichy*, WirtschaftsWoche Nr. 47/90 vom 16. November 1990, S. 46, 49.

Grundidee des nach der Revolution gegründeten Staates bestand die Nation aus gleichartigen, gleichberechtigten Bürgern. Abhängig vom politischen Machtbereich wurde die Staatsangehörigkeit - ohne Rücksicht auf ethnische Kriterien - auch auf die Eingeborenen in den einverleibten Kolonien übertragen[540]. Nationalität in diesem Sinne bezeichnet folglich wie die Staatsangehörigkeit einen Status, dessen Erwerb und Verlust durch Rechtsnormen des betreffenden Staates bestimmt werden[541]. Im lange Zeit politisch zersplitterten Deutschland entwickelte sich dagegen im Laufe des 19. Jahrhunderts bereits ein Nationalbewußtsein, ehe ein deutscher Staat existierte. Folglich war die deutsche Idee der Nation nicht politischer, sondern ethnokultureller Natur. Auch als Kolonialmacht hat das Deutsche Reich seine Reichsangehörigkeit nicht auf die Eingeborenen der Überseegebiete erstreckt; es bestand lediglich eine "Schutzangehörigkeit" mit Einbürgerungsmöglichkeiten[542]. Heute noch gilt die Nation als eine kulturelle, sprachliche oder rassische Gemeinschaft, was nicht nur in Art. 116 Abs. 1 GG, sondern auch in § 6 BVFG dokumentiert ist[543].

Der historische Rückblick macht deutlich, warum sich das deutsche Staatsangehörigkeitsrecht von dem der übrigen EG-Staaten, insbesondere in bezug auf die Aussiedler, schon vom Ansatz her unterscheidet. Fraglich ist jedoch, ob Deutschland nicht im Rahmen einer europäischen Harmonisierung des Einwanderungsrechts von der ethnokulturellen Grundlage abrücken und stattdessen, wie von der EG gefordert[544], die Einbürgerung und Integration andersethnischer langjähriger Mitbürger noch stärker als im neuen Ausländergesetz geschehen fördern sollte. Die Bundesrepublik muß sich entscheiden, ob sie mit den sich zersplitternden ehemaligen Ostblockstaaten den ethnisch geprägten Nationalstaat anstrebt, oder ob sie sich, wie von der EG propagiert, auf eine "europäische Gesellschaft"[545] zubewegen möchte, die möglicherweise bald eine "europäische Staatsangehörigkeit" besitzt[546].

---

540 *Brubaker*, Der Staat 1989, S. 1, 14.

541 *de Groot*, S. 11.

542 *Lichter*, Staatsangehörigkeit, S. 862.

543 *Brubaker*, aaO.; *de Groot*, S. 11/12.

544 *Tichy*, WirtschaftsWoche Nr. 47/90 vom 16. November 1990, S. 46, 49.

545 So eine im Auftrag des Europarats erarbeitete Studie, vergl. *Tichy*, aaO., S. 46.

546 Vergl. hierzu *de Groot*, S. 27.

2. *Staaten mit vergleichbarem Vertriebenenzuzug*

Gegen eine Reform des deutschen Aussiedlerrechts mag man nun vorbringen, daß sich keiner der EG-Staaten in einer mit Deutschland vergleichbaren Lage befand und seine heimatlos gewordenen Staatsangehörigen und Volkszugehörigen aufnehmen mußte. Diese historischen Gegebenheiten betrafen jedoch nicht allein die Bundesrepublik Deutschland, sondern auch Österreich und die ehemalige DDR, wo ebenfalls viele vertriebene Volksdeutsche eingegliedert wurden. Daher ist von Interesse, wie diese Staaten den Rechtsstatus der Flüchtlinge geregelt haben und ob es dort ebenfalls die Kategorie der Spätvertriebenen, also der Aussiedler, gibt.

a) Vertriebenenrecht in der ehemaligen DDR

Obwohl insgesamt 4,3 Mio. Vertriebene, also 24,2 % der damaligen Gesamtbevölkerung, nach dem Krieg in der SBZ Aufnahme gefunden haben, sparte die DDR später das Kapitel der Vertreibung der Deutschen aus der offiziellen Geschichtsschreibung aus. Die Erlebnisse und Erfahrungen der Vertriebenen mit den neuen östlichen "Bruderstaaten" hätten das sozialistische Zusammengehörigkeitsgefühl der Staaten des Warschauer Paktes nicht gerade gefördert, daher titulierte man sie auch nicht als Vertriebene oder Flüchtlinge, sondern - verharmlosend - als "Umsiedler"[547].

Dabei hat die SBZ bis zu den Abmachungen des Alliierten Kontrollrats vom 20. November 1945 aufgrund ihrer geographischen Lage den größten Teil der Vertriebenen aufgenommen. Bis zum Dezember 1945 befanden sich bereits 2 Mio. Flüchtlinge in der SBZ[548]. Nachdem die Zufluchtsuchenden 2-3 Wochen in Quarantänelagern verbracht hatten, wurden sie in ihre zukünftigen Wohngebiete - vorwiegend im ländlichen Raum - weitergeleitet und wegen der akuten Wohnraumprobleme oft nur notdürftig untergebracht. Ein Lastenausgleich, der die vertreibungsbedingten Verluste ausgleichen sollte, fand nie statt. Auch die Eingliederungsmaßnahmen, z.B. Punktekarten zum Bezug zusätzlicher Bekleidung, waren wenig effektiv, weil schon der Bedarf der alteingesessenen Bevölkerung nicht gedeckt werden konnte. Am 8. September 1950 erließ die DDR schließlich das "Gesetz über die weitere

---

[547] *Meinicke*, IFLA 1991, S. 50; *Schaefer*, IFLA 1991, S. 49.

[548] *Meinicke*, aaO.

Verbesserung der Lage der ehemaligen Umsiedler"[549], das allen bedürftigen Umsiedlerfamilien einen zinslosen Kredit bis zu 1000,- M für die Beschaffung von Möbeln und Hausrat gewährte. Dennoch unterschied sich der Lebensstandard der "Umsiedler" über viele Jahre von dem der Altbevölkerung[550].

Umstritten war jedoch lange Zeit, wie die DDR die Staatsangehörigkeit der volksdeutschen Vertriebenen beurteilte. Vielfach wurde in der DDR - und auch heute noch in der Bundesrepublik - vertreten, daß die DDR von einem automatischen Staatsangehörigkeitswechsel zum Zeitpunkt der "Umsiedlung" ausgehe[551]. Dieses entspreche zwar nicht der Staatenpraxis, wohl aber der Rechtmäßigkeit und Endgültigkeit der aufgrund des Potsdamer Abkommens vorgenommenen Zwangsausweisungen[552].

Aus der Gesetzgebung der DDR ergab sich zunächst keine eindeutige Rechtsauffassung zum Erwerb der deutschen Staatsangehörigkeit durch "Umsiedler". Fest stand lediglich, daß es weder eine mit dem Art. 116 Abs. 1 GG vergleichbare Gleichstellungsvorschrift gab, noch einen dem § 6 1. StARegG entsprechenden Einbürgerungsanspruch. Stattdessen erhielten die aufgenommenen Umsiedler ohne besondere Verleihung der Staatsbürgerschaft aufgrund des § 3 Abs. 1 b der Verordnung vom 18. November 1948[553] einen Personalausweis, unabhängig davon, ob sie bereits deutsche Staatsangehörige oder nur Volksdeutsche waren. Ob diese Aushändigung des Personalausweises für die deutschen Volkszugehörigen allerdings deklaratorischen oder konstitutiven Charakter hatte, konnte man der Verordnung nicht entnehmen. Als 1967 das Staatsbürgerschaftsgesetz der DDR (StBG)[554] mitsamt der Durchführungsverordnung[555] erlassen wurde, war endlich klar, daß die DDR die Aushändigung der Personalausweise aufgrund der Verordnung vom 18. November 1948 als konstitutiv für den Erwerb der

549 GBl. der DDR 1950, S. 971 ff.

550 Vergl. zu allem *Meinicke*, IFLA 1991, S. 50, 53.

551 So aus der Sicht der DDR *Riege*, S. 164 ff.; im Anschluß daran in der BR Dtld. *Zieger*, Staatsangehörigkeit, S. 16, Fußn. 41 und *Schwartze*, S. 101.

552 *Riege*, S. 169, 171; gegen einen automatischen Staatsangehörigkeitswechsel aufgrund des Potsdamer Abkommens *Jellinek*, Staatsangehörigkeit und Völkerrecht, S. 92 ff.

553 VO der Deutschen Verwaltung des Innern über die Ausgabe einheitlicher Personalausweise an die Bevölkerung, ZVBl. 1948, S. 548; vergl. hierzu auch ausführlich *Makarov/v. Mangoldt*, § 1 StGB DDR, Rdnr. 8 und *Silagi*, ROW 1986, S. 160.

554 Gesetz vom 20. Februar 1967, GBl. DDR 1967 I, S. 3.

555 DVO vom 3. August 1967, GBl. DDR 1967 II, S. 681.

DDR-Staatsbürgerschaft ansah[556]. Die These des automatischen Staatsangehörigkeitswechsels bei volksdeutschen Vertriebenen wurde damit entkräftet. Am 29. Oktober 1953 ersetzte eine neue Verordnung über die Ausgabe von Personalausweisen in der DDR[557] die Verordnung vom 18. November 1948. Nunmehr konnten lediglich deutsche Staatsangehörige einen DDR-Paß erhalten; der oben beschriebene Staatsangehörigkeitserwerb für volksdeutsche Vertriebene war somit nicht mehr möglich[558].

Die in den Ostgebieten verbliebenen Deutschen betrachtete die DDR als Staatsangehörige der neuen bzw. alten Heimatstaaten. Anders als die Bundesrepublik Deutschland ging sie von einer endgültigen Staatennachfolge aufgrund des Potsdamer Abkommens aus, die nicht nur eine Gebietsabtretung, sondern auch einen automatischen Staatsangehörigkeitswechsel der verbliebenen deutschen Bevölkerung zur Folge hatte[559]. Eine doppelte Staatsangehörigkeit von ehemaligen Reichsdeutschen oder von sammeleingebürgerten Personen wurde also - anders als in der Bundesrepublik - abgelehnt. Wer nach dem Abschluß der allgemeinen Vertreibungsmaßnahmen in die DDR aus bzw. übersiedelte, kam als Ausländer und erhielt die DDR- Staatsbürgerschaft im Rahmen eines gesetzlich geregelten Verleihungsverfahrens[560]. Daß die DDR anders als die Bundesrepublik Spätvertriebenen keine Vergünstigungen mehr gewährte, entsprach ihrer Ideologie. Von einem - nach bundesdeutschem Recht unterstellten - Vertreibungsdruck konnte sie bei sozialistischen Bruderländern nicht ausgehen.

Im Ergebnis bleibt also festzuhalten, daß sich das Vertriebenenrecht der ehemaligen DDR auf die Vertriebenen im engeren Sinne beschränkt hat. Personen, die nach dem Abschluß der allgemeinen Vertreibungsmaßnahmen einreisten, wurden lediglich eingebürgert, hatten aber keinen Anspruch auf Privilegien und finanzielle Vergünstigungen.

---

[556] So *Mampel*, ROW 1983, S. 233, 237 und *Silagi*, ROW 1986, S. 160; zum Wortlaut des einschlägigen § 3 der DVO zum StBG und des § 1 c StBG vergl. *Bergmann/Korth*, Anhang zum 1. Halbband, S. 89, 90.

[557] GBl. DDR 1953 II, S. 1090.

[558] *Mampel*, ROW 1983, S. 233, 237; *Silagi*, ROW 1986, S. 160.

[559] *Riege*, S. 171, 177.

[560] *Riege*, S. 181, allerdings im Widerspruch zu seiner These des automatischen Staatsangehörigkeitserwerbs bei Übersiedlung; fälschlicherweise für einen automatischen Staatsangehörigkeitswechsel nach DDR-Recht bei Spätaussiedlern: *Zieger*, S. 16, Fußn. 41 und S. 19 und *Schwartze*, S. 101, wenn auch konsequent; vergl. oben Seite 140 und Fußnote 550.

b) Vertriebenenrecht in Österreich

Schon vor der Kapitulation des großdeutschen Reiches stellte die provisorische österreichische Staatsregierung fest, daß die vom Deutschen Reich eingeführten Rechtsvorschriften über die (groß-)deutsche Staatsangehörigkeit mit Wirkung vom 27. April 1945 als aufgehoben gelten sollten[561]. Im selben Jahr wurden das Staatsbürgerschafts-Überleitungsgesetz und ein neues Staatsbürgerschaftsgesetz erlassen, welche die Wiedererlangung der österreichischen Staatsbürgerschaft regelten Beide Gesetze wurden nach mehreren Novellierungen 1949 verkündet[562].

Nach dem österreichischen Staatsbürgerschaftsgesetz galten sämtliche Vertriebenen, die in großer Zahl aus Ost- und Südosteuropa eingereist waren, als Ausländer. Am 1. Oktober 1948 befanden sich 328.798, am 1. Januar 1950 353.932 volksdeutsche Flüchtlinge in Österreich, von denen die meisten jedoch nach Deutschland weiterziehen wollten. Wer in Österreich bleiben und die österreichische Staatsbürgerschaft erwerben wollte, mußte ein kostspieliges und langwieriges Einbürgerungsverfahren auf sich nehmen, was bis zum 1. Januar 1950 52.835 Personen getan hatten[563]. Der Großteil der aufgenommenen Vertriebenen behielt demnach den Status eines Ausländers, was erhebliche Benachteiligungen im wirtschaftlichen und sozialen Leben zur Folge hatte.

Im Unterschied zur Bundesrepublik Deutschland tat sich die Republik Österreich mit einer allgemeinen Gleichstellung der Volksdeutschen mit den Inländern, wie z.B. in Art. 116 Abs. 1 GG geschehen, schwer. Anders als in der SBZ bzw. in der späteren DDR lag diese Haltung nicht an Bedenken im Hinblick auf die zukünftigen Beziehungen zu den Vertreiberstaaten, sondern an einem sich von dem der Bundesrepublik Deutschland unterscheidenden historischen Verantwortungsbewußtsein. Die Bundesrepublik Deutschland sah sich als identisch mit dem niemals untergegangenen Deutschen Reich, wenn auch territorial auf das Gebiet der alten Bundesländer beschränkt. Daher übernahm sie moralisch und rechtlich die Haftung für die Opfer des nationalsozialistischen Regimes und des Zweiten Weltkriegs. Österreich bestand dagegen seit dem Anschluß im Jahre 1938 faktisch nicht mehr und wehrte sich

---

561 Kundmachung, Öst. StGBl. Nr. 16/1945; *Zeyringer/Mussger*, S. 11.

562 Öst. BGBl. Nr. 276/1949.

563 *Machunze*, Bd. 1, S. 10.

von Anfang an beharrlich dagegen, eine ähnliche Haftung zu übernehmen, zu der es auch finanziell kaum in der Lage gewesen wäre. Lieber sah es sich selbst in der Rolle des Opfers und stellte ebenfalls Ansprüche an die Bundesrepublik Deutschland[564].

Die gesellschaftlich erforderliche Gleichstellung der noch nicht eingebürgerten Volksdeutschen mit den österreichischen Staatsangehörigen wurde durch verschiedene Einzelgesetze vorgenommen, wie z.B. bei der Gewährung von Notstandshilfe für Arbeitslose[565], im privaten Arbeitsrecht[566], im Mutterschutz[567], im Gewerberecht[568], bei der Aufnahme in Krankenpflegeschulen[569], im ärztlichen Standesrecht[570], für Zahnärzte[571], Rechtsanwälte[572] und Apotheker[573], in der Kriegsopferversorgung[574], bei Schul- und Studiengebühren[575], beim Invalidengesetz[576] und im öffentlichen Dienst[577]. Anders als die Bundesrepublik Deutschland definierte Österreich die Volksdeutschen lediglich nach ihrer Sprachzugehörigkeit, auf andere Merkmale wie z.B. Erziehung und Kultur kam es nicht an. Gleichgestellt wurden nur diejenigen, die staatenlos oder ungeklärter Staatsangehörigkeit waren. Ferner galt die Gleichstellung nicht wie in Art. 116 Abs. 1 GG unbefristet, sondern allein für Personen, die bis zum 31. Dezember 1951 ihren Wohnsitz in Österreich genommen hatten. Ausnahmen waren für später eintreffende ehemalige Kriegsgefangene und für Personen im genehmigten Familiennachzug vorgesehen.

---

564 *Gauß* in: Machunze, Band 2, S. 228, 231.

565 Gesetz vom 31. März 1951, Öst. BGBl. Nr. 94/1951.

566 Gesetz vom 18. Juli 1952, Öst. BGBl. Nr. 166/1952.

567 Gesetz vom 18. Juli 1952, Öst. BGBl. Nr. 167/1952.

568 Gesetz vom 18. Juli 1952, Öst. BGBl. Nr. 172/1952.

569 Gesetz vom 18. Juli 1952, Öst. BGBl. Nr. 168/1952.

570 Gesetze vom 18. Juli 1952, Öst. BGBl. Nr. 169/1952 und vom 7. Dezember 1954, Öst. BGBl. Nr. 17/1955.

571 Gesetz vom 18. Juli 1952, Öst. BGBl. Nr. 170/1952.

572 Gesetze vom 15. Oktober 1952, Öst. BGBl. Nr. 209/1952 und vom 10. Februar 1954, Öst. BGBl. Nr. 41/1954.

573 Gesetz vom 7. März 1955, Öst. BGBl. Nr. 68/1955.

574 Gesetze vom 25. Juli 1951, Öst. BGBl. Nr. 159/1951, vom 1. Juli 1953, Öst. BGBl. Nr. 103/1953 und vom 13. März 1957, Öst. BGBl. Nr. 77/1957.

575 Erlaß des Unterrichtsministers von 1951; *Machunze*, Bd. 1, S. 12.

576 Gesetz vom 12. März 1958, Öst. BGBl. Nr. 55/1958.

577 VO der BReg. vom 28. Februar 1956, Öst. BGBl. Nr. 44/1956.

Zehntausende der volksdeutschen Vertriebenen verließen Österreich im Rahmen von Auswanderungsaktionen unter dem Schlagwort "heraus aus den Baracken" und wanderten nach Übersee aus[578]. Ein Großteil der in Österreich aufgenommenen Flüchtlinge reiste ferner - legal oder illegal - nach Bayern. Da sich die Einbürgerung der bleibewilligen Volksdeutschen als zu langwierig erwies, andererseits aber eine kollektive Einbürgerung unabhängig vom Willen der Betroffenen nicht in Betracht kam, erließ Österreich am 2. Juni 1954 ein Optionsgesetz[579]. Danach genügte es, wenn der volljährige Volksdeutsche, der bis zum 31. Dezember 1949 seinen Wohnsitz in Österreich genommen haben mußte, der keine Vorstrafen aufwies und die öffentliche Sicherheit und Ordnung nicht gefährden würde, eine Erklärung abgab, der österreichischen Republik als "getreuer Staatsbürger" angehören zu wollen[580]. Die Optionserklärung mußte gemäß § 3 Abs. 1 des Gesetzes schriftlich beim zuständigen Amt der Landesregierung abgegeben werden. Ursprünglich war die Optionsmöglichkeit in § 3 bis zum 31. Dezember 1955 befristet. Diese Befristung entsprang der Auffassung, daß ein volksdeutscher Vertriebener nun 9 Jahre Zeit gehabt hätte, sich zum österreichischen Staat zu bekennen. Eine längere Bedenkzeit wäre überflüssig[581]. Nach 1950 eintreffende Vertriebene sollten offensichtlich keine Optionsmöglichkeit erhalten. Da jedoch zeitgleich das bundesdeutsche 1. StARegG verabschiedet wurde, das einen Großteil der - auch in Österreich aufgenommenen - Volksdeutschen zu deutschen Staatsangehörigen erklärte, und die Vertriebenen erst die deutsche Staatsangehörigkeit ausschlagen mußten, um für die österreichische zu optieren, kam es bis 1955 zu sehr wenigen Optionen. Bis zum 31. Juli 1955 hatten von den ca. 170.000 noch nicht eingebürgerten Volksdeutschen erst 40.000 eine Optionserklärung abgegeben[582]. Wegen dieser bürokratischen Hindernisse verlängerte man die Optionsfrist um ein halbes Jahr bis zum 30. Juni 1956[583]. Das österreichische

---

578 *Gauß* in: Machunze, Bd. 2, S. 228, 229.

579 Öst. BGBl. Nr. 142/1954.

580 Zum Text des Optionsgesetzes vergl. *Schätzel*, Das deutsche Staatsangehörigkeitsrecht, S. 63, 64 und *Machunze*, Bd. 3, S. 104.

581 *Machunze*, Bd. 3, S. 198.

582 *Machunze*, Band 3, S. 121 und 260.

583 Gesetz vom 20. Dezember 1955, Öst. BGBl. Nr. 284/1955; vergl. auch *Machunze*, Band 3, S. 130 ff.

Optionsgesetz ist formell nie aufgehoben worden, aufgrund des Fristablaufs ist es aber heute gegenstandslos[584].

Als Ergebnis bleibt festzuhalten, daß Österreich sehr wohl eine Verantwortung gegenüber den aufgenommenen Heimatvertriebenen übernommen hat, wenn auch nicht vergleichbar mit dem sehr großzügigen bundesdeutschen Lastenausgleich. Das Phänomen des Spätvertriebenen (Aussiedler), der erst nach dem Abschluß der allgemeinen Vertreibungsmaßnahmen einreist, kennt das österreichische Vertriebenenrecht jedoch nicht. Da weder die Gleichstellungsregelungen noch der Optionsanspruch auf die Spätvertriebenen anwendbar sind, werden Aussiedler in Österreich als Ausländer behandelt. Ob sie in der Verwaltungspraxis erleichtert aufgenommen und eingebürgert werden, läßt sich nicht feststellen. Ein dem bundesdeutschen BVFG vergleichbares Gesetz, das ihnen Rechte und Vergünstigungen gewährt, existiert jedenfalls nicht.

Demzufolge ist das bundesdeutsche Aussiedlerrecht auf der Welt einzigartig und übertrifft in seiner Großzügigkeit die Regelungen Österreichs und der DDR bei weitem nicht nur in materieller, sondern auch in zeitlicher bzw. personeller Hinsicht.

584 *Zeyringer/Mussger*, S. 236.

Teil 4

Minderheitenschutz der deutschen Volksgruppen in den Aussiedlungsgebieten

Ob das deutsche Aussiedlerrecht auch nach dem Inkrafttreten des KfbG[1] noch reformierungsbedürftig ist, hängt insbesondere davon ab, ob und wie sich die Situation der deutschen Minderheiten in den Aussiedlungsgebieten verändert hat. Das BVFG unterstellte bis Ende 1992 und auch heute noch für Aussiedler aus der ehemaligen Sowjetunion einen fortdauernden Vertreibungsdruck[2] in Form von staatlichen Diskriminierungen oder auch persönlicher Vereinsamung. Allein dieser Vertreibungsdruck unterscheidet die Aussiedler von sämtlichen Auslandsdeutschen aus anderen Teilen der Welt, berechtigt sie zur Inanspruchnahme von Rechten und Vergünstigungen und verschafft ihnen mit § 6 Abs. 1 1. StARegG einen Einbürgerungsanspruch.

Es fragt sich jedoch, ob der erforderliche Vertreibungsdruck heute noch besteht. Hierbei genügt es nicht, demokratische Reformprozesse in den ehemaligen Ostblockstaaten zu beleuchten; vielmehr kommt es auf die Gewährung von Minderheitenrechten entsprechend dem internationalen Standard an. Daher ist es zunächst erforderlich, einen Blick auf die völkerrechtlichen Grundlagen des Minderheitenschutzes zu werfen. Sie sind ein entscheidender Anhaltspunkt dafür, was von den ehemaligen Vertreiberstaaten erwartet werden muß; sie weisen aber nicht zuletzt darauf hin, daß nicht mehr verlangt werden darf, als international und in Westeuropa üblich.

---

1 BGBl. 1992 I, S. 2094.

2 Siehe oben in Teil 3 auf den Seiten 106 ff.

I. Völkerrechtliche Grundlagen des Minderheitenschutzes

1. Definition der Minderheit

Nach der amtlichen UNO-Definition umfaßt der Begriff der Minderheit

> "nur jene nicht herrschenden Gruppen innerhalb einer Bevölkerung, die dauerhafte ethnische, religiöse oder sprachliche Traditionen oder andere wesentliche Eigenschaften besitzen, die sich deutlich von denjenigen der übrigen Bevölkerung unterscheiden und die sie zu bewahren wünschen"[3].

Nicht zur "Bevölkerung" im Sinne der Minderheitendefinition zählen die "Fremden", welche die Staatsangehörigkeit eines anderen Staates besitzen. Sie werden von ihrem Heimatstaat konsularisch geschützt[4].

Entscheidend ist jedoch, daß nach völkerrechtlichen Grundsätzen nicht jeder Staat selbst über das Vorhandensein von Minderheiten in seinem Staatsgebiet entscheiden kann. Durch ein solches Leugnen könnte sich ein Staat allen völkerrechtlichen Verpflichtungen entziehen und eine minderheitenfeindliche Assimilierungspolitik betreiben[5].

2. Weltweit vereinbarte Minderheitenrechte

Die Konvention über die Verhütung und Bestrafung des Völkermordes vom 9. Dezember 1948 (Genocid-Konvention)[6] schützt die Minderheiten in ihrer physischen Existenz vor Handlungen, die in der Absicht begangen werden, die Gruppe zu vernichten. Verboten sind u.a. Tötung, Sterilisation sowie die Zufügung von ernstem körperlichem und geistigem Schaden[7].

Praxisrelevanter ist heute das individuelle Diskriminierungsverbot, welches die Benachteiligung einzelner Gruppenangehöriger gegenüber anderen Staatsbürgern in den grundlegenden Menschenrechten (Leben, Freiheit, Meinungsäußerung und Sprache) verbietet. Der Minderheitenangehörige darf

---

3 Vergl. UN-Doc. E/CN. 4/Sub. 2/119, § 32; UN-Doc. E/CN. 4/Sub. 2/149, § 26; *Blumenwitz*, BTDrs. 11/1344, S. 169; *Pircher*, S. 27.

4 *Pircher*, S. 25.

5 *Blumenwitz*, BT-Drs. 11/1344, S. 169; *Brunner*, BT-Drs. 11/1344, S. 229.

6 Text: UNTS, Band 78, S. 277.

7 Zur Frage, ob es sich hierbei um ein kollektives oder um ein individuelles Recht handelt, vergl. *Pircher*, S. 41.

außerdem in seinen staatsbürgerlichen Stimm- und Wahlrechten sowie hinsichtlich der positiven Leistungen des Staates, z.B. im Bereich der Daseinsvorsorge, nicht schlechter gestellt werden. Völkerrechtliche Verbindlichkeit erlangte das individuelle Diskriminierungsverbot durch die UN-Konvention zur Beseitigung jeder Form von Rassendiskriminierung vom 21. Dezember 1965[8], den Internationalen Pakt über bürgerliche und politische Rechte IPBPR vom 16. Dezember 1966[9] sowie durch den Internationalen Pakt über wirtschaftliche, soziale und kulturelle Rechte[10]. Eine besondere Bedeutung kommt dem Art. 27 IPBPR zu, der folgenden Wortlaut hat:

> "In Staaten mit ethnischen, religiösen oder sprachlichen Minderheiten darf Angehörigen solcher Minderheiten nicht das Recht vorenthalten werden, gemeinsam mit anderen Angehörigen ihrer Gruppe ihr eigenes kulturelles Leben zu pflegen, ihre eigene Religion zu bekennen und auszuüben oder sich ihrer eigenen Sprache zu bedienen".

Diesen Abkommen sind sämtliche Staaten des ehemaligen Warschauer Paktes beigetreten. Ferner enthält Absatz 4 des Prinzips VII der Schlußakte von Helsinki vom 1. August 1975 ein individuelles Diskriminierungsverbot, das jedoch inhaltlich auf Art. 27 IPBPR verweist. Zwar handelt es sich hierbei nicht um einen rechtsverbindlichen völkerrechtlichen Vertrag, zumindest aber um eine deklaratorische Bekräftigung bestimmter Menschenrechte[11].

Art. 2 a des Internationalen Übereinkommens zur Beseitigung jeder Form von Rassendiskriminierung vom 21. Dezember 1965 erstreckt das individuelle Diskriminierungsverbot auf die Gruppe und wertet es somit zu einem kollektiven Diskriminierungsverbot auf. Danach haben die Behörden der Vertragsstaaten diskriminierende, also wegen gruppenbezogener Eigenschaften unterscheidende, Maßnahmen gegenüber Personengruppen und Einrichtungen zu unterlassen.

Positiven Minderheitenschutz gewährt Art. 27 IPBPR, der das Recht der Minderheit auf Kulturpflege und auf Gebrauch der Muttersprache beinhaltet.

---

8 Inkrafttreten am 4. Januar 1969, BGBl. 1969 II, S. 962.

9 Inkrafttreten am 23. März 1976, BGBl. 1973 II, S. 1534; vergl. zu Art. 27 *Partsch*, Geck-Gedenkschrift, S. 581 ff.; *Pircher*, S. 216 ff. und *Kimminich*, in: Brunner/Camartin/Harbich/Kimminich, S. 13, 25.

10 BGBl. 1973 II, S. 1570.

11 *Günther*, S. 4.

Allerdings verpflichten sich die Vertragsstaaten nicht dazu, den Gebrauch der Sprache überall, z.B. auch im Gerichts, Behörden und Schulwesen, zu gestatten. Die Minderheiten erhalten lediglich das Recht, ihre Muttersprache im privaten Bereich zu verwenden[12].

Art. 27 und 18 IPBPR gestatten den Minderheiten, ihre eigene Religion zu bekennen und auszuüben, wobei die Religionsfreiheit die Freiheit zur religiösen Unterweisung einschließt[13].

3. Minderheitenschutz in Westeuropa

Der Europarat hat sich weniger intensiv als die UNO mit dem Minderheitenschutz auseinandergesetzt. Eine mit Art. 27 IPBPR vergleichbare Vorschrift ist nicht erlassen worden, lediglich Art. 14 der Europäischen Menschenrechtskonvention (EMRK) nennt als einen der verbotenen Diskriminierungsgründe die "Zugehörigkeit zu einer nationalen Minderheit"[14]. Die KSZE-Konferenzen in Kopenhagen[15], Genf und Moskau hatten zwar Minderheitenrechte zum Inhalt, allerdings nur in Form von politischen Absichtserklärungen, die keine Rechtsansprüche begründen können[16]. Angesichts der großen Verbreitung ethnischer, kultureller und sprachlicher Minderheiten in westeuropäischen Flächenstaaten ist diese geringe Ausprägung des europäischen Minderheitenschutzes erstaunlich. Nach einer 1974 erstellten Statistik[17] lebten zu diesem Zeitpunkt z.B. rund 400.000 Flamen in Frankreich, 345.000 Schweden in Finnland, 100.000 Deutsche in Belgien usw. Insgesamt galten damals über 35 Mio. Personen als Angehörige einer nationalen Minderheit in Westeuropa[18].

Einen echten völkerrechtlich gesicherten Minderheitenschutz genießen z.B. die Bewohner folgender Gebiete: 21.500 Schweden auf den finnischen

---

12 *Blumenwitz*, BT-Drs. 11/1344, S. 170; *Brunner*, BTDrs. 11/1344, S. 229.

13 *Pircher*, S. 222.

14 BGBl. 1952 II, S. 686, 953 und BGBl. 1968 II, S. 1116, 1120; ferner *Kimminich* in Brunner/Camartin/Harbich/Kimminich, S. 13, 30.

15 Siehe hierzu unten bei Fußnote 52.

16 DOD Nr. 11 vom 20. März 1992, S. 1, 3.

17 Das Parlament, 24. Jahrgang, Nr. 34 35, Bonn, 24. August 1974, S. 1.

18 *Kimminich*, in Brunner/Camartin/Harbich/Kimminich, S. 32.

Inseln[19], 235.000 deutsche Volkszugehörige in Südtirol[20], 20.000 Deutsche in Dänemark bzw. 50.000 Dänen in Deutschland[21], 65.000 Slowenen in Italien[22] und viele andere. Viele andere westeuropäische Staaten gewähren ihren Minderheiten in verschiedenem Umfang Rechte auf Schulen, Rundfunk, Theater, Presse usw., die jedoch zumeist auf dem allgemeinen Gleichheitsgrundsatz beruhen, wie z.B. in Schweden und Norwegen. Neben den mehrsprachigen Staaten wie Belgien, der Schweiz und Finnland enthalten jedoch auch die Verfassungen Italiens (Art. 6) und Spaniens (Art. 2) Regelungen zum Schutz der Minderheiten[23]. So besitzen z.B. die Basken in Spanien seit 1979 ein Autonomiestatut[24]. Als schlechte Beispiele für westeuropäischen Minderheitenschutz dienen Griechenland und Frankreich. In Griechenland gibt es keine minderheitenspezifische gesetzliche Regelung; vielmehr wird die Existenz der ethnischen Minderheiten der Türken, Bulgaren, Armenier und Aromunen in den griechischen Gesetzen geleugnet. Ein eigensprachliches Schulwesen ist schon deshalb nicht möglich, weil die griechischen Gesetze für alle Staatsbürger die sechs Grundschuljahre in neugriechischer Unterrichtssprache vorschreiben[25]. In Frankreich existiert ebenfalls kein Minderheitenstatut für Elsässer, Lothringer oder Flamen. Diese Volksgruppen können sich lediglich auf den allgemeinen Gleichheitssatz berufen. Zwar wird in ElsaßLothringen ein erweiterter Deutschunterricht angeboten, allerdings nicht als allgemeine Unterrichtssprache. Aus diesem Grund sind auch die Flamen im Norden Frankreichs fast vollständig französisiert[26]. Neben der baskischen und der katalanischen Minderheit stellen auch die Korsen den französischen Staat vor Probleme. Obwohl Präsident Mitterand 1983 die kulturelle Eigenständigkeit des korsischen Volkes anerkannte und ein direkt gewähltes korsisches Regionalparlament konstituierte, haben die Autonomiebewegungen vieler korsischer Vereinigungen nicht nachgelassen[27].

---

19 Vergl. hierzu *Kimminich*, in Brunner/Camartin/Harbich/Kimminich, S. 39.

20 *Kimminich*, in Brunner/Camartin/Harbich/Kimminich, S. 39/40.

21 *Kimminich*, in Brunner/Camartin/Harbich/Kimminich, S. 41 f.

22 *Kimminich*, in Brunner/Camartin/Harbich/Kimminich, S. 42.

23 *Kimminich*, in Brunner/Camartin/Harbich/Kimminich, S. 43 ff.

24 *Ludwig*, S. 44.

25 *Kimminich*, in Brunner/Camartin/Harbich/Kimminich, S. 49.

26 *Kimminich*, in Brunner/Camartin/Harbich/Kimminich, S. 49.

27 *Ludwig*, S. 104/105.

Im Ergebnis bleibt festzuhalten, daß sich nicht alle westeuropäischen Staaten an die völkerrechtlichen Vorgaben insbesondere des Art. 27 IPBPR halten. Wenn Minderheitenrechte gewährt werden, dann häufig ohne gesetzliche Grundlage.

II. Minderheitenschutz in den einzelnen Staaten

1. Polen

a) Assimilierungspolitik bis 1989

Nach dem Ende des Zweiten Weltkriegs hat der polnische Staat die ca. 1,4 Mio. Angehörigen des sogenannten "schwebenden Volkstums", die sowohl deutsche als auch slawische Vorfahren besitzen (vielfach "Autochthone" genannt), und die daher auch die spätere Bundesrepublik Deutschland als ihre Staatsangehörigen in Anspruch nahm, rehabilitiert und verifiziert[28]. Diese Personen sollten ebenso wie die in Polen verbliebenen Reichsdeutschen so rasch wie möglich in die polnische Gesellschaft eingegliedert werden[29]. Lediglich die etwa 250.000 Personen starke deutsche Volksgruppe in Niederschlesien wurde seit 1950 offiziell als Minderheit anerkannt und durfte sich in der Folgezeit kulturell und religiös betätigen[30]. Zwischen 1955 und 1959 siedelten jedoch im Rahmen eines Familienzusammenführungsprogramms 248.626 Deutsche aus Niederschlesien in die Bundesrepublik Deutschland und weitere 40.000 Deutsche in die DDR aus. Angesichts der wenigen verbliebenen anerkannten Deutschen in Niederschlesien beendete Polen seine Förderung der deutschen Kulturpolitik. Die deutschen Schulen wurden bis 1960 aufgelöst; auch die Herausgabe der Zeitung stellte man ein[31].

Seither bestritt die Volksrepublik Polen bis zur politischen Wende im Jahr 1989 in jeder offiziellen Stellungnahme und in sämtlichen Gesetzen die Existenz einer deutschen Minderheit auf polnischem Territorium[32]. Dieses Leugnen verstieß evident gegen Art. 27 des von Polen mit unterzeichneten inter-

---

28 Vergleiche oben in Teil 2 auf Seite 26.

29 *Rogall*, Polen/Oder-Neiße-Gebiete, S. 27, 31.

30 *Günther*, S. 5 f.; *Rogall*, Polen/Oder-Neiße-Gebiete, S. 30/31.

31 *Rogall*, Polen/Oder-Neiße-Gebiete, S. 31; *Günther*, S. 6.

32 *Brunner*, in Brunner/Camartin/Harbich/Kimminich, S. 61; *Blumenwitz*, BT-Drs. 11/1344, S. 169, 172, vergl. insbes. Fußnote 26; *Günther*, S. 3.

nationalen Pakts über bürgerliche und politische Rechte, weil damit zwangsläufig eine die Minderheit in ihrem Bestand bedrohende Assimilierungspolitik einherging[33]. Anders als die Weißrussen, Ukrainer, Slowaken und Litauer erhielten die deutschen Volkszugehörigen nicht das Recht auf eigene Schulen und Kulturverbände[34], sondern wurden Opfer einer Umerziehungspolitik.

So war der Gebrauch der deutschen Sprache in der Öffentlichkeit regelmäßig mit beruflichen Nachteilen verbunden, wobei zu beachten ist, daß deutsche Volkszugehörige ohnehin selten leitende Funktionen innehatten. Die Lehrsituation im Fach Deutsch war stets unbefriedigend, und von außerhalb durften weder Literatur noch anderes Informationsmaterial über Deutschland in die Hände der deutschen Minderheit gelangen. Westkontakte wurden vor allem bei deutschen Volkszugehörigen überwacht und nur selten genehmigt. Setzte sich jemand für die Belange der deutschen Volksgruppe ein, so konnte dieses als "konterrevolutionäre Handlung" angesehen und seit 1982 sogar strafrechtlich verfolgt werden[35]. Auch durch die Beschränkung der Meinungsfreiheit und durch die ungenügenden Möglichkeiten zur Kultur und Volkstumspflege verletzte der polnische Staat lange Zeit die Art. 19 und 27 IPBPR[36].

Die staatlichen Bemühungen zur Assimilierung verfehlten jedoch zumindest bei der Vorkriegsgeneration ihre Wirkung. Sie litt unter der diskriminierenden Behandlung durch die ostpolnischen Zuwanderer, von denen etwa 1,5 Mio. in den neuen polnischen Westgebieten angesiedelt wurden[37]. Diese Unterdrückung und das erzwungene Bekenntnis zum polnischen Staat führten dazu, daß die Angehörigen des schwebenden Volkstums ihr Sonderbewußtsein als deutsche Volkszugehörige förderten[38]. Wegen der nicht vorhandenen kulturellen Entfaltungsmöglichkeiten und insbesondere wegen des nur eingeschränkt möglichen Gebrauchs der deutschen Sprache wurden jedoch die im und nach dem Krieg geborenen Generationen sprachlich und auch hinsichtlich ihres nationalen Bekenntnisses stark assimiliert[39]. Kinder aus gemischtnatio-

---

33 *Brunner*, BT-Drs. 11/1344, S. 223, 229, 232.

34 *Brunner*, Brunner/Camartin/Harbich/Kimminich, S. 87.

35 *Wolf*, Aussiedler, S. 90 f.

36 *Blumenwitz*, BT-Drs. 11/1344, S. 177 f.

37 *Günther*, S. 7; *Habel/Kistler*, S. 53.

38 *Rogall*, Polen/Oder-Neiße-Gebiete, S. 31.

39 *Rogall*, Polen/Oder-Neiße-Gebiete, S. 35.

nalen Ehen besitzen heute nur selten deutsche Sprachkenntnisse; insgesamt beherrschen 80-90 % der jugendlichen Aussiedler die deutsche Sprache nicht oder nur mangelhaft[40].

Nach der KSZE-Tagung in Helsinki, anläßlich derer Polen und Deutschland ein Ausreiseabkommen schlossen, stieg die bislang geringe Zahl der Aussiedler aus dem polnischen Bereich erheblich an. Statt 7.040 Personen im Jahr 1975 durften 1976 z.B. 29.366 deutsche Volkszugehörige ausreisen[41]. Allerdings mußte ein Aussiedlungswilliger bis zur endgültigen Genehmigung durch seinen Heimatstaat berufliche Nachteile und Überwachungsmaßnahmen durch den polnischen Geheimdienst in Kauf nehmen[42]. Die Genehmigungspraxis von Aussiedlungsanträgen verlief jedoch immer restriktiver, je stärker sich die polnische Regierung zu Beginn der achtziger Jahre von der innenpolitischen Krise bedroht sah. Zwischen dem 13. Dezember 1981 und dem 22. Juli 1983 galt in Polen das Kriegsrecht, was sich nicht nur für die 1980 gegründete, von Lech Walesa geführte "Unabhängige selbstverwaltete Gewerkschaft Solidarität" nachteilig auswirkte, sondern auch für die Minderheitenrechte der deutschen Volksgruppe, für die sich die Solidarität stark einsetzte[43]. Daher gelangten in der Folgezeit immer mehr Aussiedler über Besuchsvisa in die Bundesrepublik Deutschland; 1984 waren es sogar 93 %[44].

Als im Juni 1984 der polnische Regierungssprecher Urban erneut betonte, es gebe keine deutsche Minderheit in Polen[45], dezimierte sich die Hoffnung der deutschen Volksgruppe auf die Gewährung von Minderheitenrechten immer stärker. Wer deutsche Organisationen registrieren lassen oder deutschsprachige Zeitungen herausgeben wollte, wurde zur Aussiedlung in die Bundesrepublik Deutschland veralaßt[46]. Dennoch betätigten sich deutsche Volkszugehörige in Organisationen und kämpften um ihre Volksgruppenrechte sowie um die Erhaltung der deutschen Sprache und Kultur, wie z.B. die

---

40 *Häußer/Kapinos/Christ*, S. 197.

41 Übersicht bei *Rogall*, Polen/Oder-Neiße-Gebiete, S. 32.

42 *Wolf*, IFLA 1985, S. 65.

43 *Häußer/Kapinos/Christ*, S. 197; Der Spiegel, Nr. 47 vom 20. November 1989, S. 196, 197.

44 *Wolf*, Aussiedler, S. 87.

45 *Wolf*, Aussiedler, S. 89; *Blumenwitz*, BT-Drs. 11/1344, S. 172, Fußnote 26.

46 *Rogall*, Polen/Oder-Neiße-Gebiete, S. 33.

"AGMO - ostdeutsche Menschenrechtsgesellschaft"[47]. Anfang der achtziger Jahre bildeten die Deutschen in Schlesien eine Vielzahl von Initiativgruppen, die sich im Dezember 1985 zum "Deutschen Freundschaftskreis" (DFK) zusammenschlossen. Zwischen 1987 und 1989 strebte der DFK die offizielle Gründung verschiedener Organisationen an, was die Behörden jedoch trotz der wegweisenden "Bonner Erklärung" von Bundeskanzler Kohl und dem sowjetischen Staats und Parteichef Gorbatschow zur Gewährung von Minderheitenrechten stets ablehnten[48]. Erst nach der politischen Wende in Polen erreichten die deutschen Verbände ihre Registrierung.

b) Wende seit der Regierungsübernahme durch die Solidarität

Nach den Gesprächen am "Runden Tisch" im Frühjahr 1989 und den Wahlen am 4. Juni gelang es der Solidarität unter Tadeusz Mazowiecki im August 1989 als führende Kraft einer Koalition die Regierungsverantwortung zu übernehmen.

Daß die neue Regierung eine minderheitenfreundliche Politik betrieb, zeigte sich schon bald darauf, als im Sejm ein Minderheitenausschuß gebildet wurde, der im Oktober 1989 deutsche Vertreter zu einer Anhörung lud[49]. Anläßlich des Besuchs des deutschen Bundeskanzlers in Warschau am 14. November 1989 unterzeichneten Mazowiecki und Kohl ferner eine "Gemeinsame Erklärung", deren Art. 50 die kulturellen Rechte der deutschen Minderheit festschreibt[50]. Wenngleich ohne völkerrechtlich bindenden Charakter, so war diese Erklärung doch wegweisend für die zukünftige polnische Minderheitenpolitik.

Völkerrechtlich verbindlich sind dagegen der deutsch-polnische Grenzvertrag vom 14. November 1990 und der am 17. Juni 1991 unterzeichnete Vertrag über Zusammenarbeit und gute Nachbarschaft[51]. In Art. 20 und 21 des Vertrages garantiert Polen der deutschen Minderheit sämtliche individuellen

---

47 Zu deren Gründung vergl. *Günther*, S. 8.

48 *Günther*, S. 9-12; *Rogall*, Polen/Oder-Neiße-Gebiete, S. 33.

49 *Günther*, S. 13.

50 Text bei *Günther*, S. 13.

51 BGBl. 1991 II, S. 1314. Die Verfassungsmäßigkeit des deutsch-polnischen Grenzvertrages bestätigte das BVerfG, DVBl. 1992, S. 1285 ff. = NJW 1992, S. 3222 ff.

und kollektiven Rechte, die auch von der UNO, dem Europarat und der KSZE[52] gefordert werden. Trotz der heftigen Kritik der deutschen Vertriebenenverbände wurden in diesem Vertrag weder Fragen der Staatsangehörigkeit noch der Entschädigung geregelt. In dem begleitenden Briefwechsel erklärte sich die polnische Regierung ferner außerstande, bereits jetzt deutsche Orts und Straßennamen zuzulassen. Die Rückkehr von Heimatvertriebenen wurde von den Fortschritten beim EGBeitritt Polens abhängig gemacht[53]. Eine gesetzliche Verankerung der Minderheitenrechte steht bislang noch aus, wenngleich der ehemalige polnische Ministerpräsident Jan Olschewski sich hierfür eingesetzt hat[54].

Parallel zu diesen politischen Schritten verbesserte sich die Situation der deutschen Minderheit. Am 16. Januar 1990 erging die erste bahnbrechende positive Entscheidung über die Registrierung der "Sozial-Kulturellen Gesellschaft der Menschen deutscher Volkszugehörigkeit in der Woiwodschaft Kattowitz", mit der erstmals die Existenz deutscher Volksgruppen behördlicherseits anerkannt wurde[55]. Im Laufe der Folgemonate wurde mit Ausnahme der Danziger Vereinigung allen gestellten Anträgen auf die Zulassung deutscher Kulturverbände entsprochen[56].

Seit dem 4. Juni 1989 werden auf dem Annaberg in Oberschlesien regelmäßig deutschsprachige Gottesdienste abgehalten; auch in der Öffentlichkeit ist der Gebrauch der deutschen Sprache wieder gefahrlos möglich[57]. Am Deutschunterricht besteht ein großes Interesse, so daß das Goethe-Institut im Dezember 1990 unter anderem in Warschau eine neue Filiale errichtet hat[58]. Seit September 1990 steht es entsprechend Art. 48 der Gemeinsamen Erklärung den Schülern in der fünften Klasse frei, anstelle von Russisch eine westliche Fremdsprache (Englisch oder Deutsch) zu erlernen, allerdings fehlt

---

52 Kopenhagener Treffen über die menschliche Dimension der KSZE vom 29. Juni 1990, Bulletin des Presse- und Informationsamtes der Bundesregierung Nr. 88, S. 757, 756 f. vom 4. Juli 1990, sowie der Charta von Paris für ein neues Europa vom 21. November 1990, Bulletin des Presse- und Informationsamtes der Bundesregierung Nr. 137, S. 1409 vom 24. November 1990.

53 Der Tagesspiegel, 18. Juni 1991.

54 DOD Nr. 10 vom 20. März 1992, S. 1.

55 *Günther*, S. 13/14.

56 *Günther*, S. 14.

57 Der Spiegel, Nr. 47 vom 20. November 1989, S. 194, 195.

58 Hamburger Abendblatt, 27. Dezember 1990.

es noch an qualifizierten Deutschlehrern[59]. Auch örtliche Organisationen des DFK bieten Deutschunterricht an und betreiben Bibliotheken mit deutscher Literatur[60]. Seit Mai 1990 erscheinen die "Oberschlesischen Nachrichten" in Form einer Beilage der "Trybuna Opolska" als Informationsblatt für die Deutschen in Schlesien[61]. Radio Kattowitz strahlt seit Mai 1991 für die deutsche Minderheit eine wöchentlich einstündige Sondersendung in deutscher und polnischer Sprache aus[62], auch TV-Sendungen des Kattowitzer Fernsehens sind geplant[63].

Nicht nur im kulturellen, sondern auch im politischen Bereich durfte die deutsche Minderheit in Polen aktiv werden. Erstmals bei den Kommunalwahlen am 27. Mai 1991 gelang es ihr, in 36 Gemeinden vertreten zu sein und in 25 von ihnen sogar die absolute Mehrheit zu erzielen[64]. Bei den ersten freien polnischen Parlamentswahlen am 27. Oktober 1991 haben vier von den 53 deutschen Kandidaten Sitze im polnischen Sejm erlangen können[65]. Sie werden sich vor allem für ein eigenes Minderheitengesetz sowie für die Anerkennung der doppelten Staatsbürgerschaft eisetzen[66].

Zusammenfassend läßt sich sagen, daß seit der Wende im Sommer 1989, spätestens aber seit der deutschpolnischen "Gemeinsamen Erklärung" vom 14. November 1989 und der deutschpolnischen Verträge von Vertreibungsdruck in Polen keine Rede mehr sein kann[67]; die zwischen 750.000 und 1 Mio. Personen starke deutsche Minderheit[68] erhält sämtliche international üblichen Minderheitenrechte.

---

59 *Günther*, S. 21.

60 *Günther*, S. 17, 18.

61 *Günther*, S. 20.

62 Der Tagesspiegel, 15. Mai 1991.

63 *Günther*, S. 15.

64 Frankfurter Allgemeine Zeitung, 8. März 1991; *Günther*, S. 20.

65 Der Tagesspiegel, 26. und 29. Oktober 1991.

66 Der Tagesspiegel, 13. September 1991; *Leh*, DOD Nr. 44 vom 1. November 1991, S. 1.

67 Ebenso das Kölner Bundesverwaltungsamt, vergl. Der Spiegel, Nr. 51 vom 18. Dezember 1989, S. 14; *Silagi*, NVwZ 1991, S. 757 f. und *Büschen*, ZRP 1992, S. 288 ff.

68 750.000 nach Angaben des Deutschen Roten Kreuzes, Der Spiegel, Nr. 8 vom 20. Februar 1989, S. 72; mehr als 1 Mio. nach Angaben des DFK, Der Spiegel, Nr. 47 vom 20. November 1989, S. 194, 195.

2. Ehemalige Sowjetunion

a) Rechtliche Gleichstellung der Sowjetdeutschen[69]

Anders als für die deutsche Minderheit in Polen hat die politische Wende in der Sowjetunion mit der Machtübernahme Michail Gorbatschows im März 1985 die Lage der Sowjetdeutschen nicht schlagartig verbessert. Ihre rechtliche Gleichstellung mit den übrigen Sowjetbürgern hatte bereits 1955 begonnen, als nach dem Besuch des deutschen Bundeskanzlers Konrad Adenauer in der Sowjetunion das Präsidium des Obersten Sowjets am 13. Dezember 1955 ein Dekret erließ, demzufolge die Sondersiedlungen, in denen die Deutschen und ihre Familienangehörigen lebten, aufgelöst werden sollten. Allerdings erhielten die Betroffenen weder eine Entschädigung ihres im Jahre 1941 beschlagnahmten Vermögens noch das Recht auf Rückkehr in ihre Heimatorte[70]. Teilweise blieben die Sowjetdeutschen in ihren sibirischen und mittelasiatischen Verbannungsorten, zum Teil wanderten sie in den europäischen Teil der UdSSR zurück, so daß es - verglichen mit der Vorkriegszeit - zu einer völlig neuen Bevölkerungsverteilung kam. 1989 hatten über 50 % der knapp 2 Mio. Sowjetdeutschen ihren Wohnsitz in Kasachstan[71], während sie vor der Vertreibung vorwiegend in europäischen Siedlungsgebieten lebten.

Nach der Teilamnestie von 1955 rehabilitierte der Oberste Sowjet der UdSSR am 29. August 1964 die Sowjetdeutschen durch ein weiteres Dekret. Es erklärte den 1941 ausgesprochenen Vorwurf der Kollaboration für unbegründet, wertete die Auflösung der Autonomen Republik der Wolgadeutschen als Willkür und lobte die Arbeit der (angeblich) wieder fest eingegliederten deutschen Bevölkerung[72]. Da das Dekret den Sowjetdeutschen jedoch weder die Eigenstaatlichkeit zurückgab, noch eine Entschädigung festsetzte, hatte es eher politische als praktische Bedeutung. Auch die Freizügigkeit der deutschen Volksgruppe blieb weiterhin eingeschränkt.

---

69 Der Begriff "Sowjetdeutsche" bezeichnet sämtliche deutschen Volkszugehörigen, die heute auf dem Gebiet der ehemaligen Sowjetunion leben.

70 *Schwab*, Deutsche unter Deutschen, S. 40; *Häußer/Kapinos/Christ*, S. 185; *Loeber*, S. 60.

71 *v. Hoerschelmann*, IFLA 1989, S. 135, 137; DOD Nr. 39 vom 27. September 1991.

72 *Wolf*, Aussiedler, S. 105/106; *Liesner*, S. 148.

Letzteres änderte sich erst mit dem Rehabilitierungserlaß vom 3. November 1972, der u.a. den Sowjetdeutschen die Wahl ihres Wohnsitzes freistellte[73]. Allerdings bestand diese Freiheit nur auf dem Papier, da nach sowjetischem Recht die Meldebehörden den Zuzug aller Sowjetbürger genehmigen mußten, was sie bei den Deutschen nur im Falle von akutem Arbeitskräftemangel taten[74]. So gelang es lange Zeit nur wenigen Rußlanddeutschen, in ihre Heimat an der Wolga zurückzukehren; seit 1972 sind ca. 60 bis 70.000 von ihnen wieder dort ansässig[75].

Zwar besaßen die deutschen Volkszugehörigen gemäß Art. 34 der sowjetischen Verfassung von 1977 formal die gleichen Rechte wie Sowjetbürger russischer oder anderer Nationalität, in bezug auf die Minderheitenrechte bestanden hingegen bis vor kurzem erhebliche Mängel. Nach dem Selbstverständnis der ehemaligen Sowjetunion bildete kein Volk die Staatsnation; vielmehr löste sich die Nationalitätenfrage auf der Grundlage des Territorialprinzips. Innerhalb der 53 nationalen Gebietseinheiten (Unionsrepubliken, Autonome Republiken, Autonome Gebiete und Autonome Bezirke) war jede der herrschenden Volksgruppen autonom. Allerdings besaßen von den 100 registrierten Volksgruppen allein 42 keine eigene Gebietseinheit, wie z.B. die in Streusiedlungen lebenden Deutschen, Juden und Polen[76]. Eine spezifische Minderheitengesetzgebung für die Volksgruppen ohne Territorialautonomie war nach diesem Selbstverständnis bislang ausgeschlossen.

In der Auflösungsphase der Sowjetunion (1990 und 1991) zeichnete sich jedoch ein Trend zu einem verbesserten Minderheitenschutz ab. In Art. 15 des deutsch-sowjetischen Vertrages über "gute Nachbarschaft, Partnerschaft und Zusammenarbeit" vom 9. November 1990[77] vereinbarten die Vertragspartner, daß die sowjetischen Bürger deutscher Nationalität ebenso wie die in der Bundesrepublik lebenden Bürger sowjetischer Abstammung ihre Sprache, Kultur und Tradition bewahren dürften. Damit wurde erstmals verbindlich die kulturelle Autonomie der Deutschen in der Sowjetunion festgelegt. Diese Entwicklung wurde im Verlauf der Auflösung des sowjetischen Staates und

---

[73] *Fleischhauer/Pinkus*, S. 111.

[74] *Loeber*, S. 61; Der Spiegel, Nr. 43 vom 21. Oktober 1991, S. 207.

[75] *Rogall*, Die Deutschen im Osten, S. 12.

[76] *Blumenwitz*, BT-Drs. 11/1344, S. 171; *Brunner*, BT-Drs. 11/1344, S. 233.

[77] BGBl. 1991 II, S. 702, 707; Bekanntmachung über das Inkrafttreten BGBl. 1991 II, S. 1401.

der damit verbundenen Verselbständigung der ehemaligen Teilrepubliken fortgesetzt. So hat z.B. der russische Präsident Boris Jelzin in einem Gesetz vom 26. April 1991 über die Rehabilitierung unterdrückter Völker[78] sowie in der deutschrussischen Gemeinsamen Erklärung vom 21. November 1991[79] den Rußlanddeutschen nicht nur kulturelle und religiöse, sondern auch territoriale Selbstbestimmungsrechte gewährt.

b) Kulturelle und religiöse Entfaltung

Nachdem zwischen 1941 und 1956 der Schulbesuch für deutsche Kinder generell problematisch war, erst recht in der Muttersprache Deutsch, wurde erstmals gemäß einer Verordnung vom 9. April 1957 auch Unterricht in der Muttersprache wieder ermöglicht[80]. Allerdings bestand lange Zeit ein Mangel an Lehrkräften und Schulbüchern, was zu einer rasch voranschreitenden Russifizierung führte. Während 1926 noch 95 % aller Sowjetdeutschen Deutsch als ihre Muttersprache bezeichneten, war bis 1979 diese Zahl bis auf 57,7 % gesunken[81]. Zwar garantierten Art. 36 der sowjetischen Verfassung das Recht auf den Gebrauch der Muttersprache und Art. 45 den Anspruch auf muttersprachlichen Schulunterricht[82], jedoch hatten lange Zeit nur die territorial organisierten Volksgruppen eine eigene Schulverwaltung[83]. In den von Deutschen bewohnten Gebieten wurde Deutsch lediglich als Fremdsprache unterrichtet, so z.B. in einigen Schulen Tadschikistans[84], Kasachstans und Kirgisiens[85]. Seit April 1991 existiert vorerst für 200 Schüler die erste deutsche Privatschule in St. Petersburg, die deutschsprachigen Unterricht ab der ersten Klasse erteilt[86].

---

78 DOD Nr. 40 vom 4. Oktober 1991, S. 3.

79 Abdruck in: Der Tagesspiegel, 22. November 1991.

80 *Liesner*, Aussiedler, S. 145; *Eisfeld*, S. 19; *Schwab*, Deutsche unter Deutschen, S. 40.

81 *Blumenwitz*, BT-Drs. 11/1344, S. 189; *Eisfeld*, S. 19.

82 Konkretisiert durch das Unionsgesetz über die Grundlagen der Volksbildung vom 19. Juli 1973.

83 *Blumenwitz*, BT-Drs. 11/1344, S. 173; *Loeber*, S. 61.

84 Der Spiegel, Nr. 8 vom 20. Februar 1989, S. 72, 88.

85 *Loeber*, S. 61.

86 *Kummer*, Welt am Sonntag, 10. November 1991.

Deutsche Theater bestehen in zwei Städten Kasachstans (Alma Ata und Temir-Tau)[87] sowie in Duschanbe in Tadschikistan, wo die Deutschen ein Opernhaus und eine Konzerthalle errichtet haben[88].

Noch im Aufbau befindet sich das deutsche Pressewesen, das zwischen 1942 und 1956 untersagt worden war. 1956 erschien in Moskau erstmals die Wochenzeitung "Neues Leben", ein Jahr später die "Rote Fahne" in Slawgorod (Sibirien) und 1966 die deutsche Tageszeitung "Freundschaft" in Zelinograd (Kasachstan)[89]. Seit 1991 ist monatlich die "St. Petersburgische Zeitung" erhältlich, ab 1992 soll sie wöchentlich herausgegeben werden[90]. Im Gegensatz zu den sechziger Jahren, als alle Publikationen der Zensur unterworfen und dementsprechend ideologisch geprägt waren[91], profitiert auch die deutsche Presse heute von der wachsenden Meinungsfreiheit seit der "Glasnost" und "Perestroika"-Politik Gorbatschows. In den letzten 30 Jahren sind lediglich ca. 200 Bücher in deutscher Sprache erschienen[92], allerdings ebenso wie die Presseerzeugnisse in geringer Auflage, da wegen der schwindenden Sprachkenntnisse das Interesse der potentiellen Leserschaft sinkt[93].

Seit 1986 senden die Stationen in Moskau, Alma Ata, Bernaul, Frunze und Omsk mehrmals in der Woche deutschsprachige Radio und Fernsehprogramme, die jedoch ebenfalls bis zur Wende politisch beeinflußt waren[94].

Von der lange Zeit religionsfeindlichen Politik der Sowjetunion waren die kirchlich engagierten Sowjetdeutschen stark betroffen. Nach der Verfolgung aller Religionsgemeinschaften in den dreißiger und vierziger Jahren wurden 1956 in Zelinograd die erste evangelische und 1969 in Frunze die erste katholische Kirche staatlich registriert. Gegenwärtig existieren in der ehemaligen Sowjetunion über 500 deutsche lutherische Gemeinden mit etwa 200.000 Seelen und zwischen 20 und 30 katholische Gemeinden. Etwa 50.000 Sowjetdeutsche sind Anhänger freikirchlicher evangelischer Religionsgemeinschaf-

---

87 *Loeber*, S. 63; *Rogall*, Die Deutschen im Osten, S. 11.

88 Der Spiegel, Nr. 8 vom 20. Februar 1989, S. 72, 77.

89 *Häußer/Kapinos/Christ*, S. 185; *Rogall*, Die Deutschen im Osten, S. 11; *Loeber*, S. 63.

90 *Kummer*, Welt am Sonntag, 10. November 1991.

91 *Schwab*, Deutsche unter Deutschen, S. 40.

92 *Loeber*, S. 63.

93 *v. Hoerschelmann*, IFLA 1989, S. 135, 137.

94 *Wolf*, Aussiedler, S. 107; *Loeber*, S. 63.

ten[95]. Bis 1988 ließ die staatliche Aufsichtsbehörde keinen Zusammenschluß der deutschen Gemeinden zu kirchlichen Organisationen zu[96], seit November 1988 sind die evangelischen Gemeinden jedoch in einer "Deutschen Evangelisch-Lutherischen Kirche in der Sowjetunion" vereint und haben einen Bischof gewählt[97]. Aus Mangel an ausgebildeten Theologen werden Predigten jedoch auch heute noch vielfach von Laienpredigern abgehalten; ebenso fehlt es an deutschen Bibeln und Gesangbüchern[98].

Zusammenfassend läßt sich sagen, daß die kulturelle und religiöse Entfaltung der Sowjetdeutschen einen spürbaren Auwärtstrend verzeichnet. Die deutsche Sprache wird nicht mehr zurückgedrängt, sondern eher gefördert. In der ehemaligen Sowjetunion sind ca. 9,5 Mio. Menschen an Deutschunterricht interessiert, so daß Schlen und Universitäten der großen Nachfrage nicht nachkommen können und das Münchner Goethe-Institut um Hilfe ersuchen müssen[99]. Die Sowjetunion schien bis zu ihrer Auflösung der deutschen Minderheit ihre kulturellen und religiösen Rechte entsprechend dem deutschsowjetischen Freundschaftsvertrag vom 9. November 1990 vollständig zu gewähren; gegenteilige Anzeichen sind auch bei den Mitgliedsrepubliken der "GUS" nicht zu erkennen. Am 22. September 1992 unterschrieben der kasachische Präsident Naserbajew und Bundeskanzler Kohl in Bonn eine "Gemeinsame Erklärung", die unter anderem die Absicht beinhaltet, den ca. 1 Million Volksdeutschen in Kasachstan einen "Lebensschwerpunkt" unter Gewährung sämtlicher Minderheitenrechte zu erhalten[100].

c) Autonomiebestrebungen und Zukunftsperspektiven

Da in dem Vielvölkerstaat Sowjetunion kulturelle, religiöse und politische Rechte ethnischer Gruppen am leichtesten in einem eigenen Teilstaat durchzusetzen waren, haben die Sowjetdeutschen schon zwischen 1965 und 1967 die Wiedererrichtung der aufgelösten Wolgarepublik gefordert[101]. Auch um

95 *Eisfeld*, S. 20; *Rogall*, Die Deutschen im Osten, S. 10.

96 *Loeber*, S. 63.

97 *Rogall*, Die Deutschen im Osten, S. 10; *Häußer/Kapinos/Christ*, S. 186.

98 *Eisfeld*, S. 20.

99 *Rybak*, Hamburger Abendblatt, 27. Dezember 1990.

100 Der Tagesspiegel, 23. September 1992.

101 *Liesner*, Aussiedler, S. 148.

Zelinograd in Kasachstan strebten sie 1979 vergeblich die Autonomie an[102]. Erst mit dem Einsetzen der PerestroikaPolitik Gorbatschows, die eine großzügigere Genehmigungspraxis der Ausreiseanträge von Sowjetdeutschen mit sich brachte, schenkte der Oberste Sowjet auch dem Autonomiebegehren mehr Aufmerksamkeit. Die ehemalige Sowjetunion bzw. heute Rußland und die anderen Nachfolgestaaten sind sich inzwischen dessen bewußt, daß es einen Massenexodus der ca. 2 Mio. deutschen Volkszugehörigen in die Bundesrepublik Deutschland zu verhindern gilt[103]. Auswanderungen in dieser Größenordnung hätten nicht nur den Verlust wertvoller Arbeitskräfte zur Folge, sondern würden auch vom Ausland als Signal für das Scheitern der demokratischen Reformen bewertet werden.

Im April 1988 gründete die deutsche Delegation, die zu Verhandlungen nach Moskau gereist war, erstmals ein zentrales "Koordinationskomitee", aus dem sich am 31. März 1989 die Gesellschaft "Wiedergeburt" formierte[104]. Wenig später, im Juli 1989, beauftragte der Oberste Sowjet eine Nationalitätenkommission, die Probleme der Sowjetdeutschen zu untersuchen[105]. Sie analysierte die histrischen Wurzeln der deutschen Besiedlung und Vertreibung sowie die gegenwärtige Situation am Wolgagebiet und befürwortete eine Wiedererrichtung der deutschen Eigenstaatlichkeit an der Wolga, solange dadurch nicht die Rechte anderer Völker verletzt würden[106]. Der Oberste Sowjet nahm den Bericht zwar am 28. November 1989 an und beauftragte den Ministerrat mit seiner politischen Umsetzung, von konkreten Maßnahmen wurde wegen des heftigen Widerstandes der an der Wolga ansässigen russischen Bevölkerung jedoch zunächst Abstand genommen[107].

Als Folge der schleppenden Entwicklung einer deutschen Wolgarepublik wurden auch andere Konzepte entwickelt, um den Rußlanddeutschen eine Zukunftsperspektive zu eröffnen. So plädierten Kurt Wiedmaier und Hugo

---

102 *Loeber*, S. 65.

103 Für den Fall, daß ihnen die Wiedererrichtung der Wolgarepublik versagt werde, haben die Sowjetdeutschen ihre organisierte Ausreise angekündigt; vergl.: Der Tagesspiegel, 13. September 1991 und *Rogall*, Die Deutschen im Osten, S. 12.

104 *Eisfeld*, S. 21; *Häußer/Kapinos/Christ*, S. 186; *Rogall*, Die Deutschen im Osten, S. 12.

105 *v. Hoerschelmann*, IFLA 1989, S. 135, 139.

106 Ausführlich zum gesamten Bericht *v. Hoerschelmann*, IFLA 1990, S. 87 ff.

107 *Rogall*, Die Deutschen im Osten, S. 12; zur Rolle der lokalen Parteifunktionäre bei der Protestbewegung vergl. *Rybak*, Hamburger Abendblatt, 8. Juni 1991, Der Spiegel; Nr. 43 vom 21. Oktober 1991, S. 202, 205 und das Hamburger Abendblatt vom 19. August 1991.

Wormsbecher, ehemalige Führungsmitglieder der "Wiedergeburt", ebenso wie der ehemalige Vorstandssprecher der Deutschen Bank, Christians, und der Bundestagsabgeordnete Wilfried Böhm (CDU) für eine deutsche Autonomie im Königsberger Raum, in dem bisher ca. 5000 Rußlanddeutsche ihren Wohnsitz haben[108], um den Sowjetdeutschen den Vorteil der geplanten freien Wirtschaftszone zu verschaffen[109]. Dieses Vorhaben konnte sich jedoch ebenso wie der Plan des St. Petersburger Bürgermeisters Anatolij Sobtschak, die Rußlanddeuschen auf unerschlossenem Land um seine Stadt anzusiedeln[110] bei den Sowjetdeutschen nicht durchsetzen[111]. Auch der Versuch des ukrainischen Präsidenten Leonid Krawtschuk, rund 400.000 Rußlanddeutsche in seiner Republik anzusiedeln, führte bisher nur zu geringem Erfolg[112].

Nach verschiedenen Konferenzen der "Wiedergeburt" mit Vertretern der sowjetischen Staats und Parteiführung und Gesprächen der Bonner Bundesregierung mit dem russischen Minderheitenminister Prokopjew legte der russische Präsident Boris Jelzin bei seinem DeutschlandBesuch am 21. und 22. November 1991 schließlich einen Plan vor, die deutsche Wolgarepublik in vier Etappen bis 1994 wieder einzurichten. Die Wiedererrichtung der Wolgarepublik war ebenso wie die Gewährung der kulturellen und religiösen Freiheiten Inhalt des zwölften Abschnitts der am 21. November 1991 von Jelzin und Kohl unterzeichneten "Gemeinsamen Erklärung"[113]. Daß die Wiedererrichtung der deutschen Wolgarepublik nur in mehreren Etappen möglich ist, erklärt sich nicht nur aus der Rücksichtnahme auf die ansässige Bevölkerung, sondern auch aus der Notwendigkeit, für die erforderliche Infrastruktur (Wohnungen, Arbeitsplätze, Krankenhäuser, Schulen, Kindergärten usw.) zu sorgen, bevor sich der Großteil der Sowjetdeutschen dort ansiedelt. Zumindest haben die Vertreter der "Wiedergeburt" auf die Rückgabe von Häusern und Grundbesitz verzichtet und sich bereit erklärt, auf weniger dicht besie-

---

108 Welt am Sonntag, 14. März 1993.

109 Der Spiegel, Nr. 8 vom 26. November 1990, S. 194; *Littek*, DOD Nr. 34 vom 24. August 1990, S. 1; *v. Hoerschelmann*, IFLA 1990, S. 87, 89; DOD Nr. 10 vom 13. März 1992, S. 2.

110 *Kummer*, Welt am Sonntag, 10. November 1991; Der Spiegel, Nr. 37 vom 9. September 1991, S. 172, 174.

111 *Littek*, DOD Nr. 34 vom 24. August 1990, S. 1; *v. Hoerschelmann*, IFLA 1990, S. 87, 89; Der Spiegel, Nr. 8 vom 26. November 1990, S. 194; und Nr. 43 vom 21. Oktober 1991, S. 202, 206; *Kummer*, Welt am Sonntag, 6. Oktober 1991.

112 Hamburger Abendblatt, 15. März 1993.

113 Abdruck in: Der Tagesspiegel, 22. November 1991.

deltes Land an der Wolga auszuweichen[114]. Nach langwierigen Verhandlungen wurde am 10. Juli 1992 ein russischdeutsches, völkerrechtlich verbindliches Protokoll zur stufenweisen Wiederherstellung der Wolgarepublik mit der Gebietshauptstadt Saratow unterzeichnet[115]. Entgegen früherer Einschränkungen bekräftigt Rußland darin den Plan, die Republik der Wolgadeutschen in den traditionellen Siedlungsgebieten wieder zu errichten, allerdings ohne daß die Belange der jetzt ansässigen Bevölkerung geschmälert würden. Zuziehende Deutsche erhalten ein Recht auf Erwerb von Grund und Boden. Im Gegenzug sagte Bonn u.a. finanzielle Hilfeleistungen für verschiedene Projekte zu.

Ferner legt Abschnitt Nr. 12 der "Gemeinsamen Erklärung" fest, daß diejenigen deutschen Volkszugehörigen, die in ihren gegenwärtigen Siedlungsgebieten bleiben wollen, berechtigt sind, Autonome Rayons (Bezirke) zu gründen. Am 4. Juli 1991 entstand bereits der erste Autonome Bezirk in der Region Altai, wo ca. 127.000 Sowjetdeutsche leben[116]; ein weiterer ist im westsibirischen Omsk gebildet worden[117]. Auch in Nowosibirsk, wo heute ca. 60.000 Deutsche leben, soll ein Wohngebiet für Rußlanddeutsche entstehen[118].

Nach alledem sind die Zukunftsperspektiven der Sowjetdeutschen auch im eigenen Land inzwischen positiv zu beurteilen. So beschloß der Kongreß der Rußlanddeutschen am 28. Februar 1993, sich verstärkt um bessere Lebensbedingungen in der Heimat statt um Emigration nach Deutschland zu bemühen. Für die organisierte Ansiedlung der aus Mittelasien abwandernden Landsleute in deutschen Kreisen in Westsibirien, der Wolgaregion und der Ukraine setzt sich die "Wiedergeburt" ein. Auch andere rußlanddeutsche Organisationen, darunter der von der "Wiedergeburt" abgespaltene "Bund der Deutschen", befürworten die Wiederansiedlung an der Wolga[119]. Ob die 600.000 deutschen Volkszugehörigen, die bereits bei der Deutschen Botschaft in Moskau Ausrei-

---

114 Der Spiegel, Nr. 43 vom 21. Oktober 1991, S. 202, 206.

115 Der Tagesspiegel, 11. Juli 1992.

116 *Olt*, Frankfurter Allgemeine Zeitung, 28. August 1991; Berliner Morgenpost, 4. und 7. Juli 1991.

117 Frankfurter Allgemeine Zeitung, 28. August 1991; Der Tagesspiegel, 22. November 1991; Die Welt, 10. Januar 1992.

118 Die Welt, 26. Juli 1992.

119 Der Tagesspiegel, 22. August 1992.

seanträge gestellt haben[120], ihre Zukunft ebenso optimistisch bewerten, und ob sie von einer Aussiedlung in die Bundesrepublik Deutschland Abstand nehmen, bleibt abzuwarten. Fest steht jedoch, daß mit der vollständigen Rehabilitierung der deutschen Volksgruppe auch hinsichtlich ihrer zukünftigen Eigenstaatlichkeit die Unterstellung des Vertreibungsdrucks heute nicht mehr aufrechterhalten werden kann[121].

3. *Rumänien*

a) Lebensbedingungen der Rumäniendeutschen unter dem Ceausescu-Regime

Nach dem Ende des Zweiten Weltkrieges waren die Deutschen, die anders als in Polen nicht aus ihrem Heimatland vertrieben worden waren, politisch rechtlos; erst nach dem 7. September 1950 erhielten sie ihr Wahlrecht zurück[122]. Die Sozialisierungsgesetze vom Sommer 1948 betrafen zwar alle rumänischen Bürger, hatten aber u.a. zur Folge, daß das deutsche konfessionelle Schulwesen verstaatlicht wurde[123]. Erst im Jahre 1956 erhielten die ehemaligen Bauern ihre Höfe zurück, allerdings ohne die dazugehörigen landwirtschaftlichen Grundstücke. Mit dieser Maßnahme begann eine Phase der Liberalisierung, die im Jahre 1968 ihren Höhepunkt hatte, als der neu gewählte Generalsekretär Ceausescu offiziell Fehler bei der Behandlung der Rumäniendeutschen einräumte und seine Zustimmung zur Gründung eines - weisungsgebundenen - Rates der Werktätigen deutscher Nationalität erteilte[124].

Zwar gewährte Art. 17 der rumänischen Verfassung vom 21. August 1965 auch den deutschen Volkszugehörigen volle Gleichberechtigung im politischen, sozialen und kulturellen Leben, und Art. 22 sicherte den "mitwohnenden Nationalitäten"[125] den freien Gebrauch ihrer Sprache zu so-

---

120 *Rybak*, Hamburger Abendblatt, 8. Juni 1991.

121 Ebenso die deutschen Landesbehörden bei der Prüfung der "Aufnahme" nach dem AAG, vergl. *Bischoff*, Der Tagesspiegel, 16. Januar 1992.

122 *König*, DOK 1990, S. 24, 25.

123 *Wagner*, S. 37, 41.

124 *König*, DOK 1990, S. 24, 25; *Wagner*, S. 37, 41.

125 Die Verfassung von 1952 sprach noch von "nationalen Minderheiten", vergl. *Blumenwitz*, BT-Drs. 11/1344, S. 173.

wie Bücher, Zeitungen, Theater und Schuluntericht in ihrer Muttersprache[126]. Die Verfassungswirklichkeit sah dagegen anders aus. So existieren zahlreiche Berichte über Diskriminierungen - u.a. aus ethnischen Gründen - als Folge der nationalistischen Assimilierungs- und Repressionspolitik Ceausescus[127]. Neben oder unterhalb der Parteiebene bestand keine Koalitionsfreiheit, und spezifische Merkmale der mitwohnenden Minderheiten sollten langfristig ausgemerzt werden[128].

Die kulturelle Situation der Rumäniendeutschen erschien zumindest oberflächlich betrachtet sehr erfreulich verglichen mit der deutscher Minderheiten in anderen Ostblockstaaten. So gibt es bis heute in Temesvar ein Deutsches Staatstheater und in Hermannstadt deutsche Abteilungen am dortigen Staats und Puppentheater. In Rumänien erschienen bis 1989 sieben Zeitungen bzw. Zeitschriften in deutscher Sprache mit einer Auflage von insgesamt ca. 60.000 Exemplaren[129]. Diese Presseerzeugnisse unterlagen jedoch vollständig der strengen Zensur und sanken allmählich im Niveau durch die zunehmende Ideologisierung und durch die Abwanderung von Mitarbeitern[130]. Ferner brachten mehrere Verlage deutschsprachige Bücher heraus, und deutsche Chöre und Tanzgruppen konnten sich ohne Einschränkungen entfalten. Das angeblich lebendige deutsche Kulturleben war jedoch vielmehr rumänische Kultur mit deutschem Anstrich, da die Rumäniendeutschen selbst nur als deutschsprachige Rumänen mit rumänischer Kultur und Geschichte galten[131].

Obwohl das rumänische Schulwesen vollständig verstaatlicht wurde, bestand die Möglichkeit, deutsche Abteilungen an gemeinsamen Schulen und Kindergärten einzurichten. Dort war Deutsch nicht nur Unterrichtsfach, sondern auch Unterrichtssprache in der Mehrzahl der Fächer, soweit dafür Lehrkräfte zur Verfügung standen. Vor Beginn der Aussiedlungswelle im Schuljahr 1976/77 existierten 677 deutschsprachige Abteilungen mit 61.193 Schü-

---

126 *Wolf*, Aussiedler, S. 95; *Häußer/Kapinos/Christ*, S. 217; *Brunner*, in: Brunner/Camartin/Harbich/Kimminich, S. 90.

127 *Brunner*, BT-Drs. 11/1344, S. 232.

128 So Ceausescu 1972 in einer Rede vor der Nationalitätenkonferenz der RKP, vergl. *König*, DOK 1990, S. 26.

129 "Neuer Weg", "Neue Banater Zeitung", "Karpatenrundschau", "Die Woche", "Forschungen zur Volks- und Landeskunde" und die "Kirchlichen Blätter" der Ev. Landeskirche, vergl. u.a. bei *König*, S. 26/27 und bei *Wolf*, Aussiedler, S. 96.

130 *König*, DOK 1990, S. 25/26; *Wolf*, Aussiedler, S. 96.

131 *Rogall*, Die Deutschen im Osten, S. 2; *Liesner*, Aussiedler, S. 160.

lern; im Schuljahr 1988/89 gab es noch rd. 500 solcher Abteilungen mit ca. 35.000 Schülern[132]. Allmählich vernachlässigte der Staat jedoch das deutschsprachige Schulwesen, verkleinerte die deutschen Abteilungen und bildete immer weniger qualifizierte Lehrer aus[133].

Unter der Diktatur Ceausescus waren auch die Entfaltungsmöglichkeiten der Kirchen stark eingeschränkt. Soziale Dienste und Jugenderziehung gehörten nach staatlichem Verständnis nicht zu ihren Aufgaben, ebenso war ihnen jede Art von Werbung untersagt. Die staatlichen Repressalien bedrohten die Kirchen und Religionsgemeinschaften dagegen weniger in ihrem Bestand als die Abwanderung von Geistlichen und aktiven Gemeindemitgliedern. Dennoch behielt gerade die evangelische Kirche, der auch heute fast nur Deutsche angehören, ihre wichtigste Funktion, nämlich als Institution die Identität und Kontinuität der Siebenbürger Sachsen zu sichern[134].

Während der ersten 15 Jahre nach Kriegsende gab es so gut wie keine Familienzusammenführung der häufig auseinandergerissenen rumäniendeutschen Familien. Verbesserungen traten erst ein, nachdem im Jahre 1967 die Bundesrepublik mit Rumänien wieder diplomatische Beziehungen aufnahm, und erst recht nach der Absprache zwischen Bundeskanzler Schmidt und Staatspräsident Ceausescu vom 6. Januar 1978. Zwischen 1980 und 1987 reisten durchschnittlich 14.360 Personen pro Jahr in die Bundesrepublik Deutschland aus[135]. Allerdings hatte die Antragstellung schwere persönliche Diskriminierungen zur Folge; für eine Genehmigung wurden häufig neben Schmiergeldern hohe Gebühren von den Ausreisewilligen zur Erstattung der Ausbildungskosten verlangt (z.B. zwischen 3000, und 4000, USDollar für jedes Jahr akademischer Studien). Ferner erlitten die Aussiedler einen praktisch entschädigungslosen Verlust ihres beweglichen Vermögens und hatten in der Bundesrepublik angekommen eine Konsulargebühr von DM 750, für die Entlassung aus der rumänischen Staatsbürgerschaft zu entrichten. Auch von der Bundesrepublik Deutschland verlangte der rumänische Staat hohe Ablösesummen[136]. Von den rund 360.000 Deutschen, die 1977 noch in Rumänien

132 Zur Bildungssituation ausführlich: *König*, DOK 1990, S. 29 f.

133 *Rogall*, Die Deutschen im Osten, S. 2; *Blumenwitz*, BT-Drs. 11/1344, S. 174.

134 Vergl. zu allem *König*, DOK 1990, S. 27 und 28; ferner *Brunner*, BT-Drs. 11/1344, S. 232.

135 *Wagner*, S. 43.

136 *Brunner*, BT-Drs. 11/1344, S, 232; *Wolf*, Aussiedler, S. 98; *ders.*, IFLA 1985, S. 15.

lebten[137], befinden sich nach einer Volkszählung vom Januar 1992 noch 119.000 dort[138].

b) Entwicklung seit der Revolution vom Dezember 1989

Der Sturz des rumänischen Staatspräsidenten Ceausescu am 22. Dezember 1989 und seine Tötung am 25. Dezember 1989 haben die Aussiedlungsbereitschaft der Rumäniendeutschen zunächst nicht verringert[139]. Die neue rumänische Führung leitete daher Anfang 1991 eine Umkehr in der Minderheitenpolitik ein, um die Massenauswanderung aufzuhalten. Hierfür hat sie einen Ausschuß eingesetzt, der sich mit den Problemen der Rumäniendeutschen befassen soll; ferner wurde ein rumänischer Verein zur moralischen Unterstützung der Siebenbürger Sachsen gegründet[140]. Nach der Revolution waren die Rumäniendeutschen auch erstmals in der Lage, eine unabhängige Interessenvertretung zu gründen, nämlich das "Demokratische Forum der Deutschen in Rumänien". Es setzt sich für den Wiederaufbau der deutschen kulturellen Einrichtungen ein sowie für ein eigenständiges deutsches Schulwesen[141].

Für die Mehrzahl vor allem der jungen Rumäniendeutschen kamen diese Maßnahmen jedoch zu spät. Durch die Aussiedlungswelle der letzten Jahre (1990 und 1991 waren es insgesamt wieder 141.258 Personen[142]) sind die traditionellen Siedlungsgebiete radikal ausgedünnt worden. Inzwischen sind die Aussiedlungszahlen rückläufig; etwa 20.000 Anträge auf Aussiedlung liegen noch vor[143].

Obwohl der rumänischen Regierung daran gelegen ist, die fleißigen und zumeist gut ausgebildeten Deutschen im Land zu behalten[144], leidet die deutsche ebenso wie die ungarische und die serbische Minderheit stark unter dem

---

137 *König*, DOK 1990, S. 24.

138 DOD Nr. 25 vom 26. Juni 1992, S. 11.

139 *Reissenberger*, DOD Nr. 30 vom 26. Juli 1991, S. 1 f.; *Rogall*, Die Deutschen im Osten, S. 2; *Kriwanek*, Der Tagesspiegel, 13. Januar 1991.

140 *Kriwanek*, Der Tagesspiegel, 13. Januar 1991; *Rogall*, Die Deutschen im Osten, S. 2.

141 *Rogall*, Die Deutschen im Osten, S. 3.

142 Die Welt, 10. Januar 1992.

143 Der Tagesspiegel, 21. und 22. April 1992.

144 So der ehemalige Ministerpräsident Petru Roman, vergl. *Kriwanek*, Der Tagesspiegel, 13. Januar 1991.

seit der Revolution neu aufgeflammten Nationalismus[145]. Diese neue Stimmung hat inzwischen dazu geführt, daß die neue, im Dezember 1991 verabschiedete, rumänische Verfassung den ethnischen Minderheiten sogar weniger Rechte einräumt als die Verfassung des CeausescuRegimes (früher insbesondere Art. 17 und 22[146]). In Art. 1 der Verfassung ist von einem einheitlichen Nationalstaat die Rede, obwohl jeder fünfte bis sechste Einwohner Rumäniens nicht rumänischer Volkszugehörigkeit ist. Auch enthält die neue Verfassung nicht mehr das Recht, gegenüber der Lokalverwaltung die Muttersprache zu verwenden. Nach Ansicht des rumänienungarischen Parlamentabgeordneten Ferenc Baranyi haben die Nationalisten ferner zum Ziel, das Schulwesen der Minderheiten zu beschränken und Parteien auf nationaler Grundlage zu verbieten. Nach einem bereits verabschiedeten Gesetz müssen der Geschichts und Erdkundeunterricht auf Rumänisch gehalten werden[147].

Seit der Unterzeichnung des deutsch-rumänischen Freundschaftsvertrages in Bukarest am 21. April 1992[148] sind die Zukunftsaussichten der Rumäniendeutschen hingegen gestiegen. In dem Abkommen erklärt sich Rumänien bereit, die KSZE-Standards zum Schutz der deutschen Minderheit einzuhalten. Die Deutschen erhalten das Recht auf Wahrung ihrer Identität, Kultur, Sprache und Religion und sollen vor Diskriminierungen geschützt werden. Auch im eigenen Interesse verpflichtet sich Rumänien, die deutschen Schulen und Kultureinrichtungen zu fördern und Kulturgüter zu schützen.

Ein Verstoß gegen die vertraglichen Verpflichtungen ist bislang nicht festzustellen. So haben die Rumäniendeutschen z.B. eine eigene Partei, das "Demokratische Forum der Deutschen in Rumänien" (DFDR) gegründet, das sich an der Wahl am 27. August 1992 zum rumänischen Parlament beteiligt hat[149]. Daher kann auch Rumänien nach Abschluß des Freundschaftsvertrages nicht mehr unterstellt werden, daß es Minderheitenrechte der deutschen Volksgruppe verletzt.

---

145 *Rogall*, Die Deutschen im Osten, S. 4; *Kriwanek*, Der Tagesspiegel, 13. Januar 1991; Der Tagesspiegel, 15. Dezember 1991.

146 Siehe oben auf Seite 165.

147 Der Tagesspiegel, 15. Dezember 1991.

148 Der Vertrag ist noch nicht ratifiziert.

149 DOD Nr. 27 vom 10. Juli 1992, S. 3.

4. Tschechoslowakei

Im Verhältnis zu den anderen Volksgruppen in der Tschechoslowakei blieb die deutsche Minderheit seit 1945 lange Zeit benachteiligt. In Art. 25 der Verfassung von 1960 wurden zwar die Bürger ungarischer, ukrainischer und polnischer Nationalität als ethnische Minderheiten anerkannt, nicht dagegen die ca. 200.000 deutschen Volkszugehörigen[150]. Zur Begründung führte man an, daß die Deutschen nicht in einem geschlossenen Siedlungsgebiet lebten[151]. Erst mit dem die Verfassung ändernden Nationalitätengesetz vom 27. Oktober 1968, das am 1. Januar 1969 in Kraft trat, galten die Deutschen offiziell als nationale Minderheit[152].

Obwohl dieses Gesetz allen Volksgruppen formell "die Möglichkeiten und Mittel einer allseitigen Entfaltung" einräumte[153], sah die Verfassungswirklichkeit zu den Zeiten des Sozialismus noch anders aus. Zwar erhielten die Deutschen das Recht zum Zusammenschluß in einer nationalen Organisation, das am 14. Juni 1969 mit der Gründung des "Kulturverbandes tschechoslowakischer Bürger deutscher Nationalität" umgesetzt wurde. Diese Organisation unterstand jedoch der KP, die sie vorwiegend dazu nutzte, die Deutschen ideologisch zu prägen. Jegliche Kontakte zur Bundesrepublik Deutschland waren strengstens untersagt; ein kultureller Austausch fand lediglich mit den von der SED beherrschten Verbänden der ehemaligen DDR statt[154]. Gruppenrechte im Sinne der internationalen Menschenrechte wurden den Volksdeutschen nicht zugestanden[155]. Nach der "friedlichen Revolution" von 1989 wurde die kommunistische Dachorganisation, welcher der oben genannte Kulturverband angehörte, mit allen ihren Untergliederungen aufgelöst. Daraufhin gründeten im Januar 1990 Angehörige der deutschen Volksgruppe

---

[150] Nach Veröffentlichungen des Statistischen Bundesamtes in Prag lebten am 1. Januar 1955 in der Tschechoslowakei 165.790 Deutsche. Da viele deutsche Volkszugehörige aus Angst vor Repressalien ihre Nationalität jedoch nach 1945 nicht wahrheitsgemäß angegeben haben, wird die Zahl höher eingeschätzt, vergl. Sudetendeutscher Rat, S. 25 und *Wolf*, Aussiedler, S. 112.

[151] *Wolf*, Aussiedler, S. 113; *Blumenwitz*, BT-Drs. 11/1344, S. 172.

[152] *Blumenwitz*, BT-Drs. 11/1344, S. 172; Sudetendeutscher Rat, S. 27; *Brunner*, BT-Drs. 11/1344, S. 233.

[153] *Blumenwitz*, BT-Drs. 11/1344, S. 174; siehe auch *Wolf*, Aussiedler, S. 113.

[154] *Wolf*, Aussiedler, S. 115; *ders.*, IFLA 1985, S. 25, 26; Sudetendeutscher Rat, S. 27.

[155] Sudetendeutscher Rat, S. 26.

einen "Verband der Deutschen in der Tschechoslowakei", der inzwischen offiziell anerkannt wurde[156].

Bis heute gibt es in der Tschechoslowakei weder deutsche Schulen noch Kindergärten. Obwohl eine Verordnung aus dem Jahr 1971 das Recht auf Bildung in der eigenen Sprache gewährleistet[157], wurde Deutsch bisher nur als Fremdsprache unterrichtet. Zwar werden heute deutsche Schüler bei der Teilnahme am Deutschunterricht nicht mehr benachteiligt[158], aber die gesunkene Zahl der deutschen Volkszugehörigen wird auch in Zukunft nur die Bildung kleiner muttersprachlicher deutscher Klassen ermöglichen[159]. Bei den Tschechen und Slowaken dagegen ist das Interesse an der deutschen Sprache und Kultur erheblich gestiegen, so daß die Nachfrage am Deutschunterricht (als Fremdsprache) kaum gestillt werden kann. Im Jahr 1990 hat daher das "Goethe-Institut" auch in Prag eine Filiale eröffnet mit der wohlwollenden Unterstützung der offiziellen Stellen[160].

An deutschen Zeitungen erscheinen wöchentlich die "Prager Volkszeitung" und monatlich die Zeitschrift "Im Herzen Europas"[161]. Seitdem die strenge Pressezensur aufgehoben wurde, hat die "Prager Volkszeitung" (mit einer Auflage von ca. 17.000 Exemplaren) die Linie des neuen deutschen Verbandes übernommen[162].

Sowohl durch die früher eher restriktiv gehandhabte Aussiedlung[163] als auch durch die sprachliche Assimilierung und durch eine Vielzahl von Mischehen verkleinerte sich die deutsche Volksgruppe mehr und mehr[164]. Nach der Volkszählung vom März 1991 betrug die Zahl der in der CSFR lebenden deutschen Volkszugehörigen 53.418 Personen (0,34 % der Gesamtbevölkerung)[165].

---

156 *Rogall*, Die Deutschen im Osten, S. 8.

157 *Blumenwitz*, BT-Drs. 11/1344, S. 174.

158 Vergl. hierzu *Wolf*, IFLA 1985, S. 25.

159 *Rogall*, Die Deutschen im Osten, S. 8.

160 *Rybak*, Hamburger Abendblatt, 27. Dezember 1990.

161 *Wolf*, Aussiedler, S. 115; *ders.*, IFLA 1985, S. 25, 26.

162 *Rogall*, Die Deutschen im Osten, S. 8.

163 Vergl. hierzu *Wolf*, IFLA 1985, S. 25, 27 f.

164 *Rogall*, Die Deutschen im Osten, S. 8

165 DOD Nr. 39 vom 27. September 1991, S. 4.

Am 7. Oktober 1991 haben die CSFR und die Bundesrepublik Deutschland nach langen Verhandlungen einen Vertrag über "gute Nachbarschaft und freundschaftliche Zusammenarbeit" geschlossen[166]. Zwar klammert der Vertrag entgegen heftiger Proteste der Vertriebenenverbände[167] alle Vermögensfragen, d.h. unter anderem Regelungen zur Entschädigung der vertriebenen Sudetendeutschen, aus. Das inzwischen erlassene Restitutionsgesetz Nr. 87/1991 regelt zwar die Rückübertragung enteigneten Eigentums, setzt jedoch voraus, daß der Antragsteller tschechoslowakischer Staatsbürger ist und dort seinen Wohnsitz hat. Aussiedler werden folglich eher durch Strohmänner ihr enteignetes Vermögen zurückerhalten als durch Rückkehr[168]. Dafür verurteilt der Vertrag in seiner Präambel erstmals offiziell die Vertreibung der Deutschen[169] und sichert den deutschen Volkszugehörigen in Art. 21 weitgehende individuelle und kollektive Minderheitenrechte nach den KSZE-Bestimmungen zu. In dem zum Vertrag gehörenden Begleitbrief heißt es, daß sich ehemalige Vertriebene oder andere deutsche Staatsangehörige in umso stärkerem Umfang in der CSFR niederlassen können, je enger die CSFR in die Europäische Gemeinschaft eingegliedert wird[170]. Diese Vereinbarung ist mit der des deutschpolnischen Vertrages vergleichbar und soll die Bundesrepublik Deutschland dazu veranlassen, den EG-Beitritt der CSFR zu fördern.

Die Situation der deutschen Minderheit hat sich demnach erheblich verbessert; insbesondere durch die Tatsache, daß ihr sämtliche international üblichen Minderheitenrechte gewährt werden. Die "Vereinsamung" allein genügt für die Annahme eines Vertreibungsdrucks nur dann, wenn eine gesellschaftliche Isolation bzw. ein Zwang zur Assimilierung hinzukommen[171]. In einem demokratischen Land, das sich in besonderem Maße für die deutsche Sprache und Kultur interessiert, kann jedoch von einer Unterdrückung nicht mehr gesprochen werden[172].

---

166 Vertrag ratifiziert am 9. Juli 1992, verkündet am 15. Juli 1992, BGBl. 1992 II, S. 462, in Kraft getreten am 16. Juli 1992.

167 *Leh*, DOD Nr. 40, 4. Oktober 1991, S. 1.

168 Vergl. dazu *Wolf*, IFLA 1992, S. 100 ff.

169 Bislang war nur beschönigend von "Aussiedlung" die Rede.

170 Der Tagesspiegel, 8. Oktober 1991.

171 Vergl. *Wolf*, Aussiedler, S. 116.

172 ebenso *Wewel*, NVwZ 1991, S. 757, 758.

5. *Ungarn*

Im Unterschied zu sämtlichen anderen Mitgliedstaaten des ehemaligen Warschauer Paktes galt Ungarn schon seit den fünfziger Jahren als das Land mit den großzügigsten Minderheitenrechten[173]. Die ungarische Verfassung von 1949 (Art. 49 Abs. 3) garantierte den verschiedenen Volksgruppen ebenso wie die revidierte Verfassung von 1972 (Art. 61 Abs. 3) die Möglichkeit des Unterrichts in der Muttersprache und die Pflege der nationalen Kultur[174]. Nach einer ersten Welle der Madjarisierung[175] forderte die ungarische Regierung bereits 1955 auch die deutschen Volkszugehörigen auf, sich ohne Furcht zu ihrer Muttersprache zu bekennen und ihre verfassungsrechtlichen Freiheiten umzusetzen[176]. Nicht zuletzt als positives Beispiel für die rumänische Haltung gegenüber der ungarischen Minderheit setzte Ungarn auch äußerlich Zeichen für seine vorbildliche Minderheitenpolitik. So wurden z.B. zweisprachige Ortsschilder zugelassen, und kein Ungarndeutscher war gezwungen, seinen Namen in madjarisierter Form zu tragen[177].

In den fünfziger Jahren baute man das deutsche Schulwesen aus, wobei jedoch die Mehrzahl der Fächer weiterhin auf ungarisch gelehrt wurde[178]. Im Jahr 1955 wurde der "Demokratische Verband der deutschen Werktätigen in Ungarn" gegründet, der die Aufgabe hatte, politische und kulturelle Erziehungsarbeit zu leisten. Der Verband war Herausgeber des deutschen Wochenblattes "Neue Zeitung", das Mitte der achtziger Jahre eine Abonnentenschwemme verzeichnen konnte[179]. Ferner sind seit den achtziger Jahren mehrere westliche Zeitungen an den Kiosken erhältlich, u.a. die "Frankfurter Allgemeine Zeitung"[180]. Neben der offiziellen und früher von der KP abhängigen deutschen Minderheitenvertretung entstand 1985 ein privater ungarndeutscher "Kulturverein Nikolaus Lenau", der inzwischen mit bundesdeutscher

---

173 *Häußer/Kapinos/Christ*, S. 208 f.; *Wolf*, IFLA 1986, S. 98; nach *Brunner*, BT-Drs. 11/1344, S. 234 übertrifft die Förderung der nationalen Minderheiten in Ungarn sogar das völkerrechtlich Gebotene und verdient Anerkennung.

174 *Blumenwitz*, BT-Drs. 11/1344, S. 173; *Wolf*, IFLA 1984, S. 1.

175 Aufdrängung des Ungarntums.

176 *Wolf*, IFLA 1986, S. 98; *ders.*, Aussiedler, S. 124.

177 *Rogall*, Die Deutschen im Osten; *Wolf*, IFLA 1986, S. 98.

178 *Rogall*, Die Deutschen im Osten, S. 5; *Wolf*, IFLA 1984, S. 1, 2; *ders.*, IFLA 1986, S. 98; *v. Schenckendorff*, IFLA 1987, S. 97, 98.

179 *Wolf*, Aussiedler, S. 124, 125.

180 *Wolf*, IFLA 1986, S. 98.

Hilfe in Pecs (Fünfkirchen) ein Kulturzentrum errichten konnte. Dort ist ferner eine "Nationalitätenakademie" vorgesehen, ebenso wie weitere Medien und Kulturzentren im südungarischen Szekszárd und in anderen ungarischen Städten[181].

Bereits 1986 hatten Ungarndeutsche in allen Bereichen des beruflichen Lebens die gleichen Chancen wie ihre ungarischen Mitbürger[182], seit 1989/90 genießen sie sogar Sonderrechte aufgrund ihrer Stellung als nationale Minderheit, so z.B. im kommunalen Wahlrecht[183]. 1990 schuf die ungarische Regierung ein Amt für nationale und ethnische Minderheiten, das sämtliche minderheitspolitischen Entscheidungen der Regierung vorbereitet und ein neues Minderheitengesetz ausarbeiten wird. Das Amt unterhält ferner einen "Minderheitenexpertenrat", der Vorschläge für die Förderung dieser Bevölkerungsgruppen unterbreitet[184]. Im Sommer 1990 richtete der Ministerrat in Budapest ein Schadensersatzamt ein, das sich mit den Kriegsfolgen befassen soll. Ihm lagen im August 1990 bereits 86.000 Anträge der deutschen Opfer auf finanzielle Wiedergutmachung vor[185]. Nachdem der ungarische Staatspräsident Arpad Göncz am 6. Mai 1991 auch die moralische Schuld der Ungarn an der Vertreibung offiziell zugegeben hatte[186], trat am 10. August 1991 ein erstes Entschädigungsgesetz in Kraft[187].

Mit der Entschädigung der vertreibungsbedingten Vermögenseinbußen ist Ungarn sämtlichen anderen Vertreiberstaaten voraus. Dieser Umstand erleichterte die Verhandlungen mit der Bundesrepublik über ein deutsch-ungarisches Freundschaftsabkommen erheblich. Der "Vertrag über freundschaftliche Beziehungen und Partnerschaft in Europa", der am 6. Februar 1992 unterzeichnet und am 9. Juli 1992 ratifiziert wurde[188], garantiert ebenso wie der

---

181 *Rogall*, Die Deutschen im Osten, S. 6 und 7; DOD Nr. 39 vom 28. September 1990, S. 1.

182 So Geza Hambruch, Generalsekretär des Demokratischen Verbandes der Ungarndeutschen, vergl. *Wolf*, IFLA 1986, S. 98; *v. Schenckendorff*, IFLA 1987, S. 97, 98.

183 DOD Nr. 39 vom 28. September 1990, S. 1.

184 DOD Nr. 39 vom 28. September 1990, S. 2; DOD Nr. 36 vom 7. September 1990, S. 4.

185 DOD Nr. 34 vom 24. August 1990, S. 6; IFLA 1991, S. 18.

186 Der Tagesspiegel, 7. Mai 1991.

187 DOD Nr. 34 vom 23. August 1991, S. 6; vergl. in diesem Zusammenhang auch: DOD Nr. 34 vom 24. August 1990, S. 6 und Der Tagesspiegel, 23. April 1991.

188 Verkündung am 15. Juli 1992, BGBl. 1992 II, S. 474, Inkrafttreten am 16. Juli 1992.

deutsch-polnische und der deutsch-tschechoslowakische Vertrag die Minderheitenrechte für die ca. 220.000[189] Ungarndeutschen entsprechend dem KSZE-Standard.

Auch vor dem Abschluß dieses Vertrages hielt die Bundesregierung den Vertreibungsdruck in Ungarn im allgemeinen nicht mehr für gegeben[190]; demzufolge muß dieses erst recht für die Zeit nach dem Vertragsschluß gelten. Die Minderheitenrechte entsprechen in vollem Umfang den internationalen Vorgaben.

6. Resümee

Seit der "Wende" in sämtlichen Ostblockstaaten haben sich die Lebensverhältnisse der Deutschen in den ehemaligen Vertreibungsgebieten erheblich verbessert. In Polen, der Tschechoslowakei und Ungarn ist der in § 1 Abs. 2 Nr. 3 BVFG unterstellte Vertreibungsdruck gänzlich aufgehoben; den Deutschen werden sämtliche international üblichen Minderheitenrechte gewährt.

Auch die deutschen Volkszugehörigen in den Mitgliedsländern der "GUS" können ihre Minderheitenrechte ausüben, auch die Frage der Ausgestaltung ihrer Territorialautonomie ist geklärt.

Obwohl nationalistische Strömungen festzustellen sind, verdienen auch die Bemühungen der rumänischen Regierung zur Unterstützung der deutschen Volksgruppe Anerkennung. Allein die Vereinsamung der Rumäniendeutschen aufgrund der massiven Aussiedlung ihrer Landsleute kann für die Bejahung eines Kriegsfolgenschicksals nicht entscheidend sein. Insbesondere nach Abschluß des deutschrumänischen Freundschaftsvertrages vom 21. April 1992 besteht kein Anlaß mehr, fortdauernden Vertreibungsdruck zu unterstellen.

---

189 *Rogall*, Die Deutschen im Osten, S. 4.

190 So in der Begründung zum AAG, BTDrs. 11/6937, S. 5; ebenso *Silagi*, NVwZ 1991, S. 757, 758.

Teil 5

Regelungsbedarf des Gesetzgebers

I. Rechtlicher und politischer Handlungsbedarf

Am Ende dieser rechtlichen und politischen Bestandsaufnahme stellt sich die Frage, ob das Recht des Aussiedlerzuzugs, d.h. die Regelung des Art. 116 Abs. 1 GG, das 1. Staatsangehörigkeitsregelungsgesetz und das Bundesvertriebenengesetz, das zur Lösung kriegsfolgenbedingter Probleme dienen sollte, heute noch "zeitgemäß" ist. Hier kommt dem im Dezember 1992 verabschiedeten KfbG eine besondere Bedeutung zu. Zunächst ist hierbei zu klären, ob im Hinblick auf das bisherige Aussiedlerrecht politischer Bedarf an einer Neuregelung besteht, oder ob sich die praktische Relevanz dieses Rechtsgebietes inzwischen erschöpft hat. In diesem Fall hätte eine Neuregelung lediglich die formale, bereinigende Bedeutung, daß ein Gesetz ohne Anwendungsbereich beseitigt wäre. Entscheidend ist jedoch auch die Frage, ob der Gesetzgeber bei einer Novelle nicht nur politische Bedürfnisse befriedigt, sondern ob er rechtlich zu einer Reformierung des Aussiedlerrechts verpflichtet ist. Dann bestünde nicht die Gefahr, daß dieser Regelungsbereich allein von der politischen Gesinnung der jeweiligen Mehrheit im Bundestag abhinge. Schließlich ist zu prüfen, ob die Bundesrepublik Deutschland nach dem Abschluß des deutsch-polnischen Grenzvertrages nicht völkerrechtlich verpflichtet ist, die im abgetretenen Gebiet ansässigen sammeleingebürgerten Doppelstaatler aus der deutschen Staatsangehörigkeit zu entlassen.

1. Politischer Handlungsbedarf

Auch mehr als 45 Jahre nach Kriegsende zeigt sich, daß das Vertriebenenrecht trotz seines kriegsfolgenbedingten Inhalts noch von großer praktischer Bedeutung ist. Zwischen 1950 und 1992 konnten insgesamt 2.884.448 Vertriebene bzw. Aussiedler in die Bundesrepublik Deutschland einwandern[1].

Nach Angaben des Parlamentarischen Staatssekretärs und Aussiedlerbeauftragten der Bundesregierung Waffenschmidt leben heute noch über 3 Mio. deutsche Volkszugehörige in den Aussiedlungsgebieten[2], die - in Begleitung ihrer Familienangehörigen - potentielle Einwanderer für die Zukunft darstellen. Neben der vielerorts diskutierten Zuwanderung von zur Zeit über 400.000 Asylbewerbern jährlich stellt die Gruppe der Aussiedler folglich einen großen Anteil der Zuwanderer dar, zumal sie sich anders als Asylanten dauerhaft ansiedeln.

Für die Unterbringung sämtlicher Zuwanderer haben die Länder zu sorgen, die aus Mangel an geeignetem Wohnraum u.a. Ferienwohnungen, Pensionen und Hotels anmieten müssen. Inzwischen ist jedoch deren Aufnahmekapazität erschöpft; die Unterbringung weiterer Zuwanderer kann nicht mehr finanziert werden[3]. Da die Bonner Regierungspolitik keine Abhilfe schaffen kann, greifen etliche Länder mittlerweile zur "Selbsthilfe", z.B. durch Streichung von Überbrückungsgeldern und sonstigen freiwilligen Zahlungen. Trotz der von den Bonner Verwaltungsvorschriften sehr großzügig vorgesehenen Anerkennungspraxis handhaben einige Bundesländer die Anerkennung von Aussiedlern heute restriktiver. So hat z.B. der Bremer Sozialsenator Scherf (SPD) seine Vertriebenenbehörden angewiesen, alle Polen-Deutschen, die sich auf eine Eintragung in Abteilung 3 der DVL berufen, abzuweisen, was auch der bayerische Innenminister Stoiber (CSU) unterstützt[4].

Nicht zuletzt in Anbetracht anstehender Landtags und Kommunalwahlen haben etliche Politiker öffentlich Kritik an dem derzeitigen Vertriebenenrecht geübt, in der Hoffnung, nicht allzuviele Wähler an rechtsgerichtete Parteien zu verlieren, so z.B. der ehemalige baden-württembergische Ministerpräsident Späth (CDU)[5]. Die Wähler glauben offenbar weder an den kulturellen oder

---

1 Vergl. oben in Teil 1 auf Seite 17 sowie bei *Leciejewski*, Aus Politik und Zeitgeschichte 1990, B 3 S. 52.

2 Innenpolitik Nr. III/1991, S. 7.

3 So z.B. Schmalstieg, OB Hannover und Präsident des Deutschen Städtetages (SPD), vergl. *Schaefer*, IFLA 1988, S. 135, 136 und Hamburgs Sozialsenator Runde (SPD), Der Spiegel Nr. 3 vom 15. Januar 1990, S. 72 ff; vergl. hierzu auch Der Spiegel Nr. 37 vom 9. September 1991, S. 42.

4 Der Spiegel Nr. 3 vom 15. Januar 1990, S. 79.

5 Der Spiegel Nr. 3 vom 15. Januar 1990, S. 79; vergl. hierzu auch unten die Seiten 213 ff.

wirtschaftlichen noch an den sozialen Gewinn durch die Zuwanderung von Aussiedlern, wie die Bundesregierung ihn verspricht. Vielmehr richtet sich die Immigrantenfeindlichkeit der Bevölkerung häufig undifferenziert gegen Aussiedler ebenso wie gegen Asylanten[6]. Daß Aussiedler Deutsche sind wie sie - mit den gleichen Rechten und Pflichten - ist der Bevölkerungsmehrheit angesichts der sprachlichen und kulturellen Verschiedenheit nicht einsichtig. Vielmehr warfen 1989 - einer Meinungsumfrage des Emnid-Instituts zufolge - 54 % der Deutschen den Aussiedlern vor, das soziale System zu mißbrauchen; 61 % machten sie für den Anstieg der Arbeitslosigkeit und 69 % für die Verschärfung der Wohnungsnot verantwortlich[7]. Auch eine Studie des Instituts Polis im Auftrag des Düsseldorfer Sozialministeriums aus dem Jahr 1992[8] verdeutlicht diese Tendenz. 55 % der Bürger sprachen sich dafür aus, daß Aussiedler in ihren Heimatländern bleiben, nur 26 % stimmten einer Fortsetzung der geltenden Aufnahmepraxis zu. Zusammenfassend läßt sich feststellen, daß die Akzeptanz der deutschen Aussiedler in ihrer neuen Heimat umso stärker sinkt, je mehr Zeit seit dem Ende des Zweiten Weltkriegs vergangen ist. Die Bundesbürger halten die Aussiedler nicht mehr für Deutsche, sondern für deutschstämmige Ausländer, die sich ebenso wie früher die Hugenotten in Deutschland oder die nach Amerika ausgewanderten Europäer in ihrer Wahlheimat sprachlich und kulturell assimiliert haben[9]. Gerade in einer Zeit großer sozialer Spannungen wegen fehlender Wohnungen und Arbeitsplätze hat die Bevölkerung für eine Privilegierung der Aussiedler kein Verständnis mehr[10].

Daß Aussiedler trotz des stetig schwindenden - bzw. inzwischen vollständig erloschenen - Vertreibungsdrucks noch immer in großen Zahlen nach

---

6 Der Spiegel Nr. 7 vom 13. Februar 1989, S. 26, 27.

7 Der Spiegel Nr. 16 vom 17. April 1989, S. 163; zur sozialen Mißgunst siehe auch Der Spiegel Nr. 7 vom 13. Februar 1989, S. 31 und 35.

8 Frankfurter Allgemeine Zeitung, 14. August 1992.

9 Der Spiegel Nr. 8 vom 20. Februar 1989, S. 72, der auf den "Rheinischen Merkur" verweist; ebenso *Schwab*, IFLA 1990, S. 44. Diese Parallele ziehen auch die Länder Berlin, Bremen, Nordrhein-Westfalen, Saarland und Schleswig-Holstein, vergl. die Begründung zum Gesetzentwurf vom 7. März 1990 zur Neukonzeption des Aussiedlerrechts, BR-Drs. 185/90, S. 5.

10 *Alexy*, NJW 1989, S. 2850, 2859; *Stammberger*, IFLA 1990, S. 39, 43 und *Otto* in "Westwärts - heimwärts?", S. 11, 58. Zweifel an der Privilegierung äußert auch die Rechtsprechung, vergl. VG München, Informationsbrief Ausländerrecht 1989, S. 205, 207.

Deutschland auswandern, liegt an den hohen materiellen Anreizen[11]. So übersteigt z.B. das bundesdeutsche Arbeitslosengeld einen polnischen Akkordlohn bei weitem an Kaufkraft[12] - gleiches gilt für die deutsche Rente. Als Folge ist ein gehäufter Mißbrauch des Vertriebenenrechts zu verzeichnen, etwa durch die Schließung von Scheinehen[13], durch die Anmeldung eines "Pro-Forma-Wohnsitzes" durch polnische Rentner[14] oder durch die Fälschung von Abstammungsurkunden[15]. So ist es nicht verwunderlich, daß Anfang 1989 54 % der Bundesbürger - und sogar 72 % der Bayern - die Aussiedler für Wirtschaftsflüchtlinge hielten[16], ebenso wie Mitarbeiter des Bundesverwaltungsamtes in Köln[17] und des Aussiedleraufnahmelagers in Friedland[18].

Gerade in Anbetracht der geplanten Verschärfungen des bundesdeutschen Asylrechts, die mit den Argumenten durchgesetzt werden sollen, die Bevölkerung zeige immer weniger Bereitschaft, Asylanten einzugliedern, außerdem sei inzwischen "das Boot voll", weist die Opposition zu recht auf die widersprüchliche Vorgehensweise bei Aussiedlern und Asylanten hin[19]. Da die Akzeptanz- ebenso wie die Kapazitätsprobleme für beide Gruppen in gleicher Weise gelten, ist der einzige Grund, den Zuzug der Aussiedler nicht zu beschränken, die sog. "völkische Verbundenheit" in Verbindung mit dem inzwischen fragwürdigen Argument des Vertreibungsdrucks. Auch im Ausländerrecht zeigt sich, daß "fremdvölkischen" Einwanderern mehr Steine in den Weg gelegt werden als in den übrigen europäischen Staaten[20]. In einem zusammenwachsenden Europa sollte Deutschland nicht länger an einer "völkischen Politik" festhalten, zumal die anderen betroffenen Staaten, Österreich und die ehemalige DDR, die Aufnahme deutscher Aussiedler schon in

---

11 Vergl. die Begründung zum Gesetzentwurf der in Fußnote 9 genannten Länder, BR-Drs. 185/90, S. 2.

12 *Liesner*, Aussiedler, S. 132.

13 *Kurrus*, IFLA 1990, S. 25, 27; *Wolf*, Aussiedler, S. 92, 93.

14 Der Spiegel Nr. 52 vom 18. Dezember 1989, S. 74.

15 Der Spiegel Nr. 8 vom 20. Februar 1989, S. 74.

16 Der Spiegel Nr. 8 vom 20. Februar 1989, S. 72.

17 Der Spiegel Nr. 51 vom 18. Dezember 1989, S. 14.

18 Der Spiegel Nr. 52 vom 25. Dezember 1989, S. 53.

19 als erster der saarländische Ministerpräsident Lafontaine, vergl. z.B. in Der Spiegel Nr. 8 vom 20. Februar 1989, S. 72 und in Nr. 37 vom 9. September 1991, S. 47.

20 *Rittstieg*, ZRP 1990, S. 129; vergl. hierzu auch die Begründung zu dem in Fußnote 9 zitierten Länderantrags, BR-Drs. 185/90, S. 8 und oben in Teil 3 auf den Seiten 136 ff.

den fünfziger Jahren beendet haben. Anstoß erregt die derzeitige Verwaltungspraxis insbesondere deshalb, weil die Dokumente aus der Zeit des Nationalsozialismus eine zu große Bedeutung besitzen[21].

Schließlich darf nicht übersehen werden, daß die massenhafte Aussiedlung deutscher Volkszugehöriger aufgrund des großzügigen deutschen Vertriebenenrechts faktisch einer Abwerbung von Arbeitskräften gleichkommt. Gerade in den krisengeplagten und politisch wie wirtschaftlich im Umbruch befindlichen osteuropäischen Staaten führt dies zu einer - auch für Deutschland nachteiligen - erheblichen Schwächung der ökonomischen Stabilität[22].

Diese politischen Aspekte unterstützen die Forderung nach einer Gesetzesnovelle, wenn man die Feststellung, "das bundesdeutsche Vertriebenenrecht sei überholt"[23], nicht für ausreichend erachtet.

2. Rechtlicher Handlungsbedarf zur Änderung des BVFG

An dieser Stelle ist zu erörtern, ob der Gesetzgeber von Verfassungs wegen verpflichtet war oder noch ist, die in § 1 Abs. 2 Nr. 3 BVFG enthaltene Gleichstellung der Aussiedler mit den anderen im Gesetz genannten Vertriebenengruppen aufzuheben oder auf andere Weise deren Privilegierung insbesondere hinsichtlich des Zuzugs- und Einbürgerungsrechts zu beenden. Als Grundlage für eine derartige Pflicht kommt zum einen ein im Grundgesetz enthaltener konkreter Gesetzgebungsauftrag in Betracht, zum anderen - nach der neueren Rechtsprechung des Bundesverfassungsgerichts - eine "Nachbesserungspflicht".

---

21 Der Spiegel Nr. 43 vom 23. Oktober 1989, S. 103.

22 So auch die Begründung des in Fußnote 9 zitierten Länderantrags, BR-Drs. 185/90, S. 5.

23 So z.B. die Begründung des in Fußnote 9 zitierten Länderantrags, BR-Drs. 185/90, S. 6; Anke Fuchs, Bundesgeschäftsführerin der SPD, Der Spiegel Nr. 43 vom 23. Oktober 1989, S. 103 u.v.m. Anders dagegen der BdV in DOD Nr. 33 vom 16. August 1991, S. 1 f, der die Nachkriegszeit wegen der größtenteils noch ausstehenden Wiedergutmachung noch nicht für beendet hält.

a) Verfassungsrechtlicher Gesetzgebungsauftrag

Grundsätzlich ist der Gesetzgeber in seiner Entscheidung, *ob* er ein Gesetz erlassen will, ungebunden. Lediglich hinsichtlich des "*Wie*" ist er gemäß Art. 1 Abs. 3 und 20 Abs. 3 GG den Grundrechten und der verfassungsmäßigen Ordnung unterworfen. Wenn aus der Verfassung nichts Gegenteiliges in Form eines Verfassungsauftrages, einer Staatszielbestimmung oder auch aus den Grundrechten zu entnehmen ist, kann der Gesetzgeber im Rahmen seiner Gestaltungsfreiheit frei entscheiden, ob er tätig wird[24]. Verfassungsaufträge sind im Grundgesetz fixierte Anweisungen an die gesetzgebenden Organe, in einer bestimmten Richtung gesetzgeberisch tätig zu werden[25], explizit z.B. in Art. 6 Abs. 5 GG, der den Gesetzgeber zur Gleichbehandlung ehelicher und unehelicher Kinder verpflichtet[26].

Hinsichtlich des Vertriebenenrechts kommt als Verfassungsauftrag der in Art. 116 Abs. 1 S. 1 GG enthaltene Zusatz "vorbehaltlich anderweitiger gesetzlicher Regelung" in Betracht, den jedoch lediglich Schätzel im Jahre 1958[27] als solchen angesehen hat. Die h.M. in der Literatur - die Rechtsprechung mußte zu dieser Frage bisher nicht Stellung nehmen - lehnt heute zu Recht einen Verfassungsauftrag aus Art. 116 Abs. 1 S. 1 GG zur Abschaffung des Vertriebenenstatus ab[28]. Nicht nur dem Wortlaut der Norm ist eine Gesetzgebungspflicht nicht zu entnehmen; auch eine teleologische Auslegung läßt allenfalls den Schluß zu, die Verfasser des Grundgesetzes hätten eine ausführende einfachgesetzliche Regelung gewünscht, wie sie 1953 mit dem Bundesvertriebenengesetz erlassen wurde. Der in Art. 116 Abs. 1 GG enthaltene Gesetzesvorbehalt kennzeichnet daher lediglich die Ermächtigung zur Neuregelung, nicht dagegen eine Pflicht.

---

24 *Maunz*, BayVwBl. 1975, S. 601; *Badura*, S. 481.

25 *Denninger*, JZ 1966, S. 767.

26 BVerfGE 8, S. 210, 216; 25, 167, 173; 26, S. 44, 62 ff.; 26, S. 206, 209 f.; *Denninger*, JZ 1966, S. 768; *von Pestalozza*, S. 540; *Maunz*, BayVwBl. 1975, S. 601.

27 Das deutsche Staatsangehörigkeitsrecht, S. 97.

28 *Makarov/v. Mangoldt*, Art. 116 GG, Rdnr. 12; *Hecker* in: von Münch GG-Komm., Art. 116, Rdnr. 7; *Hailbronner/Renner*, Art. 116 GG, Rdnr. 9; *Ritter*, S. 93/94.

b) Nachbesserungspflicht

Nach der neueren Rechtsprechung des Bundesverfassungsgerichts, die von der Literatur akzeptiert wird[29], besteht unter bestimmten Voraussetzungen eine Verpflichtung des Gesetzgebers zur Nachbesserung eines bereits erlassenen Gesetzes. In dem sogenannten "Kalkar-Beschluß" vom 8. August 1978[30] hat das Bundesverfassungsgericht folgendes festgehalten:

> "Hat der Gesetzgeber eine Entscheidung getroffen, deren Grundlage durch neue, im Zeitpunkt des Gesetzeserlasses noch nicht abzusehende Entwicklungen entscheidend in Frage gestellt wird, dann kann er von Verfassungs wegen gehalten sein zu überprüfen, ob die ursprüngliche Entscheidung auch unter den veränderten Umständen aufrechtzuerhalten ist."

Hergeleitet wird diese Pflicht aus den Schutzwirkungen der Grundrechte. Zu prüfen ist nunmehr, ob die Voraussetzungen für das Entstehen einer Nachbesserungspflicht auf § 1 Abs. 2 Nr. 3 BVFG zutreffen.

aa) Entstehungsvoraussetzungen

(1) Inhaltswandel

Wie oben dargestellt, verlangt das Bundesverfassungsgericht eine Veränderung der tatsächlichen Verhältnisse, welche die Grundlage der gesetzlichen Entscheidung in Frage stellt. Diese objektive Fehlprognose der späteren Entwicklung muß jedoch nicht vom Gesetzgeber verschuldet, d.h. beim Erlaß des Gesetzes erkennbar gewesen sein. Das Bundesvertriebenengesetz unterstellt für die Personengruppe der Vertriebenen - auch der spätvertriebenen Aussiedler - einen Vertreibungsdruck, der die Volksdeutschen zum Verlassen ihrer Heimat bewogen haben muß. Dieser Vertreibungsdruck bestand zweifelsohne bei Erlaß des BVFG im Jahre 1953 wie auch später in der Zeit des "Kalten Krieges". Er allein bildete die Grundlage für die Aufnahme sowie für die Einbürgerung und die finanzielle Unterstützung bzw. Entschädigung der deutschen Ostblock-Emigranten. Hätte der damalige Gesetzgeber nur ein In-

---

[29] Vergl. *Peine*, Systemgerechtigkeit, S. 136 m.w.N.

[30] BVerfGE 49, S. 89, 130; ebenso die "Mitbestimmungs-Entscheidung", BVerfGE 50, S. 290, 335 und die "Fluglärm-Entscheidung", BVerfGE 56, S. 54, 78/79; vergl. hierzu auch *Stettner*, DVBl. 1982, S. 1123 ff.; *Badura*, S. 484 f.; *Gusy*, ZRP 1985, S. 291, 294 und *Bernd*, S. 124 f.

teresse daran gehabt, Volksdeutsche aus beliebigen Herkunftsländern Aufnahme zu gewähren, hätte er keine Vertreibungsgebiete definiert.

Durch die Demokratisierung der ehemals kommunistisch orientierten Staaten ist der auf den deutschen Volkszugehörigen lastende Vertreibungsdruck entfallen[31]; die entscheidende Grundlage für die Gleichstellung der Aussiedler mit den sonstigen Vertriebenen existiert nicht mehr. Die vom Bundesverfassungsgericht geforderte Diskrepanz zwischen Gesetz und tatsächlichen Verhältnissen trifft auf das BVFG demnach zu.

Allerdings stellt sich die Frage, ob ein Inhaltswandel allein genügt, um eine Pflicht des Gesetzgebers zur Änderung des BVFG zu begründen. Hierbei kommt es entscheidend darauf an, ob die "veraltete" Norm noch verfassungsmäßig ist. Das Bundesverfassungsgericht hielt in den jeweils entschiedenen Fällen die betreffenden Gesetze auch angesichts der Fehlprognose noch für verfassungskonform und wies den Gesetzgeber lediglich auf seine "Nachbesserungspflicht im weiteren Sinne" hin, worunter man zunächst die Pflicht der gesetzgebenden Organe zur Überprüfung des Gesetzes versteht[32].

Ihre Prüfungspflicht haben die gesetzgebenden Organe bereits wahrgenommen, der Bundestag durch eine in Auftrag gegebene Studie über die Gewährung von Menschenrechten in den Staaten des Warschauer Paktes[33] sowie im Rahmen des Gesetzgebungsverfahrens zum AAG[34]. Der Bundesrat befaßte sich mit den politischen Veränderungen ebenfalls in seiner Stellungnahme zum AAG[35], ferner in einer Entschließung zur Leistungsanpassung für Aus- und Übersiedler[36] und in einer Entschließung zur Neukonzeption der Aus- und Übersiedlerpolitik[37].

---

31 Siehe oben in Teil 4 auf den Seiten 146 ff.; Zusammenfassung auf den Seiten 175.

32 So z.B. in den oben in Fußnote 30 zitierten Entscheidungen; siehe auch *Steinberg*, S. 164 f. und *Badura*, S. 183.

33 BT-Drs. 11/1344 (1987).

34 BT-Drs. 11/6937, S. 5.

35 BR-Drs. 222/1/90 und 222/2/90; vergl. hierzu auch die BT-Drs. 11/7189.

36 BR-Drs. 161/90, S. 2 f.

37 BR-Drs. 183/90.

(2) Folge: Verfassungswidrigkeit des Gesetzes

Die Pflicht zur Korrektur eines Gesetzes wird erst dann rechtsverbindlich und geht über die bloße Pflicht zur Überprüfung hinaus, wenn sie sich aus der Verfassung ableiten läßt, d.h. wenn das Gesetz durch den Inhaltswandel evident verfassungswidrig geworden ist. Erst jetzt entsteht die "Nachbesserungspflicht im engeren Sinne"[38].

(a) Verstoß gegen den Gleichbehandlungsgrundsatz

Im Falle des Bundesvertriebenengesetzes kommt ein Verstoß gegen Art. 3 Abs. 3 und Abs. 1 GG in Betracht. Da der Grundsatz der Gleichbehandlung auch den Gesetzgeber bindet[39], ist denkbar, daß ein ehemals verfassungsmäßiges Gesetz durch tatsächliche Veränderungen in eine gleichheits- und somit verfassungswidrige Lage erwächst[40].

(aa) Art. 3 Abs. 3 GG

In Betracht kommt zunächst ein Verstoß gegen das in Art. 3 Abs. 3 GG enthaltene Differenzierungsverbot, welches u.a. besagt, daß niemand wegen seiner Abstammung benachteiligt oder bevorzugt werden darf. Da Aussiedler Einwanderer deutscher Volkszugehörigkeit sind und gemäß § 1 Abs. 2 Nr. 3 BVFG gegenüber "fremdvölkischen" Einwanderern hinsichtlich der Aufnahme, der Einbürgerung und der materiellen Leistungen bevorzugt werden, ohne daß dafür der heute erloschene Vertreibungsdruck als Differenzierungskriterium herangezogen werden kann, liegt nach Ansicht von Rittstieg[41] ein Verstoß gegen Art. 3 Abs. 3 GG vor. Seiner Auffassung nach schließt der Wortlaut dieser Norm jegliche völkisch motivierte Differenzierung aus.

---

38 BVerfGE 56, S. 54, 81; *Badura*, S. 487; *von Pestalozza*, S. 551; *Steinberg*, S. 178/179.

39 Ständige Rechtsprechung des BVerfG, z.B. BVerfGE 42, S. 72.

40 "Wahlkreis-Entscheidung" des BVerfG, E 16, S. 130, 142 f.; "Beamtenpensionsentscheidung" des BVerfG, E 54, S. 11, 34, 39; vergl. hierzu auch *Stettner*, DVBl. 1982, S. 1123, 1126 und *Badura*, S. 486 f.

41 ZRP 1990, S. 129, 130.

Unter Abstammung versteht man die natürliche biologische Beziehung eines Menschen zu seinen Vorfahren[42], worunter speziell die Angehörigkeit zu einer ethnischen Minderheit fällt[43]. Die Abgrenzung der Aussiedler von sonstigen Einwanderern erfolgt - wenn auch unter anderem - nach dem Kriterium der Abstammung, da sie gemäß § 6 BVFG ihre deutsche Volkszugehörigkeit nachweisen müssen. "Fremdvölkische" Personen, die ebenfalls einem Vertreibungsschicksal unterliegen, sind auf das Asylverfahren angewiesen, das ihnen allenfalls ein Aufenthaltsrecht, jedoch kein Einbürgerungsrecht gewährt.

Allerdings verbietet Art. 3 Abs. 3 GG nur solche Ungleichbehandlungen, die *allein* an die aufgeführten Kriterien anknüpfen. Ein Gesetz kann nur dann gegen Art. 3 Abs. 3 GG verstoßen, wenn ein finaler Eingriff vorliegt, d.h. die Unterscheidung allein nach den Merkmalen des Art. 3 Abs. 3 GG erfolgt. Das BVFG begünstigt dagegen nicht die deutschen Volkszugehörigen wegen ihrer Abstammung, sondern wegen ihres - aufgrund der deutschen Volkszugehörigkeit - erlittenen Vertreibungsschicksals[44]. Nicht jeder deutsche Volkszugehörige kommt in den Genuß des Einbürgerungsrechts und der finanziellen Vorteile, sondern nur diejenigen, die ein kriegsbedingtes Vertreibungsschicksal erlitten haben bzw. heute noch unter Vertreibungsdruck leiden. Ob dieser Vertreibungsdruck heute noch gesetzlich unterstellt werden kann, ist für einen Verstoß gegen Art. 3 Abs. 3 GG bedeutungslos; dies ist im Rahmen des Art. 3 Abs. 1 GG zu prüfen. Nicht die deutsche Nationalität ist maßgeblich für die Differenzierung, sondern die Verpflichtung des deutschen Staates, Kriegslasten auf alle zu verteilen.

Im Ergebnis bleibt damit festzuhalten, daß die Privilegierung der Aussiedler gegenüber "fremdvölkischen" Personen hinsichtlich der Einbürgerung und der Gewährung finanzieller Integrationshilfen nicht gegen Art. 3 Abs. 3 GG verstößt. Auf die Frage des inzwischen erloschenen Vertreibungsdrucks kommt es - entgegen der Auffassung von *Rittstieg* - an dieser Stelle noch nicht an.

---

42 BVerfGE 9, S. 124, 128 f.; *v. Mangoldt/Klein/Starck*, Art. 3 GG, Rdnr. 268; *Leibholz/Rinck/Hesselberger*, Art. 3 GG, Rdnr. 3096.

43 *Dürig* in: Maunz/Dürig, Art. 3 Abs. 3 GG, Rdnr. 54

44 So auch das OVG Lüneburg, OVGE 15, S. 408, 411 und *Dürig* in: Maunz/Dürig, Art. 3 Abs. 3 GG, Rdnr. 56.

(bb) Art. 3 Abs. 1 GG

An einen Verstoß gegen den allgemeinen Gleichbehandlungsgrundsatz des Art. 3 Abs. 1 GG ist im Hinblick auf eine Privilegierung der Aussiedler gegenüber "fremdvölkischen" Zuwanderern, Deutschstämmigen aus anderen Staaten, Auslandsdeutschen und der inländischen Bevölkerung zu denken, und zwar hinsichtlich des Einwanderungsrechts, des Einbürgerungsanspruchs und der finanziellen Leistungen. Ein Amerikaner deutscher Abstammung besitzt beispielsweise weder den in § 6 1. StARegG enthaltenen ermessensunabhängigen Einbürgerungsanspruch, noch erhält er finanzielle Vergünstigungen, wenn er sich entschließt, in die Heimat seiner Urväter zurückzukehren. Auch ein Auslandsdeutscher (mit deutscher Staatsangehörigkeit) oder ein Einwanderer fremder Nationalität - wie oben erörtert - erhält keine Eingliederungshilfen, wenn er in sein Heimatland zurückkehrt.

Der allgemeine Gleichheitssatz gestattet zwar eine Differenzierung, allerdings nur nach "gerechten" Kriterien. Bei der Wahl der Differenzierungskriterien ist dem Gesetzgeber eine weitgehende Gestaltungsfreiheit eingeräumt, so daß nur die Überschreitung äußerster Grenzen beanstandet werden darf. Nach der Rechtsprechung des Bundesverfassungsgerichts liegt ein Verstoß gegen Art. 3 Abs. 1 GG immer dann vor, wenn sich für eine Differenzierung (oder Gleichsetzung) kein vernünftiger, aus der Natur der Sache sich ergebender oder sonstwie einleuchtender Grund finden läßt, wenn also nach einer am Gerechtigkeitsgedanken orientierten Betrachtungsweise die Regelung als willkürlich erscheinen muß[45].

Die Gestaltungsfreiheit des Gesetzgebers ist umfassender auf dem Gebiet der gewährenden Verwaltung (Leistungsverwaltung)[46] und geht besonders weit, wenn es sich um Regelungen zur Beseitigung der Kriegsfolgen handelt[47], wie es beim BVFG der Fall ist. Der Grund für den erweiterten Gesetzgebungsspielraum in der Leistungsverwaltung wird darin gesehen, daß grundsätzlich niemand durch diese Art der Staatstätigkeit belastet wird. Nichts de-

---

45 ständige Rechtsprechung des BVerfG, z.B. in BVerfGE 50, S. 142, 162; *Leibholz/Rinck/Hesselberger*, Art. 3 GG, Rdnr. 64, 65.

46 ständige Rechtsprechung des BVerfG, z.B. BVerfGE 36, S. 230, 235; 49, S. 280, 283; 61, S. 138, 147; 64, S. 158, 169; *Leibholz/Rinck/Hesselberger*, Art. 3 GG, Rdnr. 71; *Rupp*, S. 372.

47 BVerfGE 15, S. 167, 201; 23, S. 153, 168; 27, S. 253, 286; 29, S. 413, 430; 41, S. 126, 175; 52, S. 164, 178; *Leibholz/Rinck/Hesselberger*, Art. 3 GG, Rdnr. 79.

stotrotz bleibt der Gesetzgeber auch bei der gewährenden Verwaltung an das oben beschriebene Willkürverbot gebunden; er muß also auch hier für jede Differenzierung sachlich einleuchtende Gesichtspunkte anführen[48]. Bei der Kriegsfolgengesetzgebung hat das Bundesverfassungsgericht dem Gesetzgeber wegen der "*ungeheuren sozialen Aufgaben, die nach Art und Ausmaß ohne Parallele waren*"[49], wegen der Kürze der Zeit und der Unmöglichkeit, jedes Einzelschicksal gerecht auszugleichen[50], einen gewissen Freiraum gelassen. In jedem der entschiedenen Fälle handelte es sich jedoch um sogenannte Nachkriegsgesetze, d.h. um solche, die erstmals die Kriegsfolgenproblematik zu bewältigen suchten. Nur auf diese Gesetze, die ohne die erforderliche Zeit quasi in einem "Gesetzgebungsnotstand" erlassen wurden, kann diese Rechtsprechung des besonders weiten Gestaltungspielraums nach der Zielsetzung des Bundesverfassungsgerichts angewendet werden. Anders sieht es dagegen aus, wenn der Gesetzgeber inzwischen viel Zeit hatte, die Rechtmäßigkeit eines Kriegsfolgengesetzes zu prüfen. So hat auch das Bundesverfassungsgericht[51] grundsätzlich nicht ausgeschlossen, daß die spätere Entwicklung den Gesetzgeber zur Aktivität bei einem sogenannten Kriegsfolgengesetz verpflichten kann. Die Frage, ob die Begünstigung der Aussiedler heute noch verfassungskonform ist, entscheidet sich daher nach den Grundsätzen zur Prüfung des Art. 3 Abs. 1 GG bei der Leistungsverwaltung.

Über die Zweckmäßigkeit seiner Entscheidung befindet allein der Gesetzgeber, zu prüfen bleibt lediglich, ob heute noch ein sachgerechter Grund für die Privilegierung der Aussiedler gegenüber den verschiedenen Vergleichsgruppen besteht.

(aaa) Vergleichsgruppe: "fremdvölkische" Zuwanderer

Gegenüber Zuwanderern fremder Nationalität sind Aussiedler zum einen durch ihr Einwanderungsrecht und - sofern sie nicht die deutsche Staatsangehörigkeit besitzen - durch den Einbürgerungsanspruch privilegiert. Ferner er-

---

48 BVerfGE 25, S. 269, 293; 36, S. 230, 235; 51, 295, 301; 78, S. 249, 287; *Leibholz/Rinck/Hesselberger*, Art. 3 GG, Rdnr. 71; *Rupp*, S. 373.

49 BVerfGE 41, S. 126, 175.

50 BVerfGE 27, S. 253, 286.

51 In einer Entscheidung über die Anpassung einer Fremdrente an das im Warschauer Vertrag geschlossene Sozialversicherungsabkommen, BVerfGE 53, S. 164, 180.

halten sie - unabhängig von ihrer deutschen Staatsangehörigkeit - finanzielle Vergünstigungen als Eingliederungshilfe.

Die Personengruppe der Aussiedler besteht jedoch nicht nur aus Personen mit lediglich deutscher Volkszugehörigkeit, zum Teil besitzen die Aussiedler die deutsche Staatsangehörigkeit. Nach der Rechtsprechung des Bundesverfassungsgerichts, des Bundesverwaltungsgerichts und der herrschenden Ansicht in der Literatur[52] darf jedoch nach dem Gesichtspunkt der Staatsangehörigkeit durchaus differenziert werden, da dieses Merkmal nicht dem Katalog des Art. 3 Abs. 3 GG zuzuordnen ist. Daß die Verfassung selbst eine Differenzierung zwischen deutschen Staatsangehörigen und Ausländern für zulässig erachtet, zeigt sich an den sogenannten "Deutschen"-Grundrechten, die ausdrücklich fremden Staatsangehörigen nicht zustehen .

Demnach kann lediglich die Privilegierung deutscher Volkszugehöriger mit einer ausländischen Staatsangehörigkeit gegenüber ausländischen Einwanderern anderer Volkszugehörigkeit gegen Art. 3 Abs. 1 GG verstoßen. Hier geht es um die Einbürgerung und Integration von Zuwanderern; dies setzt bei einem Nationalstaat wie Deutschland - im Unterschied zu einem zumindest ansatzweise multikulturellen Staat wie den USA - voraus, daß der Zuwanderer eine kulturelle Anpassung leistet. Der kulturelle Bezug geht auch aus § 8 Nr. 2 RuStAG hervor, der die Anpassung als Voraussetzung für die Ermesseneinbürgerung nennt. Bringt ein Immigrant aufgrund seiner Abstammung bereits eine sprachliche oder kulturelle Verbindung zu dem Aufnahmestaat mit, so darf er aus sachlich gerechtfertigten Gründen hinsichtlich der Einbürgerung gegenüber einem Bewerber bevorzugt werden, der diese Anpassungsleistung erst erbringen muß[53]. Aus diesem Grund ist auch die Verfassungsmäßigkeit des § 13 RuStAG, der die Einbürgerung deutschstämmiger Personen - unabhängig von deren Ausreiseland - erleichtert, noch niemals angezweifelt worden.

Die Gewährung finanzieller Integrationshilfen ist dagegen - anders als eine Einbürgerungserleichterung - nicht allein aufgrund der deutschen Abstammung zulässig. Die finanziellen Hilfen dienen zum einen der Integrationser-

---

52 BVerfGE 51, S. 1, 30; BVerwGE 22, S. 60, 70; *v. Mangoldt/Klein/Starck*, Art. 3 GG, Rdnr. 276; *Dürig* in: Maunz/Dürig, Art. 3 Abs. 3 GG, Rdnr. 4011; a.A. *Gubelt* in: v. Münch GG-Komm., Art. 3 GG, Rdnr. 92.

53 Ebenso *Makarov/v. Mangoldt*, § 8 RuStAG, Rdnr. 59.

leichterung, zum anderen sollen sie vertreibungsbedingte Verluste ausgleichen, z.B. im Lastenausgleichsgesetz. Bei Leistungen, die der Integration dienen, darf jedoch nicht zwischen Einwanderern deutscher Nationalität und solchen fremder Nationalität unterschieden werden. Sind bei verschiedenen Bewerbern die Voraussetzungen für eine Einbürgerung gegeben, wenngleich sich diese zulässigerweise unterscheiden können, so müssen sämtliche eingebürgerte Personen in die deutsche Gesellschaft integriert werden. Die Integration hängt anders als die bevorzugte Einbürgerung nicht notwendig mit der deutschen Abstammung zusammen. Gerade eine Förderung "fremdvölkischer" Zuwanderer wäre geboten, wenn man von der oben getroffenen Annahme ausgeht, Personen deutscher Nationalität fiele die Integration ohnehin leichter.

Lastenausgleichszahlungen beruhen dagegen auf dem erlittenen Vertreibungsschicksal als sachlichem Differenzierungskriterium und sind daher zulässig, solange Vertreibungsdruck besteht. Dieser sachliche Differenzierungsgrund kommt auch in Art. 116 Abs. 1 GG, der die Aufnahme und Gleichstellung kriegs- und nachkriegsbedingt vertriebener Personen festlegt, zum Ausdruck und ist insoweit verfassungsrechtlich unangreifbar manifestiert. Regelt das BVFG dagegen einen Sachverhalt, der von dem Sinn und Zweck des Art. 116 Abs. 1 GG nicht mehr gedeckt ist, und der sich nicht auf einen anderen sachlichen Differenzierungsgrund stützen kann, verstößt die Bevorzugung gegen den Grundsatz der Gleichbehandlung.

Anders als in den fünfziger Jahren und in der Folgezeit bis zur "Wende" in Osteuropa kann heute - wie bereits oben ausführlich erörtert - das Vertreibungsschicksal als ausschlaggebendes Ausreisemotiv nicht mehr ohne entsprechenden Nachweis unterstellt werden, wie in § 1 Abs. 2 Nr. 3 BVFG geschehen. Folglich können die durch die Auswanderung erlittenen Verluste nicht mehr als Vertreibungsschäden angesehen werden. Aussiedlern darf demnach nur der gleiche Einbürgerungsanspruch gewährt werden wie deutschstämmigen Einwanderern aus anderen Staaten, z.B. die in § 13 RuStAG geregelte erleichterte Ermessenseinbürgerung. Wollte der Gesetzgeber dem Umstand Rechnung tragen, daß Zuwanderer aus Osteuropa zumeist in schwierigen finanziellen Verhältnissen leben, müßte er auch anderen materiell schlechtergestellten Zuwanderern Hilfen gewähren.

(bbb) Vergleichsgruppe: deutschstämmige Zuwanderer

Zuwanderer deutscher Nationalität ohne deutsche Staatsangehörigkeit haben gegenüber Aussiedlern ebenfalls ohne deutsche Staatsangehörigkeit den Nachteil, keinen mit § 6 Abs. 1 1. StARegG vergleichbaren Einbürgerungsanspruch zu besitzen. Sie genießen lediglich eine erleichterte Ermessenseinbürgerung gemäß § 13 RuStAG. Eingliederungshilfen stehen ihnen ebensowenig zu wie den oben behandelten "fremdvölkischen" Zuwanderern.

Der einzige sachliche Differenzierungsgrund bestand in dem Vertreibungstatbestand. Wie oben bereits erörtert, kann dieser bei nach der politischen Wende in Osteuropa ausreisenden deutschen Volkszugehörigen nicht mehr unterstellt werden. Folglich ist auch die Privilegierung der Aussiedler gegenüber anderen Deutschstämmigen gleichheitswidrig.

(ccc) Vergleichsgruppe: Auslandsdeutsche

Aussiedler deutscher Staatsangehörigkeit, die sich entschließen, nach Deutschland zurückzukehren, erhalten die bereits genannten materiellen Vergünstigungen sowie den Lastenausgleich. Auslandsdeutsche, d.h. deutsche Staatsangehörige mit Wohnsitz im Ausland, die ebenfalls zurückkehren wollen, kommen nicht in den Genuß dieser Leistungen. Da die Bevorzugung allein auf dem unterstellten Vertreibungsdruck beruht, liegt heute mit der Verbesserung der politischen Verhältnisse kein Differenzierungsgrund mehr vor. Somit ist ein Verstoß gegen Art. 3 Abs. 1 GG gegeben.

(ddd) Vergleichsgruppe: Inlandsdeutsche

Zuletzt bleibt zu prüfen, ob die Integrationshilfen, die Aussiedler bei ihrer Ankunft in Deutschland erhalten, eine ungerechtfertigte Besserstellung gegenüber der ansässigen Bevölkerung darstellen. Der sachlich gerechtfertigte Differenzierungsgrund ist hier jedoch vorrangig darin zu sehen, daß sie sich als Einwanderer eine Existenz aufbauen müssen, ohne in der Regel auf familiäre Hilfe zurückgreifen zu können. Sprachliche Hürden müssen überwunden werden, Ausbildungen werden häufig nicht als gleichwertig anerkannt, Wohnraum ist zu finden. Diese Situation des völligen Neubeginns unterscheidet Aussiedler - wie auch andere Einwanderer - von der Lage der inländischen

Bevölkerung. Folglich ist eine Differenzierung hinsichtlich der finanziellen Hilfen gerechtfertigt.

Ein Verstoß gegen Art. 3 Abs. 1 GG liegt somit in mehrfacher Hinsicht vor[54].

(b) Evidenz des Verstoßes

Grundsätzlich unterfällt die Beurteilung, ob und wann der Tatbestand einer Nachbesserungspflicht erfüllt und ein gesetzgeberisches Handeln angezeigt ist, dem politischen Verantwortungsbereich des Gesetzgebers[55]. Die verfassungsrechtliche Schutzpflicht wird nach der Ansicht des Bundesverfassungsgerichts durch das Unterlassen von Nachbesserungen erst dann verletzt, wenn der Grundrechtsverstoß "evident" ist, d.h. erst das Vorliegen dieser Evidenz bewirkt die Verfassungswidrigkeit der Norm[56]. Die vom Bundesverfassungsgericht neu geschaffene Rechtsfigur der "Evidenz" dient allein dazu, das Gesetz vor dem Verdikt der Verfassungswidrigkeit zu bewahren. Das Bundesverfassungsgericht scheute bisher die förmliche Feststellung der Verfassungswidrigkeit wegen möglicher Rückwirkungsfolgen[57].

Hingegen erscheint es fraglich, ob eine derartige Evidenzprüfung verfassungsrechtlich geboten ist. Bereits bei der Prüfung der Verfassungsmäßigkeit einer Norm wird der Gestaltungsspielraum des Gesetzgebers hinreichend berücksichtigt. Ein Verstoß gegen Art. 3 Abs. 1 GG wird z.B. - wie oben dargestellt - nur dann angenommen, wenn die äußersten Grenzen der gesetzgeberischen Freiheit überschritten wurden. Wäre das Erlöschen des Vertreibungsdrucks nicht hinreichend evident, also offensichtlich, hätte man bereits den Verstoß gegen Art. 3 Abs. 1 GG verneinen müssen. Auch bei sonstigen Überprüfungen der Verfassungsmäßigkeit von Gesetzen stellt das Bundesverfassungsgericht lediglich auf den Grundrechtsverstoß ab. Es besteht demnach

---

54 So auch in einem Gesetzesantrag der Länder Berlin, Bremen, NRW, Saarland und SH vom 7. März 1990 hinsichtlich der Bevorzugung gegenüber Deutschstämmigen aus anderen Staaten, BR-Drs. 185/90, S. 2.

55 BVerfGE 49, S. 89, 131 f.; 56, S. 54, 81; *Badura*, S. 487.

56 BVerfGE 33, S. 303, 333; 56, S. 54, 81; *Badura*, S. 487; *Steinberg*, S. 178 f.; *Peine*, Systemgerechtigkeit, S. 137.

57 *von Pestalozza*, S. 551.

auch bei der Nachbesserungspflicht kein Anlaß zu einer von der Verfassung nicht vorgesehenen Evidenzprüfung.

Dennoch sollte hilfsgutachterlich auf das Merkmal der Evidenz eingegangen werden. Daß die Reformprozesse in Osteuropa nicht nur die politischen und religiösen Rechte der ansässigen Bevölkerung gefördert, sondern darüber hinaus auch die Stellung der nationalen Minderheiten gestärkt haben, zeigt sich besonders deutlich an der Bereitschaft zum Abschluß bilateraler Abkommen mit der Bundesrepublik, in denen die international üblichen Minderheitenrechte zugesichert werden. Die ehemaligen Vertreiberstaaten distanzieren sich öffentlich von ihrer bislang ausgeübten Unterdrückungspolitik. Vielmehr versuchen sie im Rahmen ihrer finanziellen Möglichkeiten, die kulturellen und sprachlichen Bedürfnisse der deutschen Bevölkerung zu befriedigen, um sie im Lande zu behalten. Angesichts dieser gravierenden Fortschritte ist offensichtlich, daß der Vertreibungsdruck im BVFG zumindest nicht mehr allgemein unterstellt werden kann, ebensowenig wie bei einem westeuropäischen Staat. Damit ist der Verstoß des § 1 Abs. 2 Nr. 3 BVFG gegen den Grundsatz der Gleichbehandlung evident.

bb) Art und Umfang der Nachbesserungspflicht

Der Gesetzgeber ist nunmehr verpflichtet, die verfassungswidrige Privilegierung der Aussiedler gegenüber anderen Auslandsdeutschen und deutschstämmigen Ausländern zu beseitigen, allerdings wie bei jedem Akt der Gesetzgebung unter Beachtung seiner Einschätzungsprärogative[58]. Dies kann er auf mehrfache Weise tun, zum einen durch die - wohl nur theoretisch denkbare - Ausdehnung der Privilegierung auf die bisher benachteiligten Personen. Zum anderen könnte er die Privilegierung vollständig abschaffen, unter Umständen den Zuzug der Aussiedler kontingentieren oder einen Nachweis des im Einzelfall bestehenden Vertreibungsdrucks fordern. Die Nachbesserungspflicht begründet folglich nicht die Notwendigkeit einer bestimmten Handlungsweise, lediglich das "Ob" der Änderung ist festzuhalten. Mit dem KfbG hat der Gesetzgeber das bisherige BVFG den neuen politischen Verhältnissen

---

[58] BVerfGE 39, S. 1, 42, 44 (zu § 218 StGB); *Badura*, S. 488; *Stettner*, DVBl. 1982, S. 1123, 1126; *Peine*, Systemgerechtigkeit, S. 137.

angepaßt. Ob es jedoch dem oben behandelten verfassungsrechtlichen Auftrag gerecht wird oder etwa gegen andere rechtsstaatliche Grundsätze verstößt, ist neben der Behandlung anderer Reformvorschläge im folgenden zu erörtern.

3. Völkerrechtliche Pflicht zur Entlassung deutscher Staatsangehöriger bei Gebietsübergang

Wie oben[59] erörtert, ist durch den deutsch-polnischen Grenzvertrag und den "2 + 4"-Vertrag zwar das ehemals polnisch bzw. sowjetisch verwaltete deutsche Staatsgebiet wirksam abgetreten worden, jedoch ohne die Folge eines automatischen Staatsangehörigkeitsverlusts für dort wohnhafte deutsche Staatsangehörige. Eine vertragliche Regelung dieser Frage steht bis heute aus, so daß die fraglichen Personen seit dem Erwerb der polnischen bzw. sowjetischen Staatsangehörigkeit Doppelstaatler geworden und bis heute geblieben sind. Fraglich ist nun, ob dieser Rechtszustand dauerhaft bestehen bleiben darf oder ob Deutschland als abtretender Staat völkerrechtlich verpflichtet ist, diese Personen aus seinem Staatsverband zu entlassen, um Mehrstaatigkeit zu vermeiden.

Die ganz herrschende Meinung geht für den Fall einer Gebietsabtretung von einer solchen völkerrechtlichen Verpflichtung aus, die auf einer positiven Völkerrechtsregel beruht[60]. Begründet wird dies zutreffend mit dem Umstand, daß sonst eine geschlossene Bevölkerung, die kein enger geknüpftes Rechts- und Treueverhältnis mit dem Nachfolgestaat verbindet, von diesem innerhalb seiner Grenzen zu dulden wäre[61]. Den Einwohnern die Staatsangehörigkeit nicht zu entziehen, würde einen Eingriff in die territoriale Hoheit des Nachfolgestaates bedeuten[62].

Diese völkerrechtlichen Verpflichtungen kollidieren auch nicht mit der Rechtsprechung des Bundesverfassungsgerichts zum Grundlagenvertrag[63] und

---

59 In Teil 3 auf den Seiten 74 ff.

60 *Hailbronner/Renner*, Einl. S. 114; *Seifert*, DÖV 1972, S. 671, 672; *Weis*, S. 15; *Dahm*, S. 470; *Meessen*, S. 85.

61 *Dahm*, S. 470.

62 *Weis*, S. 15; *Seifert*, DÖV 1972, S. 671, 672.

63 E 36, S. 1, 30.

zu den Ostverträgen[64]. Das Bundesverfassungsgericht bekräftigte zwar stets die Verpflichtung der Bundesrepublik Deutschland, die in der ehemaligen DDR und in den Ostgebieten ansässigen deutschen Staatsangehörigen stets als solche zu behandeln und ihre Rechte durch keine Maßnahme zu verkürzen. Angesichts der Tatsache, daß die Bundesrepublik Deutschland sich inzwischen mit der DDR wiedervereinigt und die ehemaligen Ostgebiete endgültig und völkerrechtlich wirksam abgetreten hat, kann es diese Schutzpflichten für die deutschen Staatsangehörigen nicht mehr geben. Die Zeit der rechtlichen und politischen Provisorien in bezug auf die ehemaligen Ostgebiete ist vorüber, somit muß sich Deutschland an die allgemein gültigen Regeln des Völkerrechts halten.

Allerdings muß nach h.M. eine solche Entlassung aus der Staatsangehörigkeit nach Völkergewohnheitsrecht ein (befristetes) Optionsrecht für die betroffenen Personen beinhalten[65]. Da die Betroffenen schon nicht über die Gebietsabtretung mitentscheiden durften[66], sollte ihr Wille als Ausdruck des Selbstbestimmungsrechts wenigstens bei ihrer eigenen Staatsangehörigkeit berücksichtigt werden. Um den Interessen des Nachfolgestaates gerecht zu werden, wird jedoch regelmäßig mit dem Optionsrecht - in Absprache mit diesem Staat - eine Pflicht zur Abwanderung verbunden sein. Ob sich die Verpflichtung zu einer Optionsregel auch aus Art. 16 Abs. 1 GG ableiten läßt, wird im Folgenden erörtert.

Unter dem Gesichtspunkt, daß eine Pflicht zur Entlassung aus der deutschen Staatsangehörigkeit immer dann besteht, wenn - wie z.B. bei einem Gebietswechsel - keine effektive Verknüpfung zum deutschen Staatsverband vorhanden ist, kann man den betroffenen Personenkreis erweitern. Im Wege eines Erst-recht-Schlusses muß die Pflicht zur Entlassung aus der deutschen Staatsangehörigkeit auch für die Doppelstaatler gelten, die seit Generationen auf dem Gebiet eines fremden Staates leben[67]. Voraussetzung ist jedoch auch hier, daß den betroffenen Personen ebenfalls ein Optionsrecht eingeräumt wird.

---

64 E 40, S. 141, 175.

65 *Seifert*, DÖV 1972, S. 671, 672; *Meessen*, S. 86; *Soell*, AöR 95 (1970), S. 448; gegen eine völkerrechtliche Pflicht zum Optionsrecht *Weis*, S. 16 und *Doehring*, S. 355.

66 *Soell*, AöR 95 (1970), S. 448.

67 So auch *Zimmermann*, ZRP 1991, S. 85, 91.

Fraglich ist nunmehr, ob der Gesetzgeber durch einen völkerrechtlichen Vertrag, durch Änderung des Grundgesetzes oder durch einfaches Gesetz die sammeleingebürgerten Doppelstaatler von der deutschen Staatsangehörigkeit ausschließen kann. Entscheidend kommt es hierbei auf die Auslegung des Art. 16 Abs. 1 GG an, der einer solchen Maßnahme entgegenstehen könnte.

Art. 16 Abs. 1 S. 1 GG verbietet den Entzug der deutschen Staatsangehörigkeit; Art. 16 Abs. 1 S. 2 verbietet den Verlust der deutschen Staatsangehörigkeit lediglich für den hier nicht relevanten Fall, daß der Betreffende staatenlos wird. Das Entziehungsverbot des Art. 16 Abs. 1 S. 1 GG gilt für Doppelstaatler ebenso wie für Deutsche, die keine weitere Staatsangehörigkeit besitzen[68]. Die Unterscheidung zwischen "Verlust" und "Entziehung" ist umstritten, jedoch für den Fall der Ausbürgerung mit Optionsmöglichkeit unerheblich. Nach einer Ansicht kommt es entscheidend darauf an, ob ein diskriminierender Einzelakt (dann Entziehung) vorliegt oder ein allgemeines, abstraktes Gesetz (dann zulässiger Verlust)[69]. Hier würde es sich um einen völkerrechtlichen Vertrag oder um ein allgemeines Gesetz handeln und nicht um eine diskriminierende Einzelmaßnahme, so daß Art. 16 Abs. 1 S. 1 GG nicht verletzt wäre. Die heute wohl herrschende Meinung, die weniger formalistisch auf den Willen des Betroffenen abstellt, also darauf, ob er mit dem Erlöschen der deutschen Staatsangehörigkeit einverstanden ist (nur dann liegt ein zulässiger Verlust vor)[70], würde lediglich eine Regelung mit Optionsrecht als verfassungsmäßig ansehen.

Doch unabhängig von diesem Meinungsstreit fällt der hier behandelte Bereich nach herrschender Meinung bereits aus einem anderen Grund nicht unter den Anwendungsbereich des Art. 16 Abs. 1 GG[71]. Zum einen hat Art. 16 Abs. 1 GG nicht die Aufgabe, völkerrechtliche Tatbestände zu lösen, weshalb dieser Bereich in den Verhandlungen des Parlamentarischen Rates zu

---

68 *Makarov/v. Mangoldt*, Art. 16 GG, Rdnr. 18; *Schätzel*, S. 86; *v. Mangoldt/Klein*, Art. 16 GG, Anm. 2 b; *Hamann/Lenz*, Art. 16 GG, Anm. 2; *Randelzhofer* in Maunz/Dürig, Art. 16 GG, Rdnr. 54.

69 *Makarov/v. Mangoldt*, Art. 16 GG, Rdnr. 18; Innenausschuß des Bundestages zum 2. StARegG für Österreicher, BT-Drs. 2/1391, S. 2; *Zimmermann*, ZRP 1991, S. 85, 90.

70 *Kimminich*, Kommentar zum Bonner Grundgesetz, Art. 16 GG, Rdnr. 36; *Jarras/Pieroth*, Art. 16 GG, Rdnr. 2; *Seifert*, DÖV 1972, S. 671, 672; *v. Mangoldt/Klein*, Anm. 2 b und *Randelzhofer* in Maunz/Dürig, Art. 16 GG, Rdnr. 49, der jedoch statt auf den Willen auf die Vermeidbarkeit für den Betroffenen Abstellt.

71 *Randelzhofer* in Maunz/Dürig, Art. 16 GG, Rdnr. 54; *Makarov/v. Mangoldt*, Art. 16 GG, Rdnr. 19; *Zimmermann*, ZRP 1991, S. 85, 90.

Art. 16 GG nicht behandelt wurde. Zum anderen geht Völkerrecht über Art. 25 GG innerstaatlichem Recht vor[72].

Da Art. 16 Abs. 1 GG einer unter Optionsvorbehalt stehenden Entlassung deutscher Staatsangehöriger - nach der letztgenannten Auffassung wäre ein Optionsvorbehalt noch nicht einmal notwendig - in den ehemaligen Vertreibungsgebieten aus dem deutschen Staatsverband nicht im Wege steht, stellt sich nur noch die Frage, ob dies durch völkerrechtlichen Vertrag geschehen muß oder durch einfaches Gesetz. Üblich ist bei Gebietsabtretungen der völkerrechtliche Vertrag; denkbar wäre jedoch auch ein einfaches Gesetz wie z.B. das 2. StARegG für die Staatsangehörigkeit der "Anschluß-Deutschen" in Österreich vom 17. Mai 1956[73]. Dieses stellte rückwirkend fest, daß die deutsche Staatsangehörigkeit seit 1945 nicht mehr bestand, räumte jedoch den Betroffenen ein individuelles Optionsrecht ein[74]. Die Erklärungsfristen betrugen im 2. StARegG etwas mehr als ein Jahr. Diesbezüglich steht dem Gesetzgeber ein Wahlrecht zu.

II. Rechtlicher Handlungsspielraum

Umstritten ist, welche rechtlichen Möglichkeiten dem Gesetzgeber zur Änderung der bisherigen Rechtslage zur Verfügung stehen. Die weitreichendste Forderung beinhaltet die vollständige Beendigung des Aussiedlerzuzugs, um unter die Kriegsfolgengesetzgebung einen endgültigen Schlußstrich zu ziehen. Obwohl der Gesetzgeber diesen Vorschlag bisher nicht übernommen hat, ist es geboten, seine Zulässigkeit im Hinblick auf zukünftige Reformierungen zu untersuchen. Diskutiert wird ferner eine Kontingentierung des Aussiedlerzuzugs, wie sie der Gesetzgeber im KfbG übernommen hat. Schließlich werden Änderungen der bestehenden Gesetze dergestalt erörtert, daß der Aussiedlerstatus als solcher erhalten bleibt und sich lediglich die Prüfungsanforderungen verschärfen. Das KfbG beinhaltet verschiedene solcher Modifikationen wie z.B. die Beweislastumkehr beim Vertreibungsdruck. Ob die diskutierten Modelle rechtlich zulässig, effektiv und praktikabel sind und gleichzeitig die

---

72 Innenausschuß des BT zum 2. StARegG, BT-Drs. 2/191; sinngemäß *Doehring*, S. 355.

73 BGBl. 1956 I, S. 431.

74 Näheres hierzu bei *Makarov*, JZ 1956, S. 744 ff.

rechtlichen Handlungspflichten des Gesetzgebers erfüllen, ist im folgenden zu erörtern.

1. Vollständige Beendigung des Aussiedlerzuzugs

Zu beginnen ist mit der Radikalforderung, dem Aussiedlerzuzug endgültig "einen Riegel vorzuschieben", indem man den Aussiedlerstatus beseitigt. Diesen Vorschlag vertraten zunächst nur Oppositionspolitiker der SPD[75] sowie Vertreter der SPD-regierten Bundesländer[76] und Vertreter der Bundestagsfraktion von Bündnis 90/DIE GRÜNEN[77]. Inzwischen war die Forderung nach einem Schlußstrich unter dem Aussiedlerrecht auch aus den Reihen der CDU/CSU und FDP[78] und in der juristischen Fachliteratur[79] zu hören. Mit diesem Vorschlag würde der Gesetzgeber seiner Nachbesserungspflicht unzweifelhaft gerecht werden, da es keine Basis für eine Privilegierung mehr gäbe. Im KfbG hat sich der Gesetzgeber gegen eine vollständige Beendigung des Aussiedlerzuzugs etwa in Form einer Stichtagsregelung entschieden. Er begründete dies mit dem Argument, niemand solle zu früh zu einer Entscheidung gezwungen werden. Anderenfalls entstünde eine Torschlußpanik[80]. Diese Lösung würde das Aussiedlerproblem jedoch auf Dauer effektiv lösen, wenngleich kurzfristig mit einem Massenansturm gerechnet werden müßte. Auch ist nicht ausgeschlossen, daß das BVFG nach den umfassenden Änderungen durch das KfbG zukünftig vollständig abgeschafft wird. Fraglich bleibt allein, wie sich diese Forderung rechtlich durchsetzen ließe und ob ihr nicht rechtsstaatliche Prinzipien entgegenstehen.

---

75 Z.B. Lafontaine, saarländischer Ministerpräsident und stellvertretender SPD-Vorsitzender in: Der Tagesspiegel, 11. und 15. September sowie 25. Oktober 1991 und im Hamburger Abendblatt, 19. August 1991; Runde, Hamburger Sozialsenator, Der Tagesspiegel, 5. November 1991; Gansel, MdB, Der Spiegel Nr. 52 vom 25. Dezember 1989, S. 50 und Nr. 43 vom 21. Oktober 1991, S. 208; Läpple, saarländischer Innenminister, Der Spiegel Nr. 37 vom 9. September 1991, S. 49.

76 im Gesetzesantrag vom 7. März 1990, BR-Drs. 185/90.

77 Der Spiegel Nr. 38 vom 16. September 1991, S. 59 ff.

78 So z.B. Baum, stellvertretender FDP-Vorsitzender, Der Tagesspiegel, 27. Oktober 1991, Schlee (CDU), baden-württembergischer Innenminister, Hamburger Abendblatt, 24. Dezember 1990.

79 Z.B. *Wewel*, NVwZ 1991, S. 757, 758.

80 BT-Drs. 12/3212, S. 19 und 20 vom 7. September 1992.

Zu unterscheiden sind hier die verschiedenen Gruppen der betroffenen Personen. Zum einen handelt es sich um vorwiegend sammeleingebürgerte deutsche Staatsangehörige, zum anderen um Statusdeutsche und schließlich um Personen, die nach der derzeitigen Rechtslage Statusdeutsche werden könnten, jedoch noch nicht aufgenommen sind.

a) Verweigerung der Aufnahme sammeleingebürgerter Doppelstaatler

Sofern es sich bei den einreisewilligen Aussiedlern um deutsche Staatsangehörige handelt, ist fraglich, ob einem Einreiseverbot nicht der in Art. 11 GG enthaltene Grundsatz der Freizügigkeit entgegenstehen könnte. Nach der Rechtsprechung des Bundesverfassungsgerichts[81] erfaßt der Schutzbereich des Art. 11 GG alle Deutschen, darunter auch Personen, die außerhalb des Bundesgebietes leben, aber deutsche Staatsangehörige sind. Nach dem Wortlaut des Art. 11 Abs. 1 GG ist jedoch nur die Freizügigkeit *im* Bundesgebiet geschützt, nicht dagegen die Freizügigkeit *in das* deutsche Staatsgebiet, also die Einreise zu vorübergehenden Zwecken oder die Einwanderung. Nach einer literarischen Minderansicht[82] stellt die Einreisefreiheit ein ungeschriebenes "Naturrecht" jedes Staatsangehörigen dar, das zum einen aus der Staatsangehörigkeit selbst resultiert und zum anderen aus der völkerrechtlichen Verpflichtung des Staates gegenüber anderen Staaten erwächst Das Bundesverfassungsgericht[83] hat jedoch mit einem zutreffenden Hinweis auf die Entstehungsgeschichte des Art. 11 GG festgestellt, daß auch die Einreisefreiheit in dessen Schutzbereich fällt. Anderenfalls könnten die Rechtsgutträger ihr Grundrecht auf Freizügigkeit und alle übrigen Grundrechte nicht ausüben.

Fraglich ist nunmehr, inwieweit sich dieses Grundrecht auf Einreise und Einwanderung einschränken läßt. Nach der literarischen Minderansicht wäre die Einreisefreiheit zwar nicht völlig schrankenlos zu gewähren, unterfiele jedenfalls nicht dem Gesetzesvorbehalt des Art. 11 Abs. 2 GG. Doch auch nach

---

81 grundlegend BVerfGE 2, S. 266, 272.

82 Z.B. *Isensee*, VVDStRL 32 (1974), S. 49, 62; *Doehring*, S. 337; *Scholler*, DÖV 1967, S. 469, 474; vergl. hierzu auch *Hailbronner* in: Handbuch des Staatsrechts VI, § 131, Rdnr. 33, S. 157 und *Kunig* in v. Münch/Kunig, GG-Komm., Rdnr. 16.

83 BVerfGE 2, S. 266, 273 f., nachfolgend BVerwGE 3, S. 135 f. und BVerwGE 6, S. 173 ff., ebenso *Hailbronner*, in: Handbuch des Staatsrechts VI, § 131, Rdnr. 30, S. 155; Leibholz/Rinck/Hesselberger, Art. 11 GG, Rdnr. 1; *Rittstieg* in: Kommentar zum GG für die BR Dtld., Art. 11 GG, Rdnr. 37; *Kunig*, Jura 1990, S. 306, 308.

der Rechtsprechung des Bundesverfassungsgerichts und nach der herrschenden Meinung ist eine auf Art. 11 Abs. 2 GG gestützte Beschränkung nur unter engen Voraussetzungen zulässig. Hier interessiert vor allem die Frage, ob eine generelle oder nur eine individuelle Verweigerung der Einreise möglich wäre. Das Bundesverfassungsgericht[84] hat sich in der Überprüfung des Notaufnahmegesetzes (NAG)[85] mit der Frage befaßt, ob ein generelles Einreiseverbot - unter den noch näher zu beschreibenden Voraussetzungen des Art. 11 Abs. 2 GG - gegenüber deutschen Staatsangehörigen in der ehemaligen "SBZ" von Art. 11 Abs. 2 GG gedeckt sein kann. Zu Recht stellte es zunächst fest, daß der Begriff "Einschränkung" sich nicht nur auf Teile des Bundesgebietes beziehe, sondern daß die Zuwanderung auch gänzlich untersagt werden könne[86]. Ferner war es der Ansicht, daß ein auf Art. 11 Abs. 2 GG gestütztes generelles Verbot der Garantie des Art. 11 Abs. 1 GG, der alle Deutschen erfaßt, zuwiderlaufen würde. Es könne nicht angehen angesichts der Bedeutung der Einreisefreiheit, daß ein Gesetz dieses Recht grundsätzlich wieder beseitigen könne. Folglich sei ein einschränkendes Gesetz nur dann zulässig, wenn bei dem einzelnen Zuwanderer einer der Gründe für die Versagung der Aufnahme aus Art. 11 Abs. 2 GG festgestellt werden würde[87].

Als Zwischenergebnis für die Frage der Zugangsverweigerung von Aussiedlern deutscher Staatsangehörigkeit bleibt demnach festzuhalten, daß eine Einzelfallprüfung erforderlich wäre, um dem Individualrecht auf Einreise gerecht zu werden. Ein Erlaubnisverfahren als solches, wie z.B. das im AAG eingeführte, würde dagegen als unerläßliche Verfahrensnotwendigkeit nur eine Suspension bewirken, aber nicht gegen Art. 11 GG verstoßen[88].

Die denkbaren Versagungsgründe sind in Art. 11 Abs. 2 GG abschließend[89] aufgeführt. Im Falle der Aufnahme von Aussiedlern kommt vor allem der so-

---

84 BVerfGE 2, S. 266, 275 ff.

85 BGBl. 1950 I, S. 367, inzwischen aufgehoben und durch das "Gesetz über die Festlegung eines vorläufigen Wohnsitzes für Aus- und Übersiedler" vom 6. Juli 1989, BGBl. 1989 I, S. 1378, zuletzt geändert durch Art. 9 des KfbG vom 21. Dezember 1992, BGBl. 1992 I, S. 2094, 2105, ersetzt.

86 BVerfGE 2, S. 266, 284; ebenso *Jarass* in Jarass/Pieroth, Art. 11 GG, Rdnr. 9.

87 BVerfGE 2, S. 266, 278; ebenso BVerwGE 5, S. 31 ff. zur Beweislast der Behörde für das Vorliegen eines Ablehnungsgrundes und *Randelzhofer* im Komm. zum Bonner GG, Art. 11 GG, Rdnr. 73.

88 BVerfGE 2, S. 266, 279.

89 So *Randelzhofer*, im Komm. zum Bonner GG, Art. 11 GG, Rdnr. 143.

genannte "Sozialvorbehalt" zur Anwendung. Das Grundgesetz erlaubt eine Einschränkung dann, wenn eine "*ausreichende Lebensgrundlage nicht vorhanden ist und der Allgemeinheit daraus besondere Lasten entstehen würden*". Angesichts der Zahl der möglicherweise einreisewilligen Aussiedler und der schwierigen Unterbringung angesichts von Wohnungsnot und schlechter Arbeitsmarktlage sind Lasten für die Allgemeinheit naheliegend. Die Rechtsprechung[90] ist jedoch der Ansicht, daß eine Lebensgrundlage im Sinne des Art. 11 Abs. 2 GG nur dann fehle, wenn nach Beruf, Alter und Gesundheit des Antragstellers nicht zu erwarten sei, daß er sich den Lebensunterhalt selbst verdienen könne. Auch reiche eine vorübergehende Hilfsbedürftigkeit im Sinne des Fürsorgerechts nicht für die Ablehnung aus. Schließlich gehöre der Wohnraum nicht der von Art. 11 Abs. 2 GG bezeichneten Lebensgrundlage an, da anderenfalls die Übergangsbestimmung des Art. 117 Abs. 2 GG zur Verminderung der kriegsbedingten Raumnot überflüssig gewesen sei. Für eine enge Auslegung des Sozialvorbehalts spricht sich auch die Literatur aus[91]. Das Sozialstaatsprinzip schränke den Gesetzesvorbehalt dahingehend ein, daß gerade sozial schwächer gestellten Personen nicht ohne weiteres entgegengehalten werden könne, die Allgemeinheit müsse durch sie verursachte Lasten tragen[92].

Allein schon angesichts dieser engen Kriterien wird ein Einwanderungs- oder Einreiseverbot nur schwerlich verfassungsgemäß sein. Dies muß insbesondere in Anbetracht des gravierenden Grundrechtseingriffs gelten. Nach dem Grundsatz der Verhältnismäßigkeit wären zunächst mildere, gleich geeignete Mittel anzuwenden, die der sozialen Belastung der Allgemeinheit Rechnung tragen würden, wie z.B. ein Gesetz, das die Einreise gestattet und lediglich innerhalb der bundesdeutschen Grenzen einen bestimmten - befristeten - Wohnsitz anordnet. Diesen Inhalt hat das bereits zitierte[93] Gesetz über die Festlegung eines vorläufigen Wohnsitzes für Aus- und Übersiedler vom 6. Juli 1989. Es sieht in seinem § 2 die vorläufige Zuweisung eines Wohnsitzes vor, wenn der Betreffende bei der Unterbringung auf fremde

---

90 BVerwGE 3, S. 135 ff., 5, S. 31 ff.

91 z.B. *Kunig* in: v.Münch/Kunig GG-Komm., Art. 11 GG, Rdnr. 22 und in Jura 1990, S. 306, 312 und *Jarass* in Jarass/Pieroth, Art. 11 GG, Rdnr. 10.

92 *Randelzhofer* im Komm. zum Bonner GG, Art. 11 GG, Rdnr. 151.

93 Vergl. Fußnote 85 und die Bundestagsdrucksachen 11/4515 vom 5. Juni 1989, 11/4710, 11/4589 vom 6. Juni 1989, 11/4710 vom 6. Juni 1989 und 11/4859 vom 21. Juni 1989.

Hilfe angewiesen ist. Für die Entlastung der besonders betroffenen Kreise und Gemeinden ist dieses Gesetz ebenso geeignet wie ein Einreiseverbot.

Nach alledem ist festzuhalten, daß eine Zuzugssperre für sammeleingebürgerte deutsche Staatsangehörige generell unzulässig und angesichts des problematischen Sozialvorbehalts auch im Einzelfall verfassungswidrig ist[94].

b) Verweigerung der Aufnahme und Einbürgerung potentieller Aussiedler

Fraglich ist, ob der deutsche Staat denjenigen Personen, die nach der gegenwärtigen Rechtslage als Aussiedler anerkannt werden würden, jedoch noch nicht aufgenommen sind, die Aufnahme verweigern kann, mit der Folge, daß sie die Statuseigenschaft im Sinne des Art. 116 Abs. 1 GG nicht erwerben. Seit dem Inkrafttreten des AAG zum 1. Juli 1990 ist erstmals gesetzlich geregelt, was unter der "Aufnahme" im Sinne des Art. 116 Abs. 1 GG zu verstehen ist[95]. Aus dem im AAG neu geschaffenen § 27 Abs. 1 BVFG ergibt sich, daß sämtlichen Personen, welche die Voraussetzungen für die Anerkennung als Aussiedler erfüllen, ein einfachgesetzlicher Anspruch auf Erteilung eines Aufnahmebescheides zusteht, der im Rahmen der gebundenen Verwaltung - also ohne behördliche Ermessensausübung - zu erteilen ist[96]. Mit Erteilung des Aufnahmebescheides haben die betreffenden Personen einen Anspruch darauf, in Deutschland untergebracht zu werden[97]. Die Aufnahme im Sinne des Art. 116 Abs. 1 GG ist jedoch auch nach Inkrafttreten des AAG nicht bereits mit Erteilung des Aufnahmebescheides erfolgt, sondern liegt erst nach dauerhafter Wohnsitznahme - auch in einer Erstaufnahmeeinrichtung - und der Registrierung vor[98]. Ohne Änderung der derzeitigen Rechtslage ist damit eine Verweigerung der Aufnahme nicht möglich.

Zu prüfen bleibt demnach, wie der Gesetzgeber den potentiellen Aussiedlern die Aufnahme und damit den Zuzug verweigern könnte. Denkbar wäre zum einen eine erneute Änderung des BVFG, z.B. in Form eines Schlußgeset-

---

94 Ebenso *Zimmermann*, ZRP 1991, S. 85, 88.

95 Siehe oben in Teil 3 auf den Seiten 45 ff.

96 Offenbar von *Zimmermann*, ZRP 1991, S. 85, 86 übersehen, der einen Aufnahmeanspruch für potentielle Aussiedler ablehnt.

97 So die Begründung zu § 26 Abs. 2 AAG, BT-Drs. 11/6937, S. 6.

98 *Wolf*, Statusfeststellung, S. 17.

zes, welches die Aufnahme ab einem bestimmten Zeitpunkt ausschließt[99]. Zulässig wäre ein solches, die Aufnahme verweigerndes Schlußgesetz jedoch nur dann, wenn sich der Aufnahmeanspruch potentieller Aussiedler nicht außerdem auf die Verfassung stützen läßt, etwa in Form einer Anwartschaft auf die Stellung als Statusdeutscher bzw. deutscher Staatsangehöriger. Art. 116 Abs. 1 GG begründet ein anwartschaftsähnliches Recht[100]. Wenn der deutsche Staat Personen die Aufnahme verweigert, die über das konkretisierende BVFG die Voraussetzungen des Art. 116 Abs. 1 GG erfüllen, und sie so am Erwerb der Statusdeutscheneigenschaft und am Recht auf Freizügigkeit hindert, höhlt er ein in der Verfassung garantiertes Recht aus[101]. In bezug auf ihre Aufnahme, d.h. Einreise, müssen potentielle Aussiedler somit ebenso Art. 11 Abs. 1 GG unterfallen wie deutsche Staatsangehörige und Statusdeutsche[102]. Eine Aufnahmeverweigerung ist folglich nur dann zulässig, wenn sie Ausdruck einer Schranke im Sinne des Art. 11 Abs. 2 GG ist oder wenn gleichzeitig das Institut des Statusdeutschen in Art. 116 Abs. 1 GG für diese Personen aufgehoben wird.

Daß eine Zuzugsverweigerung nicht von Art. 11 Abs. 2 GG erfaßt wäre, ist bereits oben[103] erörtert worden. Anders verhält es sich mit dem im AAG geregelten Aufnahmeverfahren. Es suspendiert lediglich den Aufnahmeanspruch, beseitigt ihn jedoch nicht. Nach der bereits oben[104] dargestellten Rechtsprechung des Bundesverfassungsgerichts verstößt dieses unerläßliche Verfahrenshindernis nicht gegen Art. 11 GG. Zimmermann[105] hält dagegen die Einführung eines Aufnahmeverfahrens für ein Indiz dafür, daß ein Aufnahmeanspruch nicht besteht und geht auf die Rechtsprechung des Bundesverfassungsgerichts nicht ein. Wenn jedoch eine zeitliche Suspension durch ein

---

99 So z.B. von *Wewel*, NVwZ 1991, S. 757, 758; *v. Bargen*, Zeidler-FS, S. 503, 520; Gansel, MdB, Der Spiegel Nr. 52 vom 25. Dezember 1989, S. 50; Läpple, Der Spiegel Nr. 37 vom 9. September 1991, S. 49; Runde, Der Tagesspiegel, 5. November 1991, und im Länderantrag vom 7. März 1990, BR-Drs. 185/90 gefordert.

100 A.A.: *Zimmermann*, ZRP 1991, S. 85, 87, der jedoch auf diese Norm nicht eingeht, sondern ein Anwartschaftsrecht generell ablehnt.

101 Ebenso im Ergebnis *Schaefer*, IFLA 1988, S. 136, Fußn. 13, mit Verweis auf Waffenschmidt und *v. Schenckendorff*, IFLA 1992, S. 137, 141.

102 A.A. *Zimmermann*, ZRP 1991, S. 85, 86 und *Otto* in "Westwärts - heimwärts?" S. 11, 60.

103 Siehe oben auf den Seiten 198 ff.

104 Siehe oben unter Fußnote 88.

105 ZRP 1991, S. 85, 86.

Aufnahmeverfahren sogar von Art. 11 Abs. 2 GG gedeckt ist, kann es keinesfalls gegen das Bestehen eines Einreiserechts sprechen.

Fraglich ist nunmehr, ob der Status nach Art. 116 Abs. 1 GG abgeschafft werden kann, mit der Folge, daß potentielle Ausiedler mit Ausländern ohne Zuzugsrecht gleichgesetzt werden. Wie bereits oben[106] erörtert, steht Art. 116 Abs. 1 GG unter einem weitreichenden Gesetzesvorbehalt. Sollte sich also keine Zweidrittelmehrheit für eine Änderung des Art. 116 Abs. 1 GG finden lassen, so genügt ein einfaches Gesetz, welches die Kategorie der Statusdeutschen auflöst, z.B. das oben beschriebene Schlußgesetz zum verfassungskonkretisierenden BVFG[107]. Mit dieser Gesetzesänderung würde lediglich eine durch § 1 Abs. 2 Nr. 3 BVFG herbeigeführte, von Verfassungs wegen nicht gebotene Erweiterung des Kreises der "Flüchtlinge" und der "Vertriebenen" für die Zukunft zurückgenommen. Das Schlußgesetz selbst beseitigt somit wegen des umfassenden Gesetzesvorbehalts das verfassungsrechtlich garantierte Anwartschaftsrecht. Eine Auflösung des Rechtsinstituts des Statusdeutschen entspricht, wie bereits oben erörtert, nicht nur den zeitgeschichtlichen Gegebenheiten und dem Verfassungsauftrag des Gesetzgebers, sondern auch dem Übergangscharakter des Art. 116 Abs. 1 GG[108]. Die Abschaffung des Deutschenstatus in Art. 116 Abs. 1 GG verstößt auch nicht gegen Art. 16 Abs. 1 GG, da dieser nur für deutsche Staatsangehörige, nicht aber für Statusdeutsche anwendbar ist[109].

Allerdings stellt sich die Frage, ob die inzwischen jahrzehntelange Rechtspraxis der Bundesrepublik Deutschland einer Abschaffung des Sonderstatus und somit einer Aufnahmesperre entgegenstehen würde[110]. Hierbei kommt es nicht auf eine eventuelle Selbstbindung der Verwaltung an, sondern darauf, ob der Gesetzgeber ein Gesetz im Rahmen der Leistungsverwaltung nach mehreren Jahrzehnten abändern darf.

---

106 in Teil 3 auf den Seiten 51 ff.

107 So auch *Zimmermann*, ZRP 1991, S. 85, 87 und BR-Drs. 185/90, S. 8 f.

108 Siehe oben auf Seite 40; *Bergmann/Korth*, S. 83, Rdnr. 109; *Thedieck*, S. 125; *Zimmermann*, ZRP 1991, S. 85, 89.

109 BVerwGE 8, S. 340 ff.; *Makarov/v. Mangoldt*, Art. 16 GG, Rdnr. 6 und Art. 116 GG, Rdnr. 14; *Hecker* in von Münch GG-Komm., Art. 116 GG, Rdnr. 28; *Zimmermann*, ZRP 1991, S. 89.

110 So der Bund der Vertriebenen in DOD Nr. 33 vom 16. August 1991, S. 1 und *von Mangoldt*, Forum für Politik und Kultur, 1990, S. 21.

Grundsätzlich hindert das Grundgesetz den Gesetzgeber nicht, auch für bestehende Sachverhalte Rechtslagen zu ändern[111]. Anderenfalls gäbe es stets doppelte Rechtsnormen für alte und neue Sachverhalte. Neben erheblichen Ungleichheiten würde eine Schaffung doppelter Rechtsgrundlagen dazu führen, daß die Gesetzgebung ihre politischen, wirtschaftlichen, finanziellen und sozialen Aufgaben nicht erfüllen könnte. Ein allgemeines Kontinuitätsgebot läßt sich somit verfassungsrechtlich nicht begründen.

Eine Ausnahme läßt jedoch das Vertrauensschutzprinzip zu, das Dispositionen des Bürgers im Vertrauen auf eine gültige Rechtsgrundlage absichert[112]. Um jedoch eine Stagnation der gesellschaftlichen Entwicklung zu vermeiden, ist auch beim Vorliegen eines Vertrauensschutztatbestandes stets eine Abwägung zwischen den Reforminteressen des Gesetzgebers und den Individualinteressen des betroffenen Bürgers erforderlich[113]. Verortet wird dieses Prinzip nach der Rechtsprechung des Bundesverfassungsgerichts im Rechtsstaatsprinzip (Art. 20 Abs. 3 GG) als Ausprägung des Grundsatzes der Rechtssicherheit[114]. Diese Auffassung teilt überwiegend auch die Literatur, da es beim Vertrauensschutz um objektivrechtliche Verfassungspflichten geht, die nicht an subjektiven Freiheitsrechten angeknüpft werden können[115].

Um beurteilen zu können, ob und in welcher Weise Vertrauensschutz der potentiellen Aussiedler zu berücksichtigen ist, muß festgestellt werden, wie ein Abschlußgesetz zum BVFG in die Rechtspositionen der Betroffenen zurückwirkt. Bislang differenzierte das Bundesverfassungsgericht stets zwischen echter, grundsätzlich unzulässiger und unechter, regelmäßig zulässiger Rückwirkung von Gesetzen[116]. *Echte Rückwirkung* liegt immer dann vor, wenn der Gesetzgeber in Sachverhalte eingreift, die vor der Gesetzesverkündung abgeschlossen waren und die die Voraussetzungen des bisher geltenden Anspruchstatbestandes erfüllten[117]. *Unechte Rückwirkung* betrifft Rechts-

---

111 So die ständige Rechtsprechung des Bundesverfassungsgerichts, zB. E 76, S. 256, 348 und 72, S. 200, 254 und *Peine*, Systemgerechtigkeit, S. 241.

112 *Peine*, Systemgerechtigkeit, S. 281/282; *Degenhardt*, S. 68.

113 BVerfGE 72, S. 141, 155; *Rausch-Gast*, S. 133.

114 Ausdrücklich in BVerfGE 13, S. 261, 271; 30, S. 272, 285; 48, S. 403, 413 und 50, S. 177, 193.

115 *Peine*, Systemgerechtigkeit, S. 270; *Rausch-Gast*, S. 132.

116 So auch noch immer der Erste Senat des BVerfG, vergl. BVerfGE 72, S. 175, 196; 74, S. 129, 155 und 75, S. 246, 280.

117 BVerfGE 30, S. 367, 387; 72, S. 175, 196; vergl. auch *Aschke*, S. 245.

beziehungen, die in der Vergangenheit begründet wurden, auf Dauer angelegt und noch nicht abgeschlossen sind[118]. Bei den potentiellen, noch in ihren Heimatländern lebenden Aussiedlern handelt es sich um Fälle der unechten Rückwirkung, da noch nicht alle Voraussetzungen zum Statuserwerb vorliegen. Erst mit der Aufnahme der betroffenen Personen in Deutschland liegt ein abgeschlossener Sachverhalt vor.

Nach der neuen Rechtsprechung des Zweiten Senats des Bundesverfassungsgerichts seit 1986[119], die sich differenzierter mit dem zeitlichen Verhältnis von betroffenem Sachverhalt und Rechtsfolge auseinandersetzt, wird zwischen der grundsätzlich unzulässigen *Rückbewirkung von Rechtsfolgen* und der regelmäßig zulässigen *tatbestandlichen Rückanknüpfung* unterschieden. Die Rückbewirkung von Rechtsfolgen ist inhaltlich etwa gleichzusetzen mit der echten Rückwirkung und betrifft Fälle, in denen die Rechtsfolgen schon zu einem vor der Gesetzesverkündung liegenden Zeitpunkt eintreten sollen. Ein solcher Fall liegt vor, wenn jemand sämtliche Anspruchsvoraussetzungen für eine Rechtsposition erfüllt, diese somit bereits erlangt hat, bevor sie ihm rückwirkend wieder entzogen wird. Die grundsätzlich zulässige tatbestandliche Rückanknüpfung, die der unechten Rückwirkung gleichkommt, behandelt dagegen Fälle, bei denen die Sachverhalte zwar in der Vergangenheit beginnen, jedoch noch nicht abgeschlossen sind, so daß die erwünschte Rechtsfolge noch nicht eingetreten ist. Um einen solchen Fall handelt es sich bei den potentiellen Aussiedlern.

Ebenso wie bei der Rechtsprechung zur unechten Rückwirkung läßt der Zweite Senat des Bundesverfassungsgerichts tatbestandliche Rückanknüpfungen nur dann nicht zu, wenn aufgrund des Vertrauens ein Grundrecht "ins-Werk-gesetzt" worden ist[120], wenn also ein schutzwürdiger Vertrauenstatbestand vorliegt. Voraussetzung für einen Vertrauenstatbestand ist zunächst, daß sich das Vertrauen der Betroffenen auf eine Vertrauensgrundlage stützt; insbesondere kommen hier Gesetze in Betracht[121]. Das Gesetz, auf welchem das Vertrauen der Aussiedler basiert, ist § 1 Abs. 2 Nr. 3 BVFG, der die Aussiedler den Vertriebenen gleichstellt und ihnen somit die gleichen Ansprüche

---

118 BVerfGE 72, S. 175, 196.

119 BVerfGE 72, S. 200, 242 ff., später auch in E 76, S. 256, 348 und 78, S. 249, 283.

120 BVerfGE 72, S. 200, 242; zur unechten Rückwirkung BVerfGE 72, S. 175, 196.

121 *Muckel*, S. 81 ff.

gewährt. Problematisch ist hier jedoch, daß diese Norm durch ihren Inhaltswandel gegen Art. 3 Abs. 1 GG verstößt[122] und folglich verfassungswidrig ist. Nach der Rechtsprechung des Bundesverfassungsgerichts[123] sind verfassungswidrige Gesetze eo ipso nichtig; die Feststellung der Nichtigkeit wirkt ex tunc. Folglich kann nur der durch die verfassungswidrige Norm erzeugte Rechtsschein Grundlage für das Vertrauen sein, nicht dagegen das Gesetz selbst[124]. Hier ist insbesondere zu beachten, daß die potentiellen Aussiedler weiterhin Kenntnis vom Vollzug dieses Gesetzes, d.h. von der Aufnahme weiterer Aussiedler, haben. Solange dieses verfassungswidrige Gesetz existiert, bildet es einen Rechtsschein, auf den sich Vertrauen gründen kann.

Das Vertrauen selbst setzt voraus, daß der Betreffende die Vertrauensgrundlage kennt, bzw. daß er hinsichtlich einer verfassungswidrigen Vertrauensgrundlage gutgläubig ist[125]. Hierfür kann nicht die genaue Normkenntnis herangezogen werden, da es sich bei den wenigsten Begünstigten eines Gesetzes um Rechtsexperten handelt. Es genügt vielmehr, daß der Betreffende von seiner Begünstigung Kenntnis hat. So verhält es sich bei den potentiellen Aussiedlern regelmäßig. Sie kennen ihren Aufnahmeanspruch und wissen von finanziellen Vergünstigungen bei der Einreise. Auf welche Norm sich dieses Vertrauen stützt, ist hierbei unerheblich. Problematisch ist jedoch die Vertrauensdichte, d.h. der Grad des Vertrauens. Daß das Recht des Aussiedlerzuzugs in Deutschland umstritten ist, scheint den potentiellen Aussiedlern bekannt zu sein - anderenfalls würden bundesdeutsche Politiker bei einer drohenden Gesetzesänderung keine Massenflucht befürchten. Auch gab es bereits Gesetzesinitiativen[126], die den Berechtigten jedoch nicht bekannt gewesen sein müssen. Da die Bundesregierung jedoch immer wieder proklamiert hat, an der Aufnahme der Aussiedler werde sich nichts ändern, liegt eine ausreichende Vertrauensdichte vor.

Es fehlt jedoch bei den potentiellen Aussiedlern regelmäßig die erforderliche Vertrauensbetätigung[127]. Der hier behandelte Vertrauensschutz dient le-

---

[122] Siehe oben auf den Seiten 184 ff.

[123] E 29, S. 11, 17.

[124] Ebenso *Muckel*, S. 87.

[125] *Muckel*, S. 92.

[126] Z.B. BR-Drs. 183/90 und 185/90.

[127] Ebenso *Liesner*, AnwBl. 1991, S. 379, 384.

diglich der Sicherung von Dispositionen vor gesetzlicher Entwertung. Der rein innerliche Vorgang, etwas zu erhoffen, genügt hierfür nicht. Nur die Vertrauensinvestition kann zur Erlangung einer Rechtsposition führen[128]. Erforderlich ist vielmehr der Einsatz von finanziellen Mitteln, Zeit, Arbeitskraft oder ähnlichem allein im Vertrauen auf das später geänderte Gesetz; anderenfalls ist keine Interessenwahrung bei den Betroffenen erforderlich[129]. Potentielle Aussiedler erfüllen zwar sämtliche Voraussetzungen, um einen Aufnahmebescheid zu erhalten - teilweise sind sie sogar schon im Besitz desselben. Sie haben jedoch ihr Heimatland noch nicht verlassen und leben noch, die weitere Entwicklung abwartend, eingefügt in ihr Arbeitsumfeld und in ihre familiäre und soziale Umgebung, ohne in der Regel eine Investition zur Aussiedlung getätigt zu haben.

Denkbar ist jedoch, daß sie gerade zum Zeitpunkt des Gesetzeserlasses auf dem Wege nach Deutschland waren. Ob dieses - wohl nur in wenigen Fällen - "ins-Werk-gesetzte" Vertrauen ausreicht, um im Rahmen einer Güterabwägung die Interessen der Allgemeinheit an der Herstellung eines verfassungskonformen Zustandes und an einer effektiven Kontrolle und Steuerung der Einwanderung zu übertreffen, ist äußerst fraglich. Insbesondere muß sich der Betreffende entgegenhalten lassen, daß Reformen des Aussiedlerrechts bereits seit Jahren diskutiert werden. Da ein objektives Mißverhältnis zwischen dem Vertrauensschaden des einzelnen[130] nicht festzustellen ist, wäre eine Abschaffung des Aussiedlerstatus für die Zukunft im Hinblick auf die potentiellen Aussiedler zulässig. Sinnvoll wäre allerdings eine Übergangsregelung für die oben behandelten Fälle, in denen die Ausreise gerade im Gange war.

c) Verweigerung der Aufnahme und Einbürgerung Statusdeutscher

Wie deutsche Staatsangehörige unterfallen Statusdeutsche im Sinne des Art. 116 Abs. 1 GG, also Personen, die ihren Status entweder bereits originär durch Aufnahme oder derivativ von einem Angehörigen erworben und ihren Einbürgerungsanspruch noch nicht umgesetzt haben, dem Schutz des

---

128 BVerfGE 75, S. 246, 280; *Muckel*, S. 97; *Peine*, Systemgerechtigkeit, S. 280.

129 *Muckel*, S. 97 ff.

130 Nach Ansicht des BVerfG erforderlich, E 74, S. 129, 155.

Art. 11 GG[131]. Folglich gilt bezüglich eines Einreiseverbotes das oben Gesagte - ein solches Einreiseverbot wäre unzulässig. Die Zuzugsverweigerung wäre allenfalls dann möglich, wenn man den Aussiedlern, die bereits den Deutschenstatus besitzen, diesen entziehen könnte.

Wie oben festgestellt, steht einer zukünftigen Abschaffung des Aussiedler- und damit des Deutschenstatus nichts im Wege. Dies wäre rechtstechnisch schon durch einfaches Gesetz möglich[132]; einer Verfassungsänderung bedarf es nicht. Fraglich ist nunmehr, ob sich ein Schlußgesetz zum BVFG auch auf bereits anerkannte Statusdeutsche erstrecken kann, mit der Folge, daß diesen ihre Rechtsposition entzogen wird. Diese Frage betrifft allerdings praktisch eine wesentlich kleinere Zahl von Fällen. Mit einer Aberkennung des Deutschenstatus verlören die Statusdeutschen ihre Gleichstellung mit deutschen Staatsangehörigen und unterfielen dem Ausländerrecht. Art. 16 Abs. 1 GG stünde, wie bereits oben erörtert[133], einer Abschaffung des Deutschenstatus zumindest nicht entgegen.

Nach der Rechtsprechung des Ersten Senats des Bundesverfassungsgerichts[134] handelt es sich hierbei um einen Fall der echten Rückwirkung, da der Gesetzgeber in abgewickelte, der Vergangenheit angehörende Tatbestände eingreifen würde. Der Erwerbstatbestand war bereits abgeschlossen, somit ist ein solches Gesetz grundsätzlich unzulässig. Nach der Rechtsprechung des Zweiten Senats des Bundesverfassungsgerichts[135] läge hier lediglich eine tatbestandliche Rückanknüpfung vor, da die Rechtsfolge, die Abschaffung des Deutschenstatus für Aussiedler, erst ab dem Zeitpunkt der Normverkündung gelten soll. Anders als bei der Mehrzahl der potentiellen Aussiedler liegt hier jedoch ein beachtlicher und schutzwürdiger Vertrauenstatbestand vor. Die anerkannten Statusdeutschen haben ihre Heimat verlassen, Wohnung und Arbeitsplatz aufgegeben und sind im Vertrauen auf die Eingliederung in Deutschland eingereist. Eine deutlichere Manifestation bzw. Umsetzung des

---

131 *Hailbronner* in Handbuch des Staatsrechts VI, § 131, Rdnr. 42, S. 163; *Randelzhofer* im Kommentar zum Bonner Grundgesetz, Art. 11 GG, Rdnr. 59; *Rittstieg* in: Kommentar für die BR Dtld., Rdnr. 37; *Jarass* in Jarass/Pieroth, Art. 11 GG, Rdnr. 6; *Dürig* in Maunz/Dürig, Art. 11 GG, Rdnr. 40.

132 Siehe oben auf Seite 201.

133 Siehe oben auf Seite 203.

134 Vergl. BVerfGE 72, S. 175, 196.

135 BVerfGE 72, S. 200, 242.

Vertrauens kann es kaum geben. Auch sind die anerkannten Statusdeutschen bereits auf dem Wege, sich in die deutsche Gesellschaft einzugliedern, so daß das Interesse der Allgemeinheit an einer Steuerung des Einwandererzuzugs mindere Beachtung genießt, insbesondere in Anbetracht der vergleichbar geringen Zahl dieser "Übergangs"-Deutschen.

Auch steht der Vertrauensschutz, den diese Personengruppe genießt, dem Rechtsgedanken des Art. 16 Abs. 1 S. 1 GG, der Statusdeutsche nicht erfaßt, nicht diametral entgegen[136]. Anders als die Wertung des Art. 16 Abs. 1 S. 1 GG gilt der Vertrauensschutz nicht absolut, sondern begünstigt lediglich die Personen, in deren Rechtspositionen rückwirkend eingegriffen wird. Für die Zukunft ist die Abschaffung des Aussiedler- und damit des Deutschenstatus, wie oben erörtert, zulässig. Nach der Rechtsprechung des Bundesverfassungsgerichts ist auch bei einer ansonsten verfassungsrechtlich zulässigen Aufhebung oder Modifizierung von Rechtspositionen unter dem Gesichtspunkt des Vertrauensschutzes eine angemessene Übergangsregelung zu treffen[137], in deren Genuß hier die anerkannten Statusdeutschen gelangen. Der Gesetzgeber darf die von ihm angebotenen und angenommenen Rechtspositionen nicht vollständig entwerten[138]. Demnach wäre eine rückwirkende Abschaffung des Deutschenstatus unzulässig.

d) Ergebnis

Der Gesetzgeber ist verfassungsrechtlich nicht gehindert, die in den ehemaligen Vertreibungsgebieten im Sammelverfahren eingebürgerten deutschen Staatsangehörigen aus der deutschen Staatsangehörigkeit zu entlassen. Im Falle der Polen-Deutschen ist er hierzu sogar verpflichtet, nachdem die ehemals fremd verwalteten Gebiete wirksam abgetreten wurden. Nach ganz herrschender Meinung darf eine solche Ausbürgerung jedoch nicht gegen den Willen der Betroffenen erfolgen, daher sollte sie eine befristete Optionsmöglichkeit, unter Umständen verbunden mit einer Abwanderungspflicht, enthalten.

---

136 So *Zimmermann*, ZRP 1991, S. 85, 89.

137 BVerfGE 75, S. 246, 279.

138 *Peine*, Systemgerechtigkeit, S. 281.

Ein Schlußgesetz zum BVFG wäre das geeignete und verfassungsrechtlich zulässige Mittel, um den Aussiedlerzuzug vollständig zu beenden. Sofern es Wirkungen für die Zukunft entfaltet und lediglich die Aufnahme und Einbürgerung potentieller Aussiedler verhindert, bestehen keine Bedenken hinsichtlich des Vertrauensschutzes der Betroffenen. Die anerkannten Statusdeutschen dürfen ihrer bereits erworbenen Rechtsposition hingegen nicht verlustig gehen, da sie umfangreiche Dispositionen getroffen haben im Vertrauen auf die bestehende Rechtslage.

Empfehlenswert wäre daher ein Gesetz, das den Zuzug von Ausiedlern ab einem bestimmten Zeitpunkt verhindert[139] und das ferner eine Übergangsregelung für die zeitgleich mit dem Inkrafttreten der Gesetzesänderung einreisenden Personen enthält.

2. *Beibehaltung des Aussiedlerstatus mit einzelnen Modifikationen*

Fraglich ist schließlich, ob neben oder anstatt der Aufhebung des Aussiedlerstatus auch weniger einschneidende Veränderungen der bisherigen Rechtslage, etwa eine andere Auslegung einzelner Normen oder geringfügige Korrekturen durch eine Gesetzesnovelle, ebenso geeignet sind, dem Mißbrauch des Aussiedlerrechts zu begegnen und den Aussiedlerzuzug zu begrenzen. Ebenso ist zu untersuchen, ob ein Reformvorschlag, sofern er zulässig ist, dem verfassungsrechtlichen Gesetzgebungsauftrag gerecht wird. Hierbei ist insbesondere auf das am 21. Dezember 1992 verabschiedete "Kriegsfolgenbereinigungsgesetz" (KfbG)[140] einzugehen, das am 1. Januar 1993 in Kraft getreten ist.

a) Kontingentierung des Aussiedlerzuzugs

In der Diskussion über die Zukunft Deutschlands als unfreiwilliges Einwanderungsland und über die weitere Entwicklung des Aussiedlerzuzugs tauchte verschiedentlich der Vorschlag auf, den Einwandererzuzug - also auch den der Aussiedler - durch Quotierung zu steuern, um diese auf sozialverträg-

---

139 Wie beispielsweise vom Bundesrat am 7. März 1990 vorgeschlagen, BR-Drs. 185/90, S. 1.

140 BGBl. 1992 I, S. 2094 ff.

liche Weise eingliedern zu können[141]. Ähnlich wie in den klassischen Einwanderungsländern wie den USA, Kanada oder Australien, die inzwischen hochdifferenzierte Aufnahmekriterien entwickelt haben, sollte auch Deutschland seinen Bedarf an Einwanderern abhängig von der Wohnungs- und Arbeitsmarktlage steuern[142]. Der Frankfurter Stadtrat für Multikulturelles, Daniel Cohn-Bendit, schlug diesbezüglich vor, für die Prüfung der aufzunehmenden Quote eine Behörde mit nationalen oder europaweiten Kompetenzen einzusetzen[143]. Auch die CDU überdachte schließlich die Verabschiedung eines Einwanderungsgesetzes[144], lehnte jedoch lange Zeit die Einbeziehung deutschstämmiger Aussiedler in die Kontingentierung ab[145].

Zum Umschwung kam es mit der Verabschiedung des oben zitierten KfbG vom 21. Dezember 1992. Im sogenannten "Asylkompromiß" vom 7. Dezember 1992[146] einigte man sich nach langen Debatten auch auf eine Steuerung des Aussiedlerzuzugs. § 27 BVFG regelt in seinen neuen Absätzen 3 und 4, daß für jedes Kalenderjahr nur so viele Aufnahmebescheide erteilt werden dürfen, daß die Zahl der aufzunehmenden Spätaussiedler und deren Angehörigen die Zahl der vom Bundesverwaltungsamt im Durchschnitt der Jahre 1991 und 1992 verteilten Personen nicht um mehr als 10 % überschreitet. Auf diese Weise versucht die Bundesregierung, einem möglichen Massenansturm von Einreisewilligen insbesondere aus den Staaten der GUS zu begegnen.

---

141 Z.B. Schlee, bad.-württ. Innenminister, Welt am Sonntag, 23. Dezember 1990; Schröder, niedersächsischer Ministerpräsident, Der Tagesspiegel, 9. August 1991; Engholm, ehemaliger SPD-Vorsitzender, Der Tagesspiegel, 7. und 8. August 1991; Wedemeier, Bürgermeister von Bremen, Der Tagesspiegel, 7. August 1991, Rommel, CDU, Oberbürgermeister von Stuttgart, Der Spiegel Nr. 7 vom 13. Februar 1989, S. 50; Weiß, Bündnis 90/Die Grünen, MdB, Der Spiegel Nr. 38 vom 16. September 1991, S. 59 ff. und die hessische FDP, Der Tagesspiegel, 27. April 1992.

142 Der Spiegel Nr. 37 vom 9. September 1991, S. 49.

143 Der Spiegel, Nr. 37 vom 9. September 1991, S. 49.

144 So die Ausländerbeauftragte der BReg Schmalz-Jacobsen, Der Tagesspiegel, 31. Januar 1992.

145 So z.B. noch im ersten Entwurf zum KfbG vom 7. September 1992, BT-Drs. 12/3212, S. 20, ebenso der CDU/CSU-Fraktionschef Schäuble, Der Tagesspiegel, 9. April 1992.

146 Der Tagesspiegel, 8. Dezember 1992; vergl. hierzu auch den SPD-Änderungsantrag zum KfbG vom 4. November 1992, BT-Drs. 12/3618, S. 4; den Beschluß des BRates vom 27. November 1992, BR-Drs. 763/92, S. 18 und den Bericht des Innenausschusses des Bundestages vom 3. November 1992, BT-Drs. 12/3597, S. 45.

Verfassungsrechtliche Bedenken gegen eine solche Regelung bestehen jedoch dann, wenn eine Kontingentierung gegen Art. 11 GG verstoßen würde. Der neue § 27 BVFG unterscheidet nicht zwischen den verschiedenen Personengruppen und gilt sowohl für sammeleingebürgerte Aussiedler, für Statusdeutsche wie auch für die Mehrzahl, die sogenannten potentiellen Aussiedler. Daß die beiden erstgenannten Gruppen unter den Schutzbereich des Art. 11 Abs. 1 GG fallen, ist unstreitig. Wie bereits oben[147] erörtert, unterfallen auch sie dem Grundrecht der Freizügigkeit, da sie ohne ein Recht auf Einreise niemals in den Genuß des Deutschenstatus gelangen könnten, der die Aufnahme voraussetzt.

Fraglich ist jedoch, ob eine Kontingentierung, wie § 27 Abs. 3, 4 BVFG sie vorsieht, der oben erörterten und für unzulässig befundenen Zuzugssperre gleichzusetzen ist, oder ob man eine Quotenregelung lediglich als Suspension, vergleichbar mit dem Aufnahmeverfahren, ansieht, welches nach Ansicht des Bundesverfassungsgerichts[148] zulässig ist. Das Bundesverfassungsgericht begründet die Zulässigkeit des aufnahmeverzögernden Verfahrens jedoch mit der Notwendigkeit, eine Auslese der berechtigten Personen zu treffen. Bei der neu eingerichteten Kontingentierung erteilt das Bundesverwaltungsamt die Aufnahmebescheide hingegen nicht im Anschluß an die Prüfung, sondern abhängig von der Zahl der bereits erteilten Bescheide und verzögert die Aufnahme künstlich. Bei großem Ansturm muß der Bewerber sogar damit rechnen, erst Jahre später zugelassen zu werden. Es handelt sich hier also um eine *objektive* Zulassungsschranke, die bereits mangels individueller, subjektiver Kriterien[149] nicht dem Art. 11 Abs. 2 GG gerecht werden kann. Auch läßt sich schlecht argumentieren, daß der Bewerber zu irgendeiner Zeit auch von der Quote erfaßt sei und ihm insofern sein Einreiserecht nicht genommen werde. Der zeitliche Aufschub ist gerade nicht nur verfahrensbedingt, sondern bewußt - und unter Mißachtung des Art. 11 GG - vorgesehen. Eine zeitliche Verzögerung unbekannter Dauer kommt inhaltlich einer Zuzugssperre gleich. Somit ist die Kontingentierung des Aussiedlerzuzugs in § 27 Abs. 3, 4 BVFG verfassungswidrig.

---

147 Auf Seite 202.

148 E 2, S. 266, 279.

149 Vergl. BVerfGE 2, S. 266, 278.

Anders verhält es sich jedoch, wenn der Aussiedlerstatus, wie oben erörtert, abgeschafft werden sollte. Dann hätten deutsche Volkszugehörige aus den ehemaligen Aussiedlungsgebieten, die nicht die deutsche Staatsangehörigkeit besitzen, also die überwiegende Zahl, die gleiche Rechtsstellung wie alle übrigen Einwanderer ohne Aufnahmeanspruch[150]. Deutschen Staatsangehörigen und den bereits anerkannten Statusdeutschen steht nach wie vor das Einreiserecht aus Art. 11 GG zu. Ob ein Staat Einwanderer, die lediglich aus wirtschaftlichen Gründen und nicht aus einer politischen oder ähnlichen Zwangslage heraus Aufnahme begehren, einreisen läßt und einbürgert, muß er selbst entscheiden dürfen. Grenze für die Wahl der Aufnahmekriterien bleibt lediglich Art. 3 GG. Hier steht dem Gesetzgeber jedoch ein weiter Ermessensspielraum zu, denn ähnlich wie bei den USA, Kanada oder Australien muß das Aufnahmeland selbst bestimmen können, welche Volksgruppe es für geeignet hält, sich möglichst schnell zu assimilieren[151]. Danach wäre es auch zulässig, volksdeutsche Bewerber - allerdings unabhängig von ihrem Herkunftsland - bei der Quotierung zu bevorzugen. Die klassischen Einwanderungsländer wählen ferner nach Bildungsstand und Finanzkraft der Bewerber aus.

Zusammenfassend bleibt festzustellen, daß eine Quotierung des Aussiedlerzuzugs erst dann verfassungsmäßig ist, wenn potentielle Aussiedler gemäß Art. 116 Abs. 1 GG keinen Sonderstatus mehr erlangen können und deutsche Staatsangehörige ebenso wie Statusdeutsche von der Kontingentierung ausgenommen sind.

b) Strengere Prüfung der deutschen Staatsangehörigkeit

Viel diskutiert wird derzeit die Frage, ob Aussiedler, deren Eltern oder Großeltern in Abteilung 3 der Deutschen Volksliste (DVL)[152] eingetragen waren, weiterhin entgegen dem Wortlaut des § 1 Abs. 1 d 1. StARegG ohne weitere Prüfung ihrer deutschen Volkszugehörigkeit als deutsche Staatsangehörige anerkannt werden sollten[153]. Das Staatsangehörigkeitsregelungsgesetz

---

150 Weiß, MdB, Der Spiegel Nr. 38 vom 16. September 1991, S. 61.

151 Vergl. hierzu oben die Seiten 188 f.

152 Vergl. oben in Teil 3 auf den Seiten 68 ff.

153 *Alexy*, NJW 1989, S. 2850, 2853; *v. Mangoldt*, Forum für Politik und Kultur 1990, S. 1, 9; *Neuser*, Forum für Politik und Kultur 1990, S. 23, 26; Der Spiegel Nr. 51 vom 18. Dezember 1989, S. 60 und Nr. 52 vom 25. Dezember 1989, S. 52.

differenziert hierbei nicht nach der jeweiligen Abteilung der DVL, und verlangt beispielsweise bei bestimmten Abteilungen diesen Nachweis nicht, sondern fordert grundsätzlich die deutsche Volkszugehörigkeit jedes Bewerbers.

Unproblematisch ist der Erwerb der deutschen Staatsangehörigkeit durch eine Eintragung in die Abteilungen 1 oder 2, da die Volksdeutscheneigenschaft bereits von den Volkslistenstellen geprüft und bejaht worden ist. Eine zusätzliche Prüfung durch bundesdeutsche Behörden entfällt daher hier zu Recht[154].

Bei den in Abteilung 3 der DVL eingetragenen Personen ist die Volksdeutscheneigenschaft jedoch fraglich, da zum Zeitpunkt der Volkslisteneintragung die Behörden lediglich der Ansicht waren, der Betroffene habe (noch) gewisse Bindungen zum deutschen Volkstum und werde sich diesem in absehbarer Zeit zuwenden. Die deutsche Volkszugehörigkeit wurde hingegen nicht festgestellt, da sonst eine Eintragung in Abteilung 2 vorgenommen worden wäre[155]. Die Rechtslage nach dem 1. StARegG hätte es daher nahegelegt, den bundesdeutschen Behörden Einzelfeststellungen aufzuerlegen, und zwar dahingehend, ob zumindest zu Beginn der Vertreibungsmaßnahmen das Volkstumsbekenntnis vorgelegen hat. Der Antragsteller hätte diesbezüglich die Beweislast tragen müssen. In der Praxis ist dies jedoch vermutlich wegen der problematischen Sachverhaltsfeststellungen in den Vertreibungsgebieten nicht geschehen[156].

Nach einer neueren Ansicht ist aus den obengenannten Gründen ein individueller Nachweis der deutschen Volkszugehörigkeit jedoch unbedingt erforderlich, da die bisherige Gesetzesanwendung dem Wortlaut des § 1 1. StARegG widerspreche und in erheblichem Maße Mißbrauch ermögliche[157]. Die Gegenansicht[158], die an der herkömmlichen Verwaltungspraxis

---

[154] *v. Mangoldt*, Forum für Politik und Kultur, 1990, S. 5, 9; *Liesner*, DVP 1990, S. 195, 197.

[155] Siehe oben in Teil 3 auf Seite 69 sowie bei *v. Mangoldt*, Forum für Politik und Kultur, 1990, S. 5, 9.

[156] Siehe insbes. den Friedland-Erlaß des Bundesinnenministers (BMI) vom 29. Juli 1976, Nr. 6. April Mai und 6. April Juli , StAZ 1979, S. 256, auch abgedruckt bei Liesner, Aussiedler, S. 66 ff.; *Neuser*, Forum für Politik und Kultur, 1990, S. 23, 28.

[157] Beschluß des Bundesrates zur Leistungsanpassung für Aus- und Übersiedler vom 6. April 1990, BR-Drs. 161/90, S. 2 der Anlage; BVerwGE 23, S. 274 ff.; VG Bremen, NJW 1989, S. 1377; *Alexy*, NJW 1989, S. 2850, 2853; *Liesner*, DVP 1990, S. 195, 196; Erlaß des BMI vom 18. April 1990, zitiert von *Wolf*, IFLA 1991, S. 37, 41.

festhalten möchte, betont insbesondere die Indizwirkung des § 28 1. StARegG, der einen individuellen Nachweis der deutschen Volkszugehörigkeit entbehrlich mache. § 28 1. StARegG stellt jedoch lediglich klar, daß diejenigen Sammeleingebürgerten, die nur die deutsche Staatsangehörigkeit auf Widerruf erhalten haben - die in Abt. 3 der DVL eingetragenen Personen -, den deutschen Staatsangehörigen gleichgestellt werden. Damit wird ausschließlich betont, daß die deutsche Staatsangehörigkeit auf Widerruf aufgehört hat zu existieren; auf das Erfordernis der deutschen Volkszugehörigkeit der Sammeleingebürgerten geht diese Norm jedoch nicht ein.

Insbesondere der völkerrechtliche Grundsatz, keine fremden Volks- und Staatsangehörigen als eigene Staatsangehörige zu beanspruchen, gebietet es daher trotz auftretender Beweisschwierigkeiten, einen Volkstumsnachweis für die in Abteilung 3 Eingetragenen zu verlangen, der sich gemäß § 6 BVFG vor allem auf die Merkmale Sprache, Abstammung und Kultur bezieht[159]. Ob die Dienstleistung in der deutschen Wehrmacht als ein solches Bekenntnis bewertet werden kann - unabhängig von dem damit zusammenhängenden speziellen Erwerbstatbestand[160] - ist umstritten. Wer mit der h.M. auf die Wehrpflicht abstellt und in Betracht zieht, daß gerade aus dieser Motivation auch polnische Volkszugehörige in die 3. Abteilung eingetragen wurden[161], muß den Wehrdienst als "Bekenntnis" ablehnen. Wer dagegen auf die Verantwortung des staatlichen Gemeinwesens pocht und eine derartige "Doppelzüngigkeit" anprangert[162], wird insbesondere im Hinblick auf die Beweisschwierigkeiten auf einen zusätzlichen Volkstumsnachweis verzichten. Sachgerecht erscheint hier eine Differenzierung nach dem Zeitpunkt der Eintragung[163]. Bis zum Ende des Jahres 1941 kann davon ausgegangen werden, daß - von Ausnahmen abgesehen - deutsche Volkszugehörige in die dritte Abteilung der DVL eingetragen wurden. Nach dem erfolglosen Rußlandfeldzug der deutschen Wehrmacht wurden hingegen "Zwangseindeutschungen" -

---

158 *Reichling*, IFLA 1990, S. 69; *Neuser*, Forum für Politik und Kultur, 1990, S. 27; *v. Mangoldt*, Forum für Politik und Kultur, 1990, S. 11, der sich für eine widerlegbare Vermutung der deutschen Volkszugehörigkeit ausspricht.

159 So auch *Alexy*, NJW 1989, S. 2850, 2853.

160 Siehe oben in Teil 3 auf Seite 61 f.

161 So *Alexy*, NJW 1989, S. 2850, 2853, 2854.

162 So *v. Mangoldt*, Forum für Politik und Kultur, 1990, S. 11 und *Neuser*, Forum für Politik und Kultur, 1990, S. 28.

163 *Wolf*, IFLA 1991, S. 37, 39 f.

oft ganzer Dörfer - vorgenommen, um Soldaten zu gewinnen[164]. Wer also erst Anfang 1941 oder später eingetragen wurde, kann den Wehrdienst nicht als Bestätigungsmerkmal für ein Bekenntnis zum deutschen Volkstum anführen.

Auch rechtstechnisch ist es verfehlt, beim Vorliegen eines Tatbestandsmerkmals - "Eintragung in die DVL" - grundsätzlich auf ein anderes - "deutsche Volkszugehörigkeit" - zu schließen. Hätte der Gesetzgeber jeden in die DVL Eingetragenen für einen deutschen Volkszugehörigen gehalten, wäre dieses weitere Erfordernis überflüssig. Anderer Ansicht ist zu dieser Frage Neuser[165], der das Merkmal der deutschen Volkszugehörigkeit nicht als ein selbständig zu prüfendes Tatbestandselement betrachtet, sondern - ohne nachvollziehbare Gründe - als einen völkerrechtlich rechtfertigenden Anknüpfungspunkt mit vorrangig politischer Legitimationswirkung. Gerade der Hinweis auf die bereits oben behandelte Verpflichtung, nur seine eigenen Volkszugehörigen einzubürgern[166], macht jedoch deutlich, wie bedeutsam die eigenständige und gründliche Prüfung dieses Merkmals ist und daß nicht aus politischen Gründen über dieses Erfordernis hinweggesehen werden darf. Lediglich bei den in Abteilung 1 und 2 Eingetragenen würde sich, wie oben erörtert, eine doppelte Prüfung ergeben - nicht dagegen bei den Angehörigen der Abteilung 3.

Es zeigt sich daher, daß bereits eine striktere Prüfung der Tatbestandsmerkmale zu einer Mißbrauchsbegrenzung führt, ohne daß es diesbezüglich einer Gesetzesänderung bedarf.

c) Beweislastumkehr beim Vertreibungsdruck

Zweifellos sind die Reformen in Osteuropa nicht spurlos an Gesetzgebung, Literatur und Rechtsprechung zum Vertriebenenrecht vorübergegangen. Wer nicht deutlich sichtbare Verbesserungen im alltäglichen Leben der deutschen Minderheiten leugnet[167], fordert daher entweder die oben erörterte Abschaf-

---

164 *Wolf*, IFLA 1991, S. 37, 39 f.

165 Forum für Politik und Kultur 1990, S. 23, 27.

166 Vergl. das "Czastka-Urteil" in BVerfGE 1, S. 322 ff.

167 So z.B. *Schaefer*, IFLA 1990, S. 1, 2 ff., der lediglich für Ungarn positive Entwicklungen voraussagt.

fung des Aussiedlerstatus oder eine Beweislastumkehr hinsichtlich des Vertreibungsschicksals[168]. Anders als bisher müßte der Bewerber dann bei seinem Antrag selbst nachweisen, daß er aufgrund seiner deutschen Volkszugehörigkeit benachteiligt wird und deshalb die Ausreise begehrt. Mit dieser - im Vergleich zur Abschaffung des Aussiedlerstatus - milderen Variante könnten Personen, die trotz der politischen Veränderungen noch immer unter Diskriminierungen leiden, in den Genuß eines Einbürgerungsanspruchs gelangen. Auch würde es sich bei einer derartigen Reform um eine effiziente Maßnahme handeln, da Wirtschaftsflüchtlinge ausgegrenzt werden könnten. Anders als bei einer vollständigen Abschaffung des Aussiedlerstatus müßten jedoch Verwaltungseinrichtungen wie das Bundesverwaltungsamt auch in Zukunft erhalten bleiben.

Lange Zeit wurde eine derartige Beweislastumkehr insbesondere deshalb abgelehnt, weil potentielle Aussiedler bereits nach der alten Rechtslage erheblichen Beweisschwierigkeiten unterlagen, nämlich beim Nachweis ihrer deutschen Volkszugehörigkeit. Wie jedoch oben erörtert, läßt die Verfassung eine Privilegierung einzelner Zuwanderergruppen nur zu, wenn dafür ein sachlicher Grund besteht. Ein positiver Nachweis dieses "Vertreibungsschicksals" wäre folglich ausreichend, um die Besserstellung zu legitimieren und dem Handlungsbedarf des Gesetzgebers zu entsprechen.

Zur Änderung des Gesetzeswortlauts stehen verschiedene Möglichkeiten zur Verfügung. Nach dem Vorschlag Plattners[169] sollte der alte § 6 BVFG, der die deutsche Volkszugehörigkeit regelt, durch folgenden Halbsatz ergänzt werden: "*...und er deshalb Vertreibungsmaßnahmen erlitten hat.*" Systematischer erscheint hingegen die Empfehlung des Bundesrates zum AAG vom 11. Mai 1990[170], der den Vertreibungsdruck in § 1 Abs. 2 Nr. 3 BVFG einfließen lassen wollte. So sollte nach dem Wort "*Vertreibungsmaßnahmen*" folgendes ergänzt werden: "*im Zusammenhang mit deren Folgen wegen seiner deutschen Staatsangehörigkeit oder deutschen Volkszugehörigkeit vor dem...*

---

168 Vergl. die Empfehlungen der Bundesratsausschüsse zum AAG, BR-Drs. 222/1/90, S. 1, die gemäß dem Beschluß vom 11. Mai 1990 vom Bundesrat übernommen wurden, BR-Drs. 222/90; ebenso den Beschluß des Bundesrates vom 6. April 1990 zur Leistungsanpassung für Aus und Übersiedler, BR-Drs. 161/90, S. 2 der Anlage; *Häußer*, DÖV 1990, S. 918, 921; *Wewel*, NVwZ 1991, S. 757, 758 und *Plattner*, ZLA 1984, S. 3,5; *Alexy*, NJW 1989, S. 2850, 2855.

169 ZLA 1984, S. 3, 5.

170 BR-Drs. 222/90.

(Tag des Inkrafttretens des Gesetzes) *oder danach im Wege der Aufnahme"*. Die Bundestagsfraktion der SPD schlug im Gesetzgebungsverfahren zum KfbG folgenden § 4 Abs. 1 S. 3 BVFG vor: *"Spätaussiedler ist nur, wer im Zeitpunkt der Stellung des Antrags nach § 27 noch nachwirkende erhebliche Beeinträchtigungen aufgrund deutscher Volkszugehörigkeit nachweist"*[171].

Der Gesetzgeber hat sich entgegen seinem ersten Gesetzentwurf vom 7. September 1992[172] im KfbG[173] dafür entschieden, einen Nachweis des Vertreibungsdrucks zumindest von Aussiedlern aus bestimmten Herkunftsgebieten zu verlangen. Im neu gefaßten § 4 BVFG, der den "Spätaussiedler" definiert, sind deutsche Volkszugehörige aus den Republiken der ehemaligen Sowjetunion, Estland, Lettland und Litauen von dem Nachweis des Vertreibungsschicksals befreit. Für sie bleibt es folglich bei der gesetzlichen Vermutung des Vertreibungsdrucks und die bisherige Rechtsprechung zur Motiverforschung- und bewertung bleibt anwendbar. Alle anderen Bewerber müssen gemäß § 4 Abs. 2 BVFG glaubhaft machen (auch durch eidesstattliche Versicherung gemäß §§ 294 Abs. 1 ZPO, 173 VwGO), daß sie

> "am 31. Dezember 1992 oder danach Benachteiligungen oder Nachwirkungen früherer Benachteiligungen aufgrund deutscher Volkszugehörigkeit"

unterlagen. Für sämtliche Spätaussiedler gelten jedoch die Ausschlußtatbestände des § 5 BVFG, in denen zum Teil die bisherige Rechtsprechung zur "Aussteuerung" gemäß § 11 BVFG a.F.[174] erfaßt ist. So erwirbt derjenige Bewerber die Rechtsstellung als Aussiedler nicht, der

> "1. in den Aussiedlungsgebieten
>
> a.) der nationalsozialistischen oder einer anderen Gewaltherrschaft erheblich Vorschub geleistet hat oder
>
> b.) durch sein Verhalten gegen die Grundsätze der Menschlichkeit und der Rechtsstaatlichkeit verstoßen hat oder

---

[171] Änderungsantrag der SPD vom 4. November 1992, BT-Drs. 12/3618; ebenso der BRats-Beschluß vom 27. November 1992, BR-Drs. 763/92, S. 1 f.

[172] BT-Drs. 12/3212.

[173] BGBl. 1992 I, S. 2094.

[174] Siehe oben im Teil 3 auf Seite 139.

c.) in schwerwiegendem Maße seine Stellung zum eigenen Vorteil oder zum Nachteil anderer mißbraucht hat oder

d.) eine herausgehobene politische oder berufliche Stellung innegehabt hat, die er nur durch eine besondere Bindung an das totalitäre System erreichen konnte[175], oder wer von einer entsprechenden Stellung seiner Eltern, seines nichtdeutschen Ehegatten oder dessen Eltern begünstigt wurde."

Gleiches gilt für eine Person, die

"2. die Aussiedlungsgebiete wegen einer drohenden strafrechtlichen Verfolgung aufgrund eines kriminellen Delikts verlassen hat"[176].

Diese Fassung des KfbG trägt der politischen Motivation Rechnung, "das Tor nach Deutschland" für die Rußlanddeutschen nicht zu verschließen bzw. den Zuzug durch erhöhte Beweisanforderungen nicht zu erschweren. Nach der oben in Teil 4 dargestellten Bewertung der politischen Verhältnisse in den Aussiedlungsgebieten besteht jedoch kein sachlicher Grund für eine Differenzierung zwischen den verschiedenen Herkunftsgebieten, da auch in der ehemaligen Sowjetunion heute kein Vertreibungsdruck mehr herrscht. Folglich verstößt der neue § 4 BVFG hinsichtlich dieser unzulässigen Differenzierung gegen Art. 3 Abs. 1 GG. Um dem Verfassungsauftrag gerecht zu werden, müßte man für alle Aussiedler eine Beweislastumkehr fordern.

d) Strengere Maßstäbe bei der Prüfung der deutschen Volkszugehörigkeit

Entsprechend der oben[177] dargestellten Rechtsprechung zur Prüfung der deutschen Volkszugehörigkeit sind die Anforderungen im Laufe der Zeit stetig gesenkt worden, um der Beweisnot der Antragsteller zu begegnen. Im Gegensatz zur früheren Rechtsprechung des Bundesverwaltungsgerichts hatte das Bundesverfassungsgericht im Jahr 1981[178] entschieden, daß bei Ausweisbewerbern aus Vielvölkerstaaten das subjektive Bekenntnis zum deutschen Volkstum durch das Vorliegen objektiver Bestätigungsmerkmale indiziert

---

175 Angelehnt an BVerwGE 78, S. 147, 152.

176 Vergl. BVerwGE 52, S. 167.

177 In Teil 3 auf den Seiten 88 ff.

178 BVerfGE 59, S. 128, 157.

werden könnte. Kurrus[179] kritisierte diese Rechtsprechung mit den Worten: *"vermuteten Deutschen werde vermuteter Vertreibungsdruck unterstellt"*. Von dieser allmählichen Aufweichung der Anforderungen an die deutsche Volkszugehörigkeit profitierten eine Vielzahl germanophiler Polen, Magyaren, Rumänen usw., die sich Deutsch als Fremdsprache angeeignet hatten.

Zeitgleich häuften sich die Literaturstimmen, die eine striktere Prüfung von Bekenntnis und objektiven Bestätigungsmerkmalen verlangten. Zum Teil wurde die Einbeziehung der dritten Aussiedlergeneration generell abgelehnt, mit der Begründung, so weit könne sich das Bekenntnis zum deutschen Volkstum nicht gegenüber anderen Einflüssen durchsetzen, daß es noch immer die Grundlage für den Aufnahmeanspruch bilden könne[180]. So forderte auch die SPD-Fraktion des Bundestages in ihrem Änderungsantrag zum KfbG vom 4. November 1992[181] in ihrem Vorschlag zu § 4 Abs. 1 S. 2 BVFG n.F., nur die Abkömmlinge der ersten Generation als Spätaussiedler anzuerkennen. Andere[182] schlugen dagegen vor, das Bekenntnis zum deutschen Volkstum nur dann zu vermuten, wenn beide Elternteile rein deutschstämmig seien. Andere Bewerber müßten über die objektiven Bestätigungsmerkmale hinaus auch das subjektive Bekenntnis nachweisen. Dieser Vorschlag sollte die Aussiedlerzahl vermindern und gleichzeitig das behördliche Verfahren erleichtern[183].

So begrüßenswert eine striktere Prüfung der deutschen Volkszugehörigkeit ist, so wenig wird sie *allein* dem Verfassungsauftrag an den Gesetzgeber gerecht, die Besserstellung der Aussiedler grundsätzlich zu beseitigen. Sie beschränkt zwar die Anerkennung auf einen kleineren Kreis der Bewerber und verhindert somit Mißbrauchsmöglichkeiten, läßt jedoch den Status unberührt. Nur in Verbindung mit einer Beweislastumkehr hinsichtlich des Vertreibungsdrucks wäre die Ungleichbehandlung gegenüber deutschen Volkszuge-

---

179 IFLA 1990, S. 25, 28.

180 *Wewel*, NJW 1991, S. 257, 258 bezugnehmend auf eine Andeutung des BVerwG (E 51, S. 298, 309); *Alexy*, NJW 1989, S. 2850, 2858 mit Hinweis auf die unüberwindlichen Schwierigkeiten der prüfenden Verwaltungsbehörden und -gerichte hinsichtlich zeitlich lange zurückliegender innerfamiliärer Beziehungen; und Jansen (SPD), schleswig-holsteinischer Minister für Soziales, Gesundheit und Energie, IFLA 1990, S. 46.

181 BT-Drs. 12/3618.

182 So z.B. *Kurrus*, IFLA 1990, S. 25, 28.

183 *Kurrus*, IFLA 1990, S. 25, 29.

hörigen aus anderen Staaten als den Aussiedlungsgebieten beseitigt, da allein das Vertreibungsschicksal die Privilegierung rechtfertigen konnte.

Der Gesetzgeber hat sich im KfbG, wie oben erörtert, sowohl für eine Modifizierung des Vertreibungsdrucknachweises als auch in dem neuen § 6 Abs. 2 BVFG für erhöhte Anforderungen hinsichtlich der deutschen Volkszugehörigkeit entschieden. § 6 Abs. 2 BVFG gilt für den inzwischen überwiegenden Teil der Ausweisbewerber, nämlich für die nach dem 31. Dezember 1923[184] geborenen Personen - nach der bisherigen Rechtsprechung Früh- und Spätgeborene[185], die zum Zeitpunkt der allgemeinen Vertreibungsmaßnahmen noch kein Bekenntnis ablegen konnten. Ausdrücklich kumulativ, also ohne Möglichkeit der Vermutung oder Indizierung, verlangt § 6 Abs. 2 Satz 1 BVFG von dem Bewerber, daß

> "1.) er von einem deutschen Staatsangehörigen oder Volkszugehörigen abstammt,
>
> 2.) ihm die Eltern, ein Elternteil oder andere Verwandte bestätigende Merkmale wie Sprache, Erziehung und Kultur vermittelt haben und
>
> 3.) er sich bis zum Verlassen der Aussiedlungsgebiete zur deutschen Nationalität erklärt, sich bis dahin auf andere Weise zum deutschen Volkstum bekannt hat oder nach dem Recht des Herkunftstaates zur deutschen Nationalität gehörte."

Gemäß § 6 Abs. 2 Satz 2 BVFG gelten die Voraussetzungen der Nrn. 2 und 3 als erfüllt, wenn die Vermittlung bzw. das Bekenntnis wegen der politischen Situation im Heimatland unzumutbar waren; insofern sind die Anforderungen an den Satz 1 also erheblich gelockert. Wolf[186] kritisiert diese Bestimmung dem oben zitierten Gedanken von Kurrus folgend dahingehend, daß wegen der Beweisnot der Antragsteller nur bei Kindern aus sogenannten "Mischehen" die Kumulation der objektiven und subjektiven Merkmale erforderlich sei.

Im Ergebnis ist diese Regelung zu begrüßen, um dem erheblichen Mißbrauch zu begegnen. Sie kann jedoch nur der erste Schritt in die richtige

---

184 Der Stichtag dient der administativen Erleichterung, so die Begründung des Regierungsentwurfes vom 7. September 1992, BT-Drs. 12/3212, S. 23.

185 Vergl. oben in Teil 3 auf den Seiten 94 ff.

186 IFLA 1992, S. 18.

Richtung sein. Konsequenter wäre eine Beschränkung auf eine bestimmte Aussiedlergeneration gewesen, wie das Bundesverwaltungsgericht[187] es dem Gesetzgeber nahegelegt hat, da sich die Überprüfung sämtlicher Merkmale mit fortschreitender Zeit immer schwieriger gestalten wird. Zu Recht rügte Alexy[188] die mangelhafte Justiziabilität der nicht nachprüfbaren Angaben. Es kann nicht sein, daß die Bundesrepublik Deutschland bedeutsame Folgen wie die Einbürgerung oder allein die Auszahlung finanzieller Mittel von mehr oder weniger glaubhaften Behauptungen abhängig macht. Das Anliegen des Gesetzgebers, das BVFG den heutigen Verhältnissen anzupassen, ist folglich wegen der nicht gelösten Anwendungsprobleme nur bedingt geglückt.

e) Neuregelung für Ehegatten und Kinder

Mit dem bisher bestehenden Ehegattenprivileg wurde erheblicher Mißbrauch getrieben, z.B. in Form von Heiratsvermittlungen über Anzeigen in polnischen Zeitungen[189]. Selbst wenn eine Ehe, wie es häufig der Fall war, kurz vor der Einreise geschlossen und bald danach wieder geschieden wurde, erwarb der nichtdeutsche Ehegatte nicht nur den Status, sondern hatte auch Anspruch auf sämtliche Vergünstigungen sowie über § 94 BVFG die Möglichkeit, seine Verwandten nachreisen zu lassen.

Im KfbG[190], das anders als das AAG eine umfassende Reformierung des BVFG auch in personeller Hinsicht beinhalten sollte, griff der Gesetzgeber jedoch nicht den sehr weitgehenden Vorschlag des Bundesrates vom 11. Mai 1990[191] auf, Ehegatten zukünftig nicht mehr den Status zu verleihen. Dies hätte auch dem Wortlaut des Art. 116 Abs. 1 GG widersprochen. Vielmehr hat er nur eine Regelung gefunden, um den Mißbrauch des "Ehegattenprivilegs" zu verhindern. Der Gesetzgeber schränkte es in § 4 Abs. 3 Satz 2 BVFG (neu) dahingehend ein, daß die Ehe zum Zeitpunkt des

---

187 BVerwGE 51, S. 298, 309.

188 NJW 1989, S. 2850, 2888.

189 *Kurrus*, IFLA 1990, S. 25, 27.

190 BGBl. 1992 I, S. 2094.

191 BR-Drs. 222/90.

Verlassens der Aussiedlungsgebiete mindestens 3 Jahre bestanden haben muß[192].

Diese Fassung entsprach nicht dem weitergehenden Antrag des Freistaates Bayern vom 26. November 1992[193], der lediglich gebietsangehörigen Ehegatten den Erwerb des Deutschenstatus zugestehen wollte. In der Begründung des Antrags wies er darauf hin, daß ursprünglich nur die Angehörigen nichtdeutschen Volkstums erfaßt werden sollten, die wegen dieser Familienzugehörigkeit aus ihrem Heimatgebiet ausgewiesen worden seien. Es sei nicht einzusehen, weshalb z.B. ein französischer Staatsangehöriger, der in Moskau eine deutsche Volkszugehörige russischer Staatsangehörigkeit heirate, durch ihre gemeinsame Einreise nach Deutschland den Deutschenstatus und einen Einbürgerungsanspruch erwerbe, jedoch bei Heirat einer deutschen Staatsangehörigen in Frankreich auch nach der gemeinsamen Einreise nach Deutschland Ausländer bleibe.

Mit § 4 Abs. 3 Satz 3 BVFG n.F. hat der Gesetzgeber den Einbürgerungsanspruch der Ehegatten nach dem 1. StARegG noch einmal bestätigt, ebenso ihre Stellung als Statusdeutsche im Sinne des Art. 116 Abs. 1 GG.

Auch der abgeleitete Statuserwerb durch Abkömmlinge ist weiterhin vorgesehen, jetzt allerdings nur für vor dem 1. Januar 1993 geborene Personen und statt in § 7 BVFG a.F. in § 4 Abs. 3 Satz 2 BVFG n.F. geregelt. Für sie gilt das oben Gesagte. Der Freistaat Bayern schlug am 26. November 1992 auch in bezug auf die Abkömmlinge eine einschränkende Bestimmung vor[194]. So sollten lediglich die im Familienverband einreisenden, noch nicht 25 Jahre alten unmittelbaren Abkömmlinge den Deutschenstatus erwerben. Art. 6 GG lasse es zwar nicht zu, Abkömmlinge pauschal auszuschließen, allerdings dürfe dies nur so weit gehen, wie sie vom Kriegsfolgeschicksal ihres deutschen Elternteils mitbetroffen seien.

Ehegatten und Abkömmlinge erhalten auch weiterhin Eingliederungshilfen gemäß § 7 Abs. 2 BVFG n.F.

---

192 Nach dem SPD-Änderungsantrag vom 4. November 1992, BT-Drs. 12/3618, S. 5 sollte die Ehe mindestens 5 Jahre bestanden haben; für eine 3-jährige Ehedauer jedoch auch der BRat, vergl. BR-Drs. 763/92, S. 21.

193 BR-Drs. 763/2/92.

194 BR-Drs. 763/2/92.

Durch den eindeutigen Wortlaut des Art. 116 Abs. 1 GG und die Bedeutung des Art. 6 GG konnte der Gesetzgeber den Statuserwerb von Ehegatten und Abkömmlingen durch einfaches Gesetz nicht abschaffen, wenn gleichzeitig der Spätaussiedler noch als Vertriebener im Sinne dieses Artikels anerkannt wird. So blieb ihm nur die Möglichkeit, den Mißbrauch zu verhindern durch - zulässige - einengende Bestimmungen im BVFG. Allerdings hätte der Gesetzgeber bei entsprechendem politischem Willen auf die oben genannten bayerischen Vorschläge eingehen können. Die vorgeschlagene Beschränkung des Statuserwerbs auf die im Familienverband einreisenden Kinder hätte jedoch nur dann Sinn, wenn sich der Statuserwerb nicht ohnehin - wie bisher vertreten[195] - entsprechend den Regeln des RuStAG auf die nachfolgende Generation überträgt. Die Beschränkung der Hilfen auf die volksdeutschen Spätaussiedler, d.h. die Ausschließung der Familienangehörigen wird jedoch zu einer erheblichen Entlastung der öffentlichen Kassen beitragen.

f) Änderungen im Bereich der Vergünstigungen

Zum bisher geltenden Recht der Betreuungsberechtigung[196], die Grundlage für die Leistungen an Aussiedler war, sind vielfach Änderungsvorschläge geäußert worden. So plädierte z.B. Häußer[197] für die zwangsweise Aussteuerung für Emigranten aus bestimmten Aussiedlungsgebieten, in denen die politische Entwicklung besonders fortgeschritten ist. Mit dieser Lösung hätte man potentiellen Aussiedlern den Zuzug nicht verweigert, aber sämtliche Privilegien und somit Anreize beseitigt. In einem Beschluß vom 6. April 1990[198] forderte auch der Bundesrat, Vergünstigungen für Aussiedler auf ihre Zeitgemäßheit zu überprüfen und gegebenenfalls zu streichen.

Im KfbG hat der Gesetzgeber entscheidende Veränderungen im Recht der Vergünstigungen vorgenommen. Strukturell fällt zunächst ins Auge, daß die Prüfung der Betreuungsberechtigung nach den §§ 9-11 BVFG a.F. gestrichen wurde. Der neu gefaßte § 9 Abs. 1 BVFG enthält die primären Hilfen für

---

195 Siehe oben in Teil 3 auf Seite 48 ff.

196 Siehe oben in Teil 3 auf den Seiten 128 f.

197 DÖV 1990, S. 918, 923.

198 BR-Drs. 161/90, S. 3.

Spätaussiedler, nämlich eine einmalige Überbrückungshilfe des Bundes, ein Einrichtungsdarlehen mit einem Zuschuß für zurückgelassenen Hausrat und einen Ausgleich für die Kosten der Aussiedlung (bisher Rückführungskosten). Näheres regeln Richtlinien des Bundesministeriums für Inneres. Die bisher gewährten Hilfen für ehemalige politische Häftlinge gemäß §§ 9a bis 9c HHG a.F., für ehemalige Kriegsgefangene und für Personen, die wegen einer Internierung als deutscher Staatsangehöriger oder als deutscher Volkszugehöriger als Kriegsgefangene gelten, nach § 3 KgfEG a.F. wurden gestrichen. Anstelle dieser Leistungen erhalten Rußlanddeutsche, die unter der Verschleppung und Internierung gelitten haben, je nach Alter gemäß § 9 Abs. 2 BVFG n.F. entweder DM 4000,- oder DM 6000,- als zusätzliche pauschale Eingliederungshilfe.

§ 14 BVFG n.F. beinhaltet weitere Förderungsmaßnahmen in bezug auf eine selbständige Erwerbstätigkeit. Entsprechend dem § 13 Abs. 1 S. 1 BVFG a.F. kann jedoch gemäß § 14 Abs. 4 BVFG n.F. derjenige keine Förderungsmaßnahmen in Anspruch nehmen, der in wirtschaftlich und gesellschaftlich zumutbarer Weise eingegliedert ist. Leistungen bei Krankheit richten sich nach § 11 BVFG n.F.

Das LAG wurde durch eine Stichtagsregelung in seinem § 230 Abs. 2 S. 1 auf Personen beschränkt, die vor dem 1. Januar 1993 in die Bundesrepublik Deutschland eingereist sind.

Wie bereits oben[199] erörtert, stellt die Gewährung von Eingliederungshilfen keine sachwidrige Privilegierung der Aussiedler gegenüber Inlandsdeutschen dar. Gegenüber den anderen Vergleichsgruppen sind die Eingleiderungshilfen jedoch eine verfassungswidrige Besserstellung. Durch die Beschneidung der Vergünstigungen im KfbG ist der Gesetzgeber seinem Verfassungsauftrag nicht gerecht geworden, da die Privilegierung weiterhin besteht, wenn auch mit geringerem Umfang.

3. Ergebnis

Es bleibt somit als wesentliches Ergebnis festzuhalten, daß sich der Gesetzgeber des verfassungsrechtlichen Handlungsbedarfs zwar inzwischen bewußt

---

199 In diesem Teil auf Seite 190.

geworden ist, was in der Verabschiedung des KfbG zum Ausdruck kommt. Der von ihm gewählte Weg, die Privilegierung der Aussiedler gegenüber verschiedenen Zuwanderergruppen zu beseitigen, wird jedoch dem Verfassungsauftrag nicht gerecht. Sachlicher Grund für eine Bevorzugung bleibt der im Einzelfall bestehende Vertreibungsdruck. Nach den oben gewonnenen Erkenntnissen haben sich die politischen und gesellschaftlichen Verhältnisse in allen Aussiedlungsgebieten so stark verbessert, daß Vertreibungsdruck nirgendwo mehr unterstellt werden kann. Indem der Gesetzgeber für die ehemalige Sowjetunion weiterhin eine gesetzliche Vermutung des Vertreibungsdrucks aufstellt, verstößt er gegen den aus Art. 3 Abs. 1 GG resultierenden Gleichbehandlungsgrundsatz, ebenso wie durch die Beibehaltung der materiellen Vergünstigungen.

Des weiteren widerspricht die neu geschaffene Zuzugsbegrenzung in Form der Kontingentierung dem Grundrecht auf Freizügigkeit gemäß Art. 11 GG, welches nicht nur deutschen Staatsangehörigen oder Statusdeutschen, sondern auch potentiellen Aussiedlern zusteht, so lange diese ihre Statusdeutscheneigenschaft nur im Wege der Aufnahme gemäß Art. 116 Abs. 1 S. 1 GG erwerben können.

Ferner ist auf die völkerrechtliche Verpflichtung des Gesetzgebers hinzuweisen, den sammeleingebürgerten Volksdeutschen in den abgetretenen ehemaligen Ostgebieten und in den übrigen Aussiedlungsgebieten eine befristete Optionsmöglichkeit zu gewähren, um sich für oder gegen die deutsche Staatsangehörigkeit zu entscheiden. Durch die völkerrechtlich ohnehin umstrittene Anerkennung vieler nationalsozialistischer Einbürgerungen wird für alle Beteiligten ein unbefriedigender Schwebezustand der doppelten Staatsangehörigkeit aufrecht erhalten. Eine solche Optionsmöglichkeit widerspricht auch nicht dem Ausbürgerungsverbot des Art. 16 Abs. 1 S. 1 GG.

Die m.E. vorzugswürdigste Lösung des Aussiedlerproblems wäre eine einfachgesetzliche Stichtagsregelung für den Zuzug von Spätvertriebenen, die deren Ansprüche aus Art. 116 Abs. 1 GG im Wege der Legaldefinition aufheben würde. Diese Lösung wäre in der Lage, sämtliche Ungleichbehandlungen dauerhaft und effektiv zu beseitigen und könnte gleichzeitig den Weg für ein europaweit einheitliches Einwanderungsrecht bereiten. Auch ohne den für Deutschland spezifischen Aussiedlerstatus haben deutsche Volkszugehörige aus allen Teilen der Erde über § 13 RuStAG die verfassungskonforme Möglichkeit, erleichtert die deutsche Staatsangehörigkeit zu erlangen, wenn es sie in das Land ihrer Vorfahren zurückzieht.

Literaturverzeichnis

Alexy, Hans: Rechtsfragen des Aussiedlerzuzugs, NJW 1989, S. 2850 ff.

Aschke, Manfred: Übergangsregelungen als verfassungsrechtliches Problem, Frankfurt a.M. 1987

Arndt, Claus: Neuregelung zur Verringerung von Staatenlosigkeit, NJW 1977, S. 1564

Badura, Peter: Die verfassungsrechtliche Pflicht zur "Nachbesserung" von Gesetzen, in: Staatsorganisation und Staatsfunktionen im Wandel, Festschrift für Kurt Eichenberger, Basel/Frankfurt a.M. 1982, S. 481 ff.

von Bargen, Joachim: Rechtsprechung als Hochseilakt. Plädoyer für eine Reform des Vertriebenenrechts, in: Festschrift für W. Zeidler, Band 1, Berlin 1987, S. 503 ff.

Bauer, Karl-Heinz: Die deutsche Staatsangehörigkeit und der Bundesrepublik Deutschland und in der Deutschen Demokratischen Republik nach dem Grundlagenvertrag, Diss. jur., Augsburg 1974

Benz, Wolfgang: Der Generalplan Ost, in: Die Vertreibung der Deutschen aus dem Osten, Hg. W. Benz, Frankfurt am Main 1985, S. 39 ff.

Bergmann, Wilfried/*Korth*, Jürgen: Deutsches Staatsangehörigkeits-und Paßrecht, 1. Halbband, Köln/Berlin/Bonn/München 1989, 2. Aufl.

Bernd, Werner: Legislative Prognosen und Nachbesserungspflichten, Mainz 1989

Bernhardt, Rudolf: Verfassungsrecht und internationale Lagen, DÖV 1977, S. 457 ff.

Bischoff, Jörg: Stimmengewirr um die Wolga-Republik der Deutschen, Der Tagesspiegel, 16.1.1992

Blumenwitz, Dieter: Minderheitenschutz, in: Menschenrechte in den Staaten des Warschauer Paktes, BT-Drs. 11/1344 (1987), S. 168 ff.

- Der Vertrag vom 12.9.1990 über die abschließende Regelung in bezug auf Deutschland, NJW 1990, S. 3041 ff.

Bonner Kommentar zum Grundgesetz: Loseblattausgabe, Stand: November 1991, (zit.: Bonner GG-Komm.)

Brubaker, Rogers: Einwanderung und Nationalstaat in Frankreich und Deutschland, Der Staat 1989, S. 1 ff.

Brunner, Georg: Zusammenfassung des Berichts der unabhängigen Wissenschaftlerkommission über Menschenrechte in den Staaten des Warschauer Paktes, BT-Drs. 11/1344 (1987), S. 222 ff.

Brunner, Georg/*Camartin*, Iso/*Harbich*, Heribert/*Kimminich*, Otto: Minderheitenschutz in Europa. Deutsche Sektion der Internationalen Juristen-Kommission, Heidelberg 1985 (zit.: Brunner/Camartin/Harbich/Kimminich)

Büschen, Christian: Die Liberalisierung in Osteuropa und ihre Folgen für die Anwendung des Bundesvertriebenengesetzes, ZRP 1992, S. 288 ff.

Dahm, Georg: Völkerrecht, Band 1, Stuttgart 1958

Degenhardt, Christoph: Systemgerechtigkeit und Selbstbindung des Gesetzgebers als Verfassungspostulat, München 1976

Denninger, Erhard: Verfassungsauftrag und gesetzgebende Gewalt, JZ 1966, S. 767 ff.

Dietl, Leo: Die Aufnahme im Sinne des Art. 116 Abs. 1 GG, DÖV 1957, S. 361 ff.

Doehring, Karl: Das Staatsrecht der Bundesrepublik Deutschland, Frankfurt a.M., 3. Auflage 1984

Doehring, Karl/*Kewenig*, Wilhelm/*Ress*, Georg: Staats- und völkerrechtliche Aspekte der Deutschland- und Ostpolitik, Frankfurt am Main 1971

Eberl, Immo: Der erste hat den Tod, der zweite die Not, der dritte das Brot. Zur wirtschaftlichen Situation und Bedeutung der Donauschwaben, in: Beiträge zur Landeskunde, Beilage zum Staatsanzeiger für Baden-Württemberg, Nr. 2, 1990, S. 1 ff.

Ehrenforth, Werner: Bundesvertriebenengesetz, Kommentar, Berlin/Frankfurt am Main 1959

Eisfeld, Alfred: Rußland/Sowjetunion, in: Aussiedler, Heft Nr. 222 aus der Reihe: Informationen zur politischen Bildung, Bonn 1989, S. 10 ff.

Ferid, Murad: Die Bedeutung der Inkraftsetzung der Flüchtlingskonvention vom 28.7.1951 in der Bundesrepublik für das Personalstatut von "internationalen" und "volksdeutschen" Flüchtlingen, die sich noch im Besitze ihrer Ursprungsstaatsangehörigkeit befinden, DNotZ 1954, S. 350 ff.

- Hat die Gleichstellung der Vertriebenen mit den Inländern in Art. 116 Abs. 1 GG kollisionsrechtlichen Gehalt? in: Festschrift für H. Nawiasky, München 1956, S. 395 ff.

Fleischhauer, Ingeborg/*Pinkus*, Benjamin: The Soviet Germans, Past and Present, London 1986

Gauß, Adalbert Karl: Die fünfziger Jahre - noch immer im Wartesaal, in: Machunze, E.: Vom Rechtlosen zum Gleichberechtigten, Bd. 2, Salzburg 1976, S. 228 ff. (zit.: Gauß, in: Machunze, Bd. 2, S...)

Geilke, Georg: Das Staatsangehörigkeitsrecht von Polen, Frankfurt am Main/Berlin 1952

Gottlieb, Heinz-Dieter: Widerlegbare Vermutung für Ausreise von Aussiedlern als Spätfolge der Vertreibung?, NVwZ 1989, S. 30 f.

Grabendorff, Walter: Die Einflußnahme des Art. 116 Bonner Grundgesetz auf das Staatsangehörigkeitsrecht, DÖV 1951, S. 268 ff.

Grawert, Rolf: Staatsvolk und Staatsangehörigkeit, in: Handbuch des Staatsrechts I, Heidelberg 1987, S. 663 ff.

de Groot, Gerald-René: Staatsangehörigkeitsrecht im Wandel, Köln u.a. 1989

Gündisch, Konrad: Deutsche Siedlung im Reich der Stephanskrone, in: Deutsche Ostkunde, Heft 1, März 1990, S. 3 ff.

Günther, Dietrun: Die menschenrechtliche Lage der Deutschen jenseits von Oder und Neiße, in: Kulturelle Arbeitshefte 26, 1990

Gusy, Christoph: Das Grundgesetz als normative Gesetzgebungslehre, ZRP 1985, S. 291 ff.

Habel, Peter/*Kistler*, Helmut: Deutsche und Polen, Heft Nr. 142/143 aus der Reihe: Informationen zur politischen Bildung, Bonn 1985

Haberland, Jürgen: Eingliederung von Aussiedlern und Zuwanderern (Einleitung zur Gesetzessammlung), Leverkusen 1988 (zit.: Haberland, Eingliederung)

- Erläuterungen zum Gesetz über die Angelegenheiten der Vertriebenen und Flüchtlinge (BVFG), in: Das Deutsche Bundesrecht, (Loseblattsammlung), Stand: August 1989 (zit.: Haberland, Das Deutsche Bundesrecht)

Hailbronner, Kay: Freizügigkeit, in: Handbuch des Staatsrechts VI, § 131, S. 137 ff.

Hailbronner, Kay/*Renner*, Günter: Staatsangehörigkeitsrecht, Kommentar, 1. Auflage, München 1991

Hamann, Andreas/*Lenz*, Helmut: Das Grundgesetz für die Bundesrepublik Deutschland vom 23. Mai 1949, 3. Auflage, Neuwied/Berlin 1970

Hannappel, Wolfgang: Staatsangehörigkeit und Völkerrecht, Frankfurt am Main 1986

Häußer, Otto: Aktuelle Probleme bei der Statusfeststellung nach dem Bundesvertriebenen-gesetz, DÖV 1990, S. 918 ff.

Häußer, Otto/*Kapinos*, Alois/*Christ*, Rudolf: Die Statusfeststellung nach dem Bundesvertriebenengesetz, 1. Auflage, Stuttgart/Berlin/Köln 1990

Hecker, Hellmuth: Die Behandlung von Staatsangehörigkeitsfragen im Deutschen Bundestag seit 1949, Baden-Baden 1990 (zit.: Hecker, Staatsangehörigkeitsfragen im Bundestag)

- Staatsangehörigkeitsfragen in zweiseitigen Verträgen der Bundesrepublik, Frankfurt am Main 1988 (zit.: Hecker, Staatsangehörigkeitsfragen in zweiseitigen Verträgen)

- Die Umsiedlungsverträge des Deutschen Reiches während des Zweiten Weltkriegs, Hamburg 1971 (zit.: Hecker, Umsiedlungsverträge)

Herrmann-Pfandt, Adelheid: Eingliederung der Aussiedler, in: Aussiedler, Heft Nr. 222 aus der Reihe: Informationen zur politischen Bildung, Bonn 1989, S. 2 ff.

Hilf, Rudolf: Deutsche und Tschechen, Opladen 1986

von Hoerschelmann, Axel: Eine (neue) "Wolga-Republik" für Sowjetdeutsche?, IFLA 1989, S. 136 ff.

- Widerstand gegen die Wiedererrichtung der ASSRdWD an der Wolga - zum Bericht der Kommissionen der Nationalitätenkammer des Obersten Sowjet zu den Problemen der Sowjetdeutschen, IFLA 1990, S. 87 ff.

Hohmann, Harald: Integration von Ausländern - das Gebot der Stunde, ZRP 1992, S. 44 ff.

Isensee, Josef: Die staatsrechtliche Stellung der Ausländer in der Bundesrepublik Deutschland, VVDStRL 32 (1974), S. 49 ff.

Jarass, Hans D./*Pieroth*, Bodo: Grundgesetz für die Bundesrepublik Deutschland, 2. Auflage, München 1992

Jaworski, Rudolf: Die Sudetendeutschen als Minderheit in der Tschechoslowakei, 1918 - 1938, in: Die Vertreibung der Deutschen aus dem Osten, Hg. W. Benz, Frankfurt am Main 1985, S. 29 ff.

Jellinek, Hansjörg: Der automatische Erwerb und Verlust der Staatsangehörigkeit durch völkerrechtliche Verträge, zugleich ein Beitrag zur Lehre von der Staatensukzession, Berlin/Detmold/Köln 1951 (zit.: Jellinek, Staatsangehörigkeit und Völkerrecht)

- Entwicklungstendenzen und Probleme des deutschen Staatsangehörigkeitsrechts, Regensburg 1986 (zit.: Jellinek, Entwicklungstendenzen)

Kapinos, Alois: Gesetz zur Regelung des Aufnahmeverfahrens für Aussiedler, IFLA 1990, S. 101 f.

- Kriegsfolgeschicksal, IFLA 1991, S. 116 ff.

Kewenig, Wilhelm A.: Auf der Suche nach einer neuen Deutschland-Theorie, DÖV 1973, S. 797 ff.

Kimminich, Otto: Der Warschauer Vertrag und die Staatsangehörigkeit der "Polen-Deutschen", DÖV 1971, S. 577 ff.

Kiszely, Gabor: Die Ungarndeutschen fühlen sich übergangen, Der Tagesspiegel, 23.4.1991

Klein, Eckart: An der Schwelle zur Wiedervereinigung Deutschlands, NJW 1990, S. 1065

- Deutsche Staatsangehörigkeit und Inlandsbegriff, DVBl. 1978, S. 876 ff.

Köhler, Gerd Michael: Wer ist Deutscher im Sinne des Grundgesetzes? BayBgm 1989, S. 85 ff.

Kommentar zum Bonner Grundgesetz: Loseblattsammlung, Hg. Rudolf Dolzer u.a., Heidelberg, Stand September 1992

Kommentar zum Grundgesetz für die Bundesrepublik Deutschland: Hg. Rudolf Wassermann, Neuwied 1989, 2. Auflage

König, Walter: Die gegenwärtige Lage der Deutschen in Rumänien, Deutsche Ostkunde, Heft 1, März 1990, S. 24 ff.

Krekeler, Norbert: Die deutsche Minderheit in Polen und die Revisionspolitik des Deutschen Reiches 1919 - 1933, in: Die Vertreibung der Deutschen aus dem Osten, Hg. W. Benz, Frankfurt am Main 1985, S. 15 ff.

Kriwanek, Gerd: "Hier haben wir keine Zukunft." Deutsche Volksgruppe in Rumänien vor dem endgültigen Aus, Der Tagesspiegel, 13.1.1991

Kummer, Jochen: Auf den verwehten Spuren der Deutschen in St. Petersburg, Welt am Sonntag, 10.11.1991

- "Ich will, daß meine Enkel deutsch bleiben", Welt am Sonntag, 6.10.1991

- Kommen 3 Mio. Auslandsdeutsche heim ins Land von Goethe und GTI? Wachsende Abneigung gegen Aussiedler, Welt am Sonntag, 8.9.1991

Kunig, Philip: Das Grundrecht auf Freizügigkeit, Jura 1990, S. 306 ff.

Kurrus, Werner: Für die Weitergeltung des BVFG zu Gunsten deutscher Aussiedler, IFLA 1990, S. 25 ff.

- Wer ist (noch) Aussiedler im Sinne des § 1 Abs. 2 Nr. 3 BVFG?, ZLA 1983, S. 111 und ZLA 1984, S. 17 ff

Leciejewski, Klaus: Zur wirtschaftlichen Eingliederung der Aussiedler, Aus Politik und Zeitgeschichte, 1990, B 3, S. 52 ff.

Leh, Michael: Sieben deutsche Abgeordnete im Sejm, DOD Nr. 44 vom 1.11.1991, S. 1

- Sudetendeutsche erklären: Keine Zustimmung zu diesem Vertrag mit Prag, DOD Nr. 40 vom 4.10.1991, S. 1

Leibholz, Gerhard/*Rinck*, Hans-Justus/*Hesselberger*, Dieter: Grundgesetz. Kommentar an Hand der Rechtsprechung des Bundesverfassungsgerichts, Loseblattsammlung, Köln, Stand: Oktober 1990

Lichter, Matthias: Die Staatsangehörigkeit nach deutschem und ausländischem Recht, 2. Auflage, Berlin/Köln 1955 (zit.: Lichter, Staatsangehörigkeit)

- Die Staatsangehörigkeit der Heimatvertriebenen, DÖV 1955, S. 427 ff.

Lichter, Matthias/*Hoffmann*, Werner: Staatsangehörigkeitsrecht, 3. Aufl., Köln u.a. 1966 (zit.: Lichter/Hoffmann)

Liesner, Ernst: Aussiedler. Die Voraussetzungen für die Anerkennung als Vertriebener, Herford 1988 (zit.: Liesner, Aussiedler)

- Die Entwicklung der staatsangehörigkeitsrechtlichen Situation der Deutschen in den ost- und südosteuropäischen Gebieten, DVP 1990, S. 195 ff.

- Die Rechtsstellung der deutschen Aussiedler, AnwBl. 1991, S. 379 ff.

Littek, Cornelia: Das "Aus" für die Rußlanddeutschen?, DOD Nr. 34 vom 24.8.1991, S. 1 f.

Loeber, Dietrich A.: Rechtsstellung der Deutschen in der Sowjetunion, in: Die Minderheiten in der Sowjetunion und das Völkerrecht, Hg. G. Brunner/A. Kagedan, Köln 1988

Ludwig, Klemens: Bedrohte Völker. Ein Lexikon nationaler und religiöser Minderheiten, München 1985

Machunze, Erwin: Vom Rechtlosen zum Gleichberechtigten. Die Flüchtlings- und Vertriebenenfrage im Wiener Parlament, Salzburg, Band 1 von 1974, Band 2 von 1976, Band 3 von 1977, Band 4 von 1978

Makarov, Alexandr N.: Das Gesetz über die deutsch-österreichischen Staatsangehörigkeitsfragen, JZ 1956, S. 744 ff.

Makarov, Alexandr N./*von Mangoldt*, Hans: Deutsches Staatsangehörigkeitsrecht, Loseblattsammlung, Frankfurt a.M., Band 1 vom September 1987, Band 2 vom September 1982

Mampel, Siegfried: Das Staatsangehörigkeitsrecht der DDR und die deutsche Staatsangehörigkeit, ROW 1983, S. 233 ff.

von Mangoldt, Hans: Aktuelle Fragen zur Staatsangehörigkeit der Aussiedler und zum Bundesvertriebenengesetz, in: Deutschland und seine Nachbarn, Forum für Politik und Kultur, Heft 1, April 1990, S. 5 ff.

v. Mangoldt, Hermann/*Klein*, Friedrich: Das Bonner Grundgesetz, Band 1, Berlin/Frankfurt a.M. 1966, 2. Auflage

v. Mangoldt, Hermann/*Klein*, Friedrich/*Starck*, Christian: Das Bonner Grundgesetz, Band 1, München 1985

Manske, Max-Dieter: Entwicklung und gegenwärtige Probleme des Rechts der deutschen Staatsangehörigkeit, Diss. jur., Braunschweig 1959

Maunz, Theodor: Verfassungsaufträge an den Gesetzgeber, BayVBl. 1975, S. 601 ff.

Maunz, Theodor/*Dürig*, Günter: Kommentar zum Grundgesetz, Bände I und IV, München, Loseblattsammlung, Stand: September 1991

Meessen, Karl Matthias: Die Option der Staatsangehörigkeit, Berlin 1966

- Verfassungsrechtliche Grenzen einer Neuregelung der Staatsangehörigkeit im geteilten Deutschland, JZ 1972, S. 673 ff.

Meinicke, Wolfgang: Flüchtlinge und Vertriebene in der SBZ, IFLA 1991, S. 50 ff.

Menzel, Eberhard: Die Ostverträge von 1970 und der "Deutschland"-Begriff des Grundgesetzes, DÖV 1972, S. 1 ff.

Muckel, Stefan: Kriterien des verfassungsrechtlichen Vertrauensschutzes bei Gesetzesänderungen, Berlin 1989

Münch, Fritz: Staatsangehörigkeit und Gebietswechsel, in: Festschrift für Hans-Ulrich Scupin, Berlin 1983, S. 441 ff.

von Münch, Ingo: Grundgesetz-Kommentar, Band 3, 2. Auflage, München 1983

von Münch, Ingo/*Kunig*, Philip: Grundgesetzkommentar Band 1, 4. Auflage, 1992

Neuser, Karl-Heinz: Die Regelungen zur staatsangehörigkeitsrechtlichen Behandlung der Aussiedler, in: Deutschland und seine Nachbarn - Forum für Politik und Kultur, Heft 1, April 1990, S. 23 ff.

Nitsche, Walter: Der Begriff der deutschen Volkszugehörigkeit in der Gesetzgebung für Vertriebene und Flüchtlinge, DÖV 1953, S. 461 ff.

Olt, Reinhard: Die Zukunft der Deutschen in Rußland, Frankfurter Allgemeine Zeitung vom 28.8.1991

Oswald, (o.N.): Wer ist Deutscher im Sinne des Grundgesetzes?, ZLA 1971, S. 185 f.

Otto, Karl A.: Aussiedler und Aussiedler-Politik im Spannungsfeld von Menschenrechten und Kaltem Krieg, in: Westwärts - heimwärts? Aussiedlerpolitik zwischen "Deutschtümelei" und Verfassungsauftrag, Bielefeld 1990, S. 11 ff.

Partsch, Karl Josef: Gedanken zum Schutz ethnischer und sprachlicher Minderheiten, in: Verfassungsrecht und Völkerrecht, Gedächtnisschrift für W. K. Geck, Köln u.a. 1989, S. 581 ff.

Peine, Franz-Joseph: Systemgerechtigkeit, Habil. jur., Baden-Baden 1985

- Der vorläufige Verwaltungsakt, DÖV 1986, S. 849 ff.

von Pestalozza, Christian: "Noch verfassungsmäßige" und "bloß verfassungswidrige" Rechtslagen, in: Bundesverfassungsgericht und Grundgesetz, Tübingen 1976

Pircher, Erich H.: Der vertragliche Schutz ethnischer, sprachlicher und religiöser Minderheiten im Völkerrecht, Bern 1979

Rausch-Gast, Regine: Selbstbindung des Gesetzgebers, Frankfurt am Main 1983

Reichling, Gerhard: Die deutschen Vertriebenen in Zahlen, Teil I, Bonn 1986

- Die Oberschlesier einst und heute, IFLA 1989, S. 99 ff.

- Zum Problem der Volksliste 3, IFLA 1990, S. 69 f.

Reinke, Georg: Die deutsche Staatsangehörigkeit von deutschen Volkszugehörigen, DÖV 1958, S. 570 ff.

Reissenberger, Dankwart: Auf der Suche nach Heimat und Lebenschancen in Siebenbürgen, DOD Nr. 30 vom 26.7.1991, S. 1 f.

Riege, Gerhard: Die Staatsbürgerschaft der DDR, Berlin 1986

Ritter, Ernst-Hasso: Verfassungsrechtliche Gesetzgebungspflichten, München 1967

Rittstieg, Helmut: Einwanderung von Aus- und Übersiedlern - Verdrängung von Inländern fremder Staatsangehörigkeit, ZRP 1990, S. 129 ff.

Rogall, Joachim: Die Deutschen im Osten, Rumänien - Ungarn - Tschechoslowakei - Sowjetunion, in: Kulturelle Arbeitshefte Nr. 25, 1. Aufl. 1990 (zit.: Rogall, Die Deutschen im Osten)

- Polen/Oder-Neiße-Gebiete, in: Heft Nr. 222 zum Thema Aussiedler aus der Reihe: Informationen zur politischen Bildung, Bonn 1989, S. 27 ff. (zit.:Rogall, Polen/Oder-Neiße-Gebiete)

- Vorbemerkung zum Heft Nr. 222 zum Thema Aussiedler aus der Reihe: Informationen zur politischen Bildung, Bonn 1989, S. 1 (zit.: Rogall, Vorbemerkung)

Rommel, Manfred: Ausssiedler aus Ost- und Südosteuropa, IFLA 1989, S. 39 ff.

Ronge, Volker: Ost-West-Wanderung nach Deutschland, in: Beilage zur Wochenzeitung "Das Parlament" Nr. 7/93 vom 12.2.1993

Rupp, Hans-Heinrich: Art. 3 GG als Maßstab verfassungsgerichtlicher Gesetzeskontrolle, in: Bundesverfassungsgericht und Grundgesetz, Bd. 2, Tübingen 1976, S. 364 ff.

Rybak, Andrzej: Deutschlehrer gefragt. In Osteuropa will kaum noch jemand Russisch lernen, in: Hamburger Abendblatt, 27.12.1990

- Sehnsucht nach Deutschland, Hamburger Abendblatt, 8.6.1991

Schade, Peter: Grundgesetz mit Kommentierung, Regensburg 1990

Schaefer, Karl Heinz: Aussiedler - Kontingentierung grundgesetzwidrig, IFLA 1990, S. 111 f.

- Die "Deutschtümelei" des Oskar Lafontaine, IFLA 1988, S. 135 ff.

- Geschichtsträchtige Zeiten, IFLA 1990, S. 1 ff.

- Kriegsfolgenbereinigung als Hängepartie, IFLA 1992, S. 1 ff.

- Schwebezustände für Kriegsfolgenbereinigung und Vermögensfragen, IFLA 1991, S. 137 ff.

- Eine Wissenslücke - das Schicksal der Vertriebenen in der SBZ und DDR, IFLA 1991, S. 49

Schätzel, Walter: Das deutsche Staatsangehörigkeitsrecht, Berlin, 2. Auflage 1958

- Der heutige Stand des deutschen Staatsangehörigkeitsrechts, in: AöR Bd. 81 1956, S. 265 ff.

v. Schenckendorff, Max: Art. 116 Abs. 1 GG - das "Tor" nach Deutschland?, IFLA 1992, S. 137 ff.

- Die Prägung Spätgeborener - ein Wandel der Rechtsprechung des Bundesverwaltungsgerichts? IFLA 1987, S. 97 ff.

- Das Problem der Rückkehrerfälle im Bundesvertriebenengesetz, IFLA 1989, S. 3 ff.

Schleser, Walter F.: Die deutsche Staatsangehörigkeit, 4. Auflage, Frankfurt am Main 1980

Scholler, Heinz: Staatsangehörigkeit und Freizügigkeit. Zum Problem des Rückrufs und seiner Sanktionen, DÖV 1967, S. 469 ff.

Schröer, Friedrich: Deutsche Volkszugehörigkeit von Minderjährigen, BayVBl. 1973, S. 148 ff. und S. 177 ff.

Schwab, Siegfried: Aus- und Übersiedler oder Deutsche unter Deutschen, IFLA 1990, S. 13 ff.

- Die Beweislast im Vertriebenenrecht, ZLA 1984, S. 36 ff.

- Deutsche unter Deutschen. Aus- und Übersiedler in der Bundesrepublik, Pfaffenweiler 1990 (zit.: Schwab, Deutsche unter Deutschen)

- Deutsche Volkszugehörigkeit bei Spätgeborenen, IFLA 1987, S. 5

- Eine historische Chance zum Wandel?, IFLA 1990, S. 44

- Rechtsprechungsübersicht zum Bundesvertriebenengesetz; Ausstellung eines Vertriebenenausweises "A", ZLA 1985, S. 57 f.

- Übersicht über die Rechtsprechung der Verwaltungsgerichte zum Bundesvertriebenengesetz, IFLA 1984, S. 97

- Vertreibungsbedingte - vertreibungsfremde Gründe?, ZLA 1984, S. 37

- Vertriebenenrecht heute, IFLA 1988, S. 61 ff.

Schwartze, Dieter: Die Staatsangehörigkeit der Deutschen, Marburg/Lahn 1975

Seeler, Hans-Joachim: Die Staatsangehörigkeit der deutschen Aussiedler aus Polen, NJW 1978, S. 924 ff.

- Die Staatsangehörigkeit der Volksdeutschen, Frankfurt am Main 1960 (zit.: Seeler, Staatsangehörigkeit der Volksdeutschen)

Seifert, Karl-Heinz: Die deutsche Staatsangehörigkeit darf nicht entzogen werden, DÖV 1972, S. 671 ff.

Silagi, Michael: Von der heutigen Bedeutung des Art. 116 GG, ROW 1986, S. 160 ff.

Singbartl, Hartmut: Zum sogenannten Vertreibungsdruck bei Anwendung des § 1 Abs. 2 Nr. 3 BVFG in Rechtsprechung und Praxis, IFLA 1986, S. 145 ff.

Soell, Hermann: Die Abtretung von Bundesgebiet, AöR 95 (1970), S. 448

Stammberger, Bernd: Das Problem der Rückkehrerfälle im Bundesvertriebenenengesetz, IFLA 1990, S. 39 ff.

Steinberg, Rudolf: Verfassungsrechtliche Kontrolle der "Nachbesserungspflicht" des Gesetzgebers, Der Staat 1987, S. 161 ff.

Stettner, Rupert: Die Verpflichtung des Gesetzgebers zu erneutem Tätigwerden bei fehlerhafter Prognose, DVBl. 1982, S. 1123 ff.

Stoll, Christian Th.: Die Rechtsstellung der deutschen Staatsangehörigen in den polnisch verwalteten Gebieten, Frankfurt am Main/Berlin 1968

Sudetendeutscher Rat e.V.: (Hg.), Die Menschenrechte und die Lage der Deutschen in der Tschechoslowakei, München 1977

Thedieck, Karl: Deutsche Staatsangehörigkeit im Bund und in den Ländern, Diss. jur., Berlin 1989

Thiel, Georg/*Berresheim*, Heinz: Das Verfahren für die Aufnahme von Aussiedlern, IFLA 1991, S. 25 ff.

Tichy, Roland: Neue Nachbarn, WirtschaftsWoche Nr. 47/90 vom 16.11.1990, S. 46 ff.

Waffenschmidt, Horst: Aussiedler, Ausländer, Asylanten, IFLA 1989, S. 105 ff.

Wagner, Ernst: Rumänien, in: Heft Nr. 222 mit dem Thema Aussiedler aus der Reihe: Informationen zur politischen Bildung, Bonn 1989, S. 37 ff.

Walter, Arno: Marktbürger - Staatsangehörige - Deutsche, in: Recht und Politik 1990, S. 30 ff.

Weidelener, Helmut: Neue staatsangehörigkeitsrechtliche Regelungen, StAZ 1991, S. 131

Weidelener, Helmut/*Hemberger*, Fritz: Deutsches Staatsangehörigkeitsrecht, 3. Auflage, München 1991

Weis, Paul: Staatsangehörigkeit und Staatenlosigkeit im gegenwärtigen Völkerrecht, Berlin 1962

Weiß, Wilhelm: Wissenswertes aus dem Staatsangehörigkeitsrecht, Das Standesamt 1974, S. 16 ff.

Wewel, Thomas: Aussiedleraufnahme in der zweiten und dritten Nachkriegsgeneration, NVwZ 1991, S. 757 f.

Wolf, Adolf: Aussiedler und DDR-Übersiedler heute. Ein Ratgeber für die Statusfeststellung, 1. Auflage, Karlsfeld bei München 1986 (zit.: Wolf, Aussiedler)

- 3 Beiträge zum Thema Vertreibungsdruck, IFLA 1986, S. 98 ff.

- Entlassung aus der polnischen Staatsangehörigkeit wird erschwert, IFLA 1985, S. 65

- Kann bei Volksliste 3 auf die deutsche Volkszugehörigkeit geschlossen werden?, IFLA 1991, S. 37 ff.

- Die Lage der deutschen Bevölkerung in den Aussiedlungsgebieten, IFLA 1984, S. 1 ff. und IFLA 1985, S. 25 ff.

- Muß bei Feststellung der Aussiedlereigenschaft die Aufnahme nach Art. 116 Abs. 1 GG geprüft werden?, IFLA 1987, S. 85 ff.

- Privatisierungsmaßnahmen in der Tschechoslowakei. Können Aussiedler ihr enteignetes Vermögen zurückerhalten?, IFLA 1992, S. 100 ff.

- Stellungnahme zu § 6 Abs. 2 des Gesetzentwurfs zur Änderung des BVFG im Rahmen des Kriegsfolgenbereinigungsgesetzes, IFLA 1992, S. 18 f.

- Statusfeststellung, Aufnahme und Betreuung von Aussiedlern, Wiesbaden, 2. Auflage 1992 (zit.: Wolf, Statusfeststellung)

- Unter welchen Voraussetzungen ist die Ausreise Deutscher aus Rumänien möglich?, IFLA 1985, S. 15

Wolf, Gerald: Die Deutschen. Eine Untersuchung ihres Status nach innerstaatlichem Recht der Bundesrepublik Deutschland und nach Völkerrecht, Diss. jur., Mainz 1978

de Zayas, Alfred-Maurice: Anmerkungen zur Vertreibung der Deutschen aus dem Osten, Stuttgart u.a. 1986

Zeyringer, Walter/*Mussger*, Herbert: Österreichisches Staatsbürgerschaftsrecht, Wien 1985

Zieger, Gottfried: Die Staatsangehörigkeit im geteilten Deutschland, Hannover 1971 (zit.: Zieger, Staatsangehörigkeit)

Ziemer, Gerhard: Deutscher Exodus. Vertreibung und Eingliederung von 15 Mio. Ostdeutschen, Stuttgart 1973

Zimmermann, Andreas: Rechtliche Möglichkeiten von Zuzugsbeschränkungen für Aussiedler, ZRP 1991, S. 85 ff.